"十四五"职业教育国家规划教材

高等职业教育教学改革融合创新型教材·旅游类

LUXINGSHE
JIDIAO YEWU

旅行社计调业务

第二版

张颖 主编 | 伍新蕾 曾惠华 副主编

东北财经大学出版社
Dongbei University of Finance & Economics Press

"十四五"职业教育国家规划教材

高等职业教育教学改革融合创新型教材·旅游类

LÜXINGSHE
JIDIAO YEWU

旅行社计调业务

第二版

张颖 主编 ｜ 伍新蕾 曾惠华 副主编

东北财经大学出版社
Dongbei University of Finance & Economics Press ｜ 大连

图书在版编目（CIP）数据

旅行社计调业务 / 张颖主编. —2版. —大连：东北财经大学出版社，2021.11（2024.7重印）
（高等职业教育教学改革融合创新型教材·旅游类）
ISBN 978-7-5654-4391-6

Ⅰ. 旅… Ⅱ. 张… Ⅲ. 旅行社–业务管理–高等职业教育–教材 Ⅳ. F590.63

中国版本图书馆CIP数据核字（2021）第250721号

东北财经大学出版社出版
（大连市黑石礁尖山街217号 邮政编码 116025）
网 址：http://www.dufep.cn
读者信箱：dufep@dufe.edu.cn

大连图腾彩色印刷有限公司印刷 东北财经大学出版社发行
幅面尺寸：185mm×260mm 字数：320千字 印张：15.5
2021年11月第2版 2024年7月第4次印刷
责任编辑：魏 巍 责任校对：田玉海
封面设计：冀贵收 版式设计：原 皓
定价：45.00元

教学支持 售后服务 联系电话：（0411）84710309
版权所有 侵权必究 举报电话：（0411）84710523
如有印装质量问题，请联系营销部：（0411）84710711

富媒体智能型教材出版说明

"财经高等职业教育富媒体智能型教材开发系统工程"入选国家新闻出版广电总局新闻出版改革发展项目库，并获得文化产业专项资金支持，是"国家文化产业资金支持媒体融合重大项目"。项目以"融通""融合""共建""共享"为特色，是东北财经大学出版社积极落实国家推动传统媒体与新媒体融合发展的重要举措之一。

"财济书院"智能教学互动平台是该工程项目建设成果之一。该平台通过系统、合理的架构设计，将教学资源与教学应用集成于一体，具有教学内容多元呈现、课堂教学实时交互、测试考评个性设置、用户学情高效分析等核心功能，是高校开展信息化教学的有力支撑和应用保障。

富媒体智能型教材是该工程项目建设成果之二。该类教材是我社供给侧结构性改革探索性策划的创新型产品，是一种新形态立体化教材。富媒体智能型教材秉持严谨的教学设计思想和先进的教材设计理念，为财经职业教育教与学、课程与教材的融通奠定了基础，较好地避免了传统教学模式和单一纸质教材容易出现的"两张皮"现象，有助于教学质量的提高和教学效果的提升。

从教材资源的呈现形式来说，富媒体智能型教材实现了传统纸质教材与数字技术的融合，通过二维码建立链接，将VR、微课、视频、动画、音频、图文和试题库等富媒体资源丰富地呈现给用户；从教材内容的选取整合来说，其实现了职业教育与产业发展的融合，不仅注重专业教学内容与职业能力培养的有效对接，而且很好地解决了部分专业课程学与训、训与评的难题；从教材的教学使用过程来说，其实现了线下自主与线上互动的融合，学生可以在有网络支持的任何地方自主完成预习、巩固、复习等，教师可以在教学中灵活使用随堂点名、作业布置及批改、自测及组卷考试、成绩统计分析等平台辅助教学工具。

富媒体智能型教材设计新颖，一书一码，使用便捷。使用富媒体智能型教材的师生首先下载"财济书院"App或者进入"财济书院"（www.idufep.com）平台完成注册，然后登录"财济书院"，输入教材封四学习卡中的激活码，建立或找到班级和课程对应教材，就可以开启个性化教与学之旅。

"重塑教学空间，回归教学本源！""财济书院"平台不仅仅是出版社提供教学资源和服务的平台，更是出版社为作者和广大院校创设的一个教学空间，作者和院校师生既是这个空间的使用者和消费者，也是这个空间的创造者和建设者，在这里，出版社、作者、院校共建资源，共享回报，共创未来。

最后，感谢各位作者为支持项目建设所付出的辛劳和智慧，也欢迎广大院校在教学中积极使用富媒体智能型教材和"财济书院"平台，东北财经大学出版社愿意也必将陪伴广大职业教育工作者走向更加光明而美好的职教发展新阶段。

东北财经大学出版社

第二版前言

党的二十大报告提出，"实施科教兴国战略，强化现代化建设人才支撑"。"旅行社计调业务"是旅游管理专业的一门核心课程，主要讲授从事计调工作必须掌握的专业知识和技术操作规范。本书坚持立德树人根本宗旨，扎实推进信息化教学改革，紧扣产教融合背景下的计调岗位知识目标和能力目标，基于计调工作过程设计编写体例，同时充分体现"旅行策划""研学旅行策划与管理"等1+X证书考试内容，聚焦旅游信息化应用、旅游策划创意、旅游产品设计等领域的最新发展，开展旅行社计调综合能力的实践与训练，深化"岗课赛证"融通。

具体来说，本书具有以下突出特点：

1.教学案例内容新颖丰富

本书根据旅行社行业发展的新知识、新技术、新方法，精选旅行社鲜活的操作案例与项目，详解旅行社管理软件，充分利用作者多年来在教学和实践中积累的大量素材，较完整地呈现了旅行社计调岗位的工作流程和特点，有助于学生通过案例和实践完成专业知识和技能的学习。

2.课程思政内容有效融合

本书在编写过程中提炼了旅游专业课程中蕴含的文化基因和价值范式，融入了社会主义核心价值体系，通过设置"思政目标"和"思政探索"栏目，加强对学生的思政教育，为广大师生全面学习计调业务提供"立德树人"的牢固抓手，努力实现职业技能和职业精神培养的高度融合。

3.项目引领优化教学内容

本书遵循理论联系实际、从个别到一般、从具体到抽象、从零碎到系统的编写原则，强调计调业务知识的系统性和实用性，根据学生的认知规律，采用项目教学法，切实体现"教、学、做一体化"的教改理念，具体包括项目导言、项目目标、互动导入、知识链接、案例分享、拓展空间等内容。

4.沉浸式学习资源配套齐全

为了适应"互联网+职业教育"的发展要求，本书配套了丰富的教学资源，除了日常学习所需的电子课件、教学大纲、课程教案、教学日历、学习指南、题库等基础性配套资源，还原创制作了微课、VR全景、交互式课件、动画、互动小游戏等课程资源，以增强学生的直观、沉浸式体验。

　　本书是2022年职业教育国家在线精品课程"旅行社计调业务"和广东省高职院校高水平专业群河源职业技术学院"旅游管理专业群"建设项目（立项编号：GSPZYQ2020142）"旅行社计调业务"课程的配套教材。"旅行社计调业务"慕课已经上线国家职业教育智慧教育平台（https://vocational.smartedu.cn/details/index.html?courseId=c9f98191f3ffcdcb54238668fddafe33）。课程迎合职业教育提质增优、混合式教学改革趋势，构建校企共建编撰机制。

　　本书由河源职业技术学院张颖教授任主编，河源职业技术学院伍新蕾副教授，广东万绿湖研学中心负责人、河源市女企业家协会秘书长、河源职业技术学院曾惠华讲师任副主编，全书由张颖总纂定稿。本书在编写过程中，得到了合作旅游企业（如广州长隆集团有限公司、东莞市青年国际旅行社有限公司、广东万绿湖旅游经营管理有限公司、上海照梵软件有限公司、广东客天下研学旅行管理有限公司、春沐源集团等）及行业人士的大力支持，其为我们提供了丰富的一手资料与前沿动态信息，并为富媒体教学资源的制作提供了便利，在此深表感谢！本书微课拍摄得到了河源职业技术学院俞彤教授、广东万绿湖旅游经营管理有限公司刘春燕、河源市客邑文化旅游投资有限公司张淑娟的大力支持；VR全景摄制由河源市航拍会提供技术支持，在此特别致谢！同时，我们还参阅了大量的文献及网络资料，借鉴了不少国内外同行的相关研究成果，但囿于篇幅，未能一一详列，在此一并表示谢意！

　　因编写周期短，加之作者水平有限，书中难免存在疏漏和不足之处，敬请各位专家、同行和读者批评指正。

编　者

2024年1月

课程宣传片

目　录

数字资源目录

续表

项目	数字资源	页码
项目五 导游派遣与管理	交互式课件5-1　导游派遣与管理	115
	微课5-1　导游派遣	118
	微课5-2　导游管理	124
项目六 团队质量监控与突发 事件处理	交互式课件6-1　团队质量监控与突发事件处理	131
	微课6-1　团队质量监控	133
	微课6-2　突发事件处理（上）	136
	微课6-3　突发事件处理（下）	136
项目七 旅行社业务核算、结算 与客户档案管理	交互式课件7-1　旅行社业务核算、结算与客户档案管理	143
	微课7-1　旅行社业务核算	145
	动画7-1　旅行社业务结算	148
	微课7-2　客户档案管理	153
附录 计调工作常用知识	微课附-1　旅游饮食之中国四大菜系介绍	165
	交互式课件附-1　旅游住宿	168
	交互式课件附-2　旅游交通	170
	微课附-2　旅游签证	179
	交互式课件附-3　出境旅游突发事件处理	194

思政导图

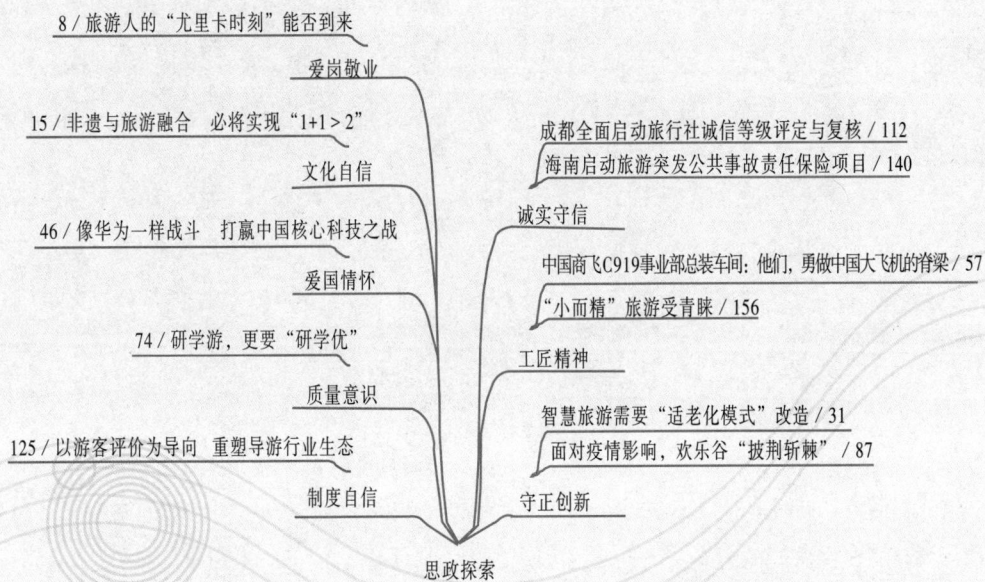

8 / 旅游人的"尤里卡时刻"能否到来

爱岗敬业

15 / 非遗与旅游融合　必将实现"1+1 > 2"

文化自信

成都全面启动旅行社诚信等级评定与复核 / 112

海南启动旅游突发公共事故责任保险项目 / 140

诚实守信

46 / 像华为一样战斗　打赢中国核心科技之战

爱国情怀

中国商飞C919事业部总装车间：他们，勇做中国大飞机的脊梁 / 57

"小而精"旅游受青睐 / 156

74 / 研学游，更要"研学优"

工匠精神

质量意识

智慧旅游需要"适老化模式"改造 / 31

面对疫情影响，欢乐谷"披荆斩棘" / 87

125 / 以游客评价为导向　重塑导游行业生态

制度自信

守正创新

思政探索

1

项目一 计调岗位认知

项目导言

    旅游业，又称旅游产业，是指凭借旅游资源和设施，专门或者主要从事招徕、接待游客，为其提供交通、游览、住宿、餐饮、购物、文娱等六个环节的综合性行业。计调是指旅行社内部专职为旅行团、散客提供旅游服务及相关服务的专业人员。计调是旅行社完成地接任务、落实发团计划的总调度、总指挥、总设计，具有很强的专业性、自主性、灵活性。如果说外联是辛勤的"采购员"，那么计调就是"烹饪大师"，计调可以用自己的巧手把"酸、甜、苦、麻、辣、咸"等不同滋味调制出来，以满足不同团队的"口味"。

交互式课件
1-1

计调岗位认知

学习要求

项目目标
- 了解国内、国外旅行社的产生与发展。
- 了解旅行社计调的产生与发展。
- 掌握计调的类型。
- 掌握计调的岗位职责。

思政目标
- 引导学生热爱祖国，树立强烈的爱国主义意识。
- 增强民族自豪感与国家归属感、提升行业自信心。
- 围绕"金牌计调师""旅游服务价值""诚信守法"等问题展开讨论，引导学生树立"为人民服务"的理想信念；通过优秀计调员的先进事迹，厚植对行业的热爱，树立正确的世界观、人生观、价值观。

任务1　旅行社的产生与发展

◎ **互动导入**

全国首单旅游服务质量保证金保险落地海南

2021年10月，在江泰保险经纪公司海南分公司的协助下，阳光财产保险股份有限公司海南分公司为海南凯胜旅行社签发了首张旅游服务质量保证金保险的保单。这张保单是全国旅行社行业首张通过保险置换旅游服务质量保证金的保单，意味着旅行社仅需缴纳部分保险费用，在有效降低旅行社经营成本的同时，还能通过保险公司分担旅行社质量保证履约风险，助力旅行社提升服务质量。

自2021年7月文化和旅游部批复同意海南省开展使用保险交纳旅游服务质量保证金试点工作以来，海南省旅游和文化广电体育厅（简称海南省旅文厅）组织公开遴选保险经纪公司、公开征选参加该保险试点的承保机构，最终确定江泰保险经纪公司海南分公司为本项目经纪人，为旅行社企业提供制订投保方案、协助投保、协助索赔、纠纷调解等服务工作，同时也为政府提供保险政策咨询及数据信息服务。目前，有7家保险公司入选承保机构。

2021年10月8日，海南省旅文厅联合中国银保监会海南监管局印发《关于使用保险替代现金或银行保函交纳旅游服务质量保证金试点的通知》，正式启动试点工作，海南省成为全国第一个全省推进旅游服务质量保证金保险试点并落地实施的省份。

截至2021年10月17日，保险经纪公司、各保险公司共收到海南旅行社企业投保材料89份，其中已出保单的公司有17家，已审核通过待交保费的公司有26家，正在审核中的公司有46家。

海南省旅文厅相关负责人介绍，按照目前旅游法规全额缴纳的要求，海南全省旅行社缴纳的旅游服务质量保证金将超过1.9亿元；实行旅游服务质量保证金保险制度后，全省旅行社每年只需要缴纳380万元左右的保险费用。大量的存量资金将得到释放，被注入旅行社的生产经营中。此举极大地缓解了旅行社的经营压力，为行业发展注入了能量。

资料来源：昂颖.全国首单旅游服务质量保证金保险落地海南［N］.海南日报，2021-10-20（1）.

请大家根据以上资讯，思考以下问题：

（1）什么是旅游服务质量保证金？

（2）旅游服务质量保证金保险对旅行社经营起到了怎样的作用？

一、国外旅行社的产生与发展

从世界旅游发展史来看，到 19 世纪中叶，旅游活动才真正作为一个产业开始出现，而这种变化的产生主要归功于产业革命。国外旅行社最早产生于 19 世纪中叶的西欧和北美地区，是工业革命引发的经济和科技发展以及旅行活动发展的必然产物。

（一）近代旅游时期的世界旅行社业（1845—1949 年）

1845 年，托马斯·库克创办了第一家旅行社。继托马斯·库克之后，为满足人们日益增长的旅游需求，旅行社在世界各地迅速发展起来。19 世纪下半叶，欧洲成立了许多类似的旅游组织。例如，1857 年，英国成立了登山俱乐部，1885 年又成立了帐篷俱乐部；1850 年，亨利·威尔士、威廉·法格和约翰·巴特菲尔德创办了美国运通公司，兼营旅行代理业务，并于 1891 年率先使用了旅行支票；1893 年，日本成立了"喜宾会"，专门从事招徕和接待外国游客，以及代办旅行等服务。

20 世纪初期，旅行社获得了更大的发展，美国运通公司、英国托马斯·库克旅游公司和比利时铁路卧车公司成为当时世界旅行社业的三大巨头。到 20 世纪 20 年代末，已有 50 多个国家开展旅行社业务，设立了专门的旅游管理机构和旅游公司。

这一时期，除了旅行社的数量有较大增幅外，旅行社的经营方式也发生了变化。一些旅行社根据市场条件的变化，逐步由原来的旅游经营商向具有旅游经营商和零售商双重功能的角色转换。

（二）大众旅游时期的世界旅行社业（1950—1989 年）

20 世纪 50—90 年代，交通事业迅猛发展，大量民用客机用于旅行活动，汽车进入人们的家庭，同时世界经济的发展使得人们的闲暇时间大幅度增加，从而形成了"大众旅游"的时代。这个时期，为航空公司出售机票成为许多旅游零售商的主要谋生手段。然而，随着航空票据销售系统的调整，旅游零售商遇到了前所未有的挑战，新一轮的旅行社重组热潮出现了。

（三）新经济时期的世界旅行社业（1990 年至今）

自 20 世纪 90 年代开始，全新的管理思想内涵开始融入旅行社经营管理的活动中。旅行社的经营管理水平跃上新台阶，网络推广、网络预订、网络结算已经成为了现实。

知识链接 1-1　　　　　　　"近代旅游业之父"——托马斯·库克

托马斯·库克（1808—1892），英国旅行商，出生于英格兰墨尔本，是近代旅游业的先驱者，也是第一个组织团队旅游的人。

1826 年，托马斯·库克成为一名传教士，后来成为一位积极的禁酒工作者。

1841 年 7 月 5 日，托马斯·库克包租了一列火车，将 570 余人从英国中部地区的莱斯特送往拉巴夫勒参加禁酒大会。往返行程达 11 英里，团体收费每人 1 先令，免费提供带火腿肉的午餐及小吃。这次活动是人类第一次利用火车组织的团体旅游，也是近代旅游活动的开端。

1845年夏，托马斯·库克自任领队，组织了共350人参加的消遣观光团去利物浦旅游，并编发了《利物浦之行手册》，该手册也是世界上第一本旅游指南。

19世纪中期，托马斯·库克创办了世界上第一家旅行社——托马斯·库克旅行社，标志着近代旅游业的诞生。

二、我国旅行社的产生与发展

我国历史上第一家旅行社产生于20世纪20年代。1923年8月，上海商业储蓄银行总经理陈光甫在该银行下创设了旅行部，开始为旅客代购车船票、预订旅馆、派遣导游、代管行李和发行旅行支票等，成为中国旅行社业的开端。1927年6月，该旅行部更名为"中国旅行社"，从上海商业储蓄银行独立出来，并在华东、华北、华南等地的15个城市设立了分支机构。在中国旅行社成立之后，中国又相继出现了一些旅行社及类似的旅游组织。它们是中国旅游业处于萌芽时期的旅行社，承担了近代中国人旅游活动的组织工作。在半殖民地半封建的社会时期，由于战争接连不断以及经济发展落后，我国旅游业的发展规模很小，旅行社寥寥无几。

从中华人民共和国成立到1978年改革开放的这段时间，中国旅游业的发展屡遭曲折，旅行社发展速度十分缓慢。改革开放以后，由于经营体制和管理体制的根本变革，旅行社行业才真正实现企业化、市场化。

在近百年的发展历程中，我国旅行社业在数量上经历了从无到有再到规模化、在性质上从事业单位到企业化、产业运行上从行政化到市场化、市场结构上从寡头垄断到完全竞争的变迁过程，并且进一步呈现出从旅行社业向旅行服务业拓展的发展趋势。

自中华人民共和国成立到现在，我国旅行社的发展大体上可以分为以下四个时期：

（一）行政事业体制时期（1949—1977年）

1949年10月18日，福建厦门华侨旅行社成立，这是新中国第一家旅行社。同年11月和1951年12月，福建厦门和泉州华侨服务社成立。随着华侨来访人数的增加，广东、天津、杭州等地的华侨旅行社也相继成立。1954年4月15日，中国国际旅行社在北京正式成立，其主要任务是负责访华外宾的食、住、行、游等事务，同时发售国际铁路联运客票。1957年4月22日，华侨旅行服务社总社在北京成立，并明确其主要任务是为华侨等回国探亲、访友、参观、旅游的人提供方便，做好接待服务。1974年1月3日，经国务院批准，保留华侨旅行服务社总社，同时加用"中国旅行社总社"名称。

这个时期，国内设立了中国旅行社总社和中国国际旅行社两大旅行社系统，其核心业务是由政府主导进行外事接待，因此具有典型的行政事业导向。

（二）向市场化与开放化职能转变时期（1978—2000年）

1978年，我国进入改革开放的历史新时期，旅游业也开始从外事接待部门向经济产业转变。转变的起点是1978年3月中共中央批转了《关于发展旅游事业的请示报告》，建议"将目前的中国旅行游览事业管理局改为直属国务院的中国旅行游览事业管理总局"，这意味着新成立的中国旅行游览事业管理总局不再隶属于外交部，也不再是准外交行政管理机构，而是旅游经济的管理部门。1978年至1980年间，我国入境旅游人数高速增长，以国旅和中旅为核心的旅游部门的接待能力远远不能满足市场的需求。1980年6月27日，国务院批复共青团中央，同意成立中国青年旅行社，其接待对象是各国青年旅游者。

1985年，《旅行社管理暂行条例》颁布，将我国的旅行社分为一类社、二类社和三类社，其中一类社和二类社属于国际旅行社，但是只有一类社享有外联权。在这一时期，我国旅行社的数量激增，批准成立了一大批一类社。1985年，我国旅行社的数量为450家，1988年底增至1 573家。至此，我国旅行社业的垄断局面被彻底打破，国、中、青三家旅行社的接待人数占全国有组织接待人数的比例，从1980年的近80%下降到了1988年的40%，三家旅行社在我国的寡头垄断时代结束了。1996年10月15日，《旅行社管理条例》出台，将旅行社类别调整为国际旅行社和国内旅行社两类，取消了一类社和二类社的界限，外联权得以充分下放。

1997年7月1日，《中国公民自费出国旅游管理暂行办法》发布，这标志着中国旅行社业面临的旅游市场开始从入境游和国内游的二元市场转向出境游、入境游和国内游的三元市场。

（三）国际化、集团化、网络化发展时期（2001—2009年）

2001年以来，随着中国经济的快速发展，中国旅行社业进入高速发展阶段，产业规模急剧扩大。随着产业规模的扩大，中国旅行社业加快了品牌化、集团化和国际化发展的步伐，进入了转型升级的巨变阶段。经过几十年的积累，旅行社行业对旅游业的发展起到了龙头带动作用。此外，随着科技的发展，特别是电子商务的普及，以携程网为代表的一批旅游互联网电子商务迅速成长，改变了旅行社产品的采购形式及产业链关系。

（四）移动互联及旅游目的地服务时期（2010年至今）

2010年以来，我国旅行社业面临的市场环境有两个突出变化：一是散客带来的消费模式的变化，二是以移动互联、云计算和大数据为代表的信息技术的发展带来的旅行社商业模式的变化。

传统团队游一直是众多旅行社的主营业务，但是随着旅游消费的升级，游客的出游方式已经悄然发生了变化。大众旅游消费不再局限于传统的团队观光旅游，自由行、自驾游、机加酒、银发游、研学游、专列游等一系列新名词进入了旅游消费者的视野，整个行业呈现出逐步向旅行服务业转变的趋势。因此，团队旅游产品必须不断更新，才能满足旅游者多样化的需求。

国内外旅行社产生与发展时间轴如图1-1所示。

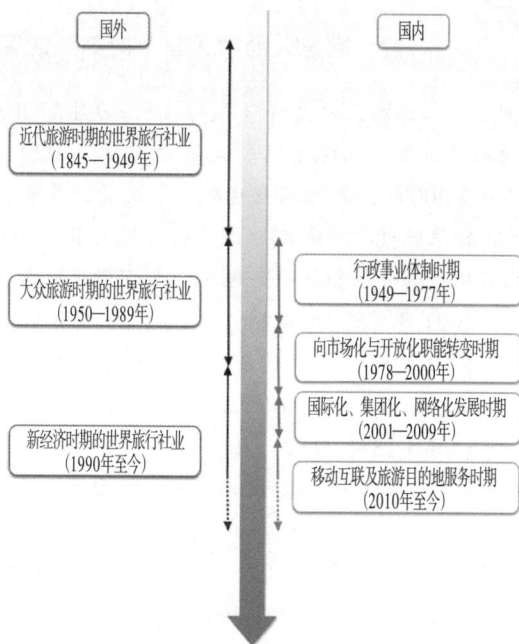

图 1-1　国内外旅行社产生与发展时间轴

◆ **课堂活动 1-1**

（1）国外旅行社的产生与发展可以分为几个不同时期？

（2）2010 年以来，我国旅行社业面临的市场环境有哪些突出变化？

案例分享 1-1

VR 全景 1-1

东莞青旅

　　东莞市青年国际旅行社有限公司（简称东莞青旅）成立于 1997 年 1 月，如今已经发展为承接出境游、国内游、邮轮游、定制游、学生修学游、商务会议、展览展会策划及接待等业务的专业旅游服务机构。

　　东莞青旅本土优势强大，以旅行社为龙头，发展成立了东莞城市候机楼、东莞汽车旅游中心（MTC）、东莞空铁旅行中心、东西方国际文化交流中心等成员企业。

　　自 2012 年以来，东莞青旅的年营业额常居东莞旅行社榜首，2017 年更是以 5 亿元的营收额刷新了东莞旅行社纪录，成员企业年接待游客数量达 100 多万人次，在全市拥有 49 家营业部，居东莞旅行社之首。东莞青旅曾荣获"消费者满意企业"、"重合同守信用企业"和 AAAA 级"标准化良好行为企业"等称号，是东莞首届一指的旅行生活服务商。

　　东莞青旅自成立以来，一直以"服务至上，创新不断"为核心价值，2019 年全新推出"约游"系统，以成为"快乐成长旅行生活服务商"为品牌定位，致力于为大家创造美好生活。

　　资料来源：东莞青旅．关于我们［EB/OL］．［2018-01-03］．http://www.anyt.cn/About-3.html.

　　思考：请结合本案例，分析个性化旅游服务在东莞青旅的体现。

思政探索 1-1 旅游人的"尤里卡时刻"能否到来

旅游是许多人的爱好,但旅游业却是许多人的饭碗。9月27日是世界旅游日,新冠肺炎疫情迫使全世界的旅游从业者面临着前所未有的困境。2020年,国内超70%的旅游从业者本职月收入不足2 000元,大批从业者破产、失业、降薪、待岗。2021年,旅游业虽然开始慢慢恢复,但依然处于脆弱期,经不起大风大浪。2021年以来,反反复复的小范围疫情更是让旅游从业者心惊胆战——刚刚看到了曙光,担心又要迎来长夜。

文旅部数据显示,2021年中秋节假期,全国国内旅游出游累计8 000多万人次,按可比口径恢复至2019年中秋假期的87.2%。2021年10月1日至7日,综合各地文化和旅游部门、通信运营商、线上旅行服务商的数据,经文化和旅游部数据中心测算,全国国内旅游出游5.15亿人次,按可比口径同比减少1.5%,按可比口径恢复至疫前同期的70.1%。实现国内旅游收入3 890.61亿元,同比减少4.7%,恢复至疫前同期的59.9%。

处于恢复期的旅游业为了吸引更多的游客,在航空、酒店等方面降低了利润。尽管如此,游客数量远远没有达到旅游从业者的预期,暂时不能弥补疫情发生以来造成的损失。

有人说,这是旅游业的"达摩克利斯之剑",也有人认为,这是旅游业的至暗时刻。疫情之下,有人被迫离开,有人选择观望,更多人选择了留下。

从事旅游业的人,大多也热爱旅游。热爱旅游的人,普遍拥有好奇心,喜欢接受挑战,热衷于探索未知的世界。他们见多识广,率性洒脱,拥有积极向上的人生态度,都有一颗热爱生活的心。疫情导致的事业"暂停",对他们来说更像是旅途中的休息,可以下车看看风景。现在,他们在家人、伙伴的鼓励下,已经渡过了最初的困境。或许眼前的道路有些崎岖,但丝毫没有阻止他们前行的步伐。

越挫越勇的旅游从业者坚守着自己的岗位,默默播种下一颗颗"种子",愿它们能够落地生根,发芽长大,开出美丽的花,我们都期待旅游行业的春天能够早日到来。

资料来源:旅游人的"尤里卡时刻"能否到来?——写在9.27世界旅游日来临之际〔EB/OL〕.〔2021-09-27〕. https://mp. weixin. qq. com / s? __biz=MTc5MTU3NTYyMQ== &mid=2650911375&idx=1&sn=e7f78e29151dcbd067e20f95fe860cf2&chksm=5903a3a56e742ab33ec3591b3f323d3f29d2612e60c2c99e6d4792e9fe4e96cef215e2b08393#rd.

互动话题:

在全球新冠肺炎疫情防控常态化的影响下,三联生活传媒结合旅游业的发展现状,与中国旅游集团发起互动话题"播种旅行的人",希望通过"播种"的故事,展现旅游从业者的热爱与坚持。请结合以上资讯,分享你知道的旅游从业者的故事。

研讨训练:

(1) 以小组为单位组织交流、研讨。

(2) 每个小组推荐1名成员做主题发言,各组结合全球新冠肺炎疫情防控常态化影响下的旅游业发展现状,分享你知道的旅游从业者的故事,从小组互评与教师评价两个方面进行评分,见表1-1。

表1-1 "旅游人的'尤里卡时刻'能否到来"训练项目评价表

项目主题（分值）	评价指标（分值）	标　准	小组互评（20%）	教师评价（80%）	综合得分（100%）
旅游人的"尤里卡时刻"能否到来？（100分）	课堂研讨表现（40分）	小组研讨组织得当，全员参与，研讨知识、方法、资讯运用正确			
	主题阐述（60分）	阐述的内容丰富，效果良好，观点新颖、独特，能挖掘数据依据，并能从疫情防控常态化管理的角度阐述旅游行业、旅游人的创新发展案例			

（3）教师与学生依据综合得分情况，确定最优陈述小组。

任务2　计调部与计调业务

◎ **互动导入**

旅游计调师或成2016年职业技术热门之选

2015年10月，人社部宣布把旅游计调师纳入《中国职业大典》。这意味着旅游计调师不仅拥有了职业技能证书，还拥有了国家职业资格证书。这对于中国旅游业的规范发展是一个里程碑式的进步。

《中华人民共和国国民经济和社会发展第十四个五年规划和2035年远景目标纲要》（以下简称"十四五"规划纲要）第三十六章"健全现代文化产业体系"中提出，推动文化和旅游融合发展。坚持以文塑旅、以旅彰文，打造独具魅力的中华文化旅游体验。深入发展大众旅游、智慧旅游，创新旅游产品体系，改善旅游消费体验。

旅游计调师代表的是旅游领域的复合型、高技能人才。在生活水平逐渐提升、旅游需求逐渐增加的中国市场，无论是面对旅行社，还是面对消费者，优质的计调师都是炙手可热的人才资源。

近年来，传统旅行社迫切面临提升与转型。一方面，市民的旅游消费能力和旅游消费意愿不断提升，旅游消费习惯逐步优化，普通的大众化旅游产品很难吸引游客的兴趣；另一方面，90后、00后的年轻人逐渐成为出游的主力军，网上购票、说走就走已经成为一种时尚，线上旅游平台快速发展。因此，传统旅行社必须更加注重品质与服务，精心策划主题和线路，专注、用心地做好每个产品，而这些工作都需要由优秀的计调师来完成。

资料来源：佚名.旅游计调师或成2016年职业技术热门之选［EB/OL］.［2016-02-17］. http://money.163.com/16/0217/14/BG1IICC200253B0H.html.

请大家根据以上资讯，思考以下问题：

（1）如何理解旅行社计调工作？

（2）为何旅行社的转型升级需要由计调师来完成？

一、我国旅行社计调业务的发展

旅游业被认为是未来发展前景最好的行业之一，旅游业的兴起使得旅游计调业务越来越重要。从中华人民共和国成立到现在，我国旅行社计调业务的发展大体可以分为以下四个时期：

（一）后勤的计调业务

20世纪50年代初，我国旅行社主要负责承办政府部门有关外宾招待的相关事宜。为此，当时的计调业务主要是为外宾订房、订车、订餐、订票（机、车、船及文艺票）和一些委托代办服务。因为计调业务一般由接待部门的后勤人员承担，所以通常称为后勤工作。这是一种间接的计调工作。

（二）独立的计调业务

20世纪70年代末至80年代初，我国旅行社接待业务量日益增长，旅行社规模逐渐扩大，建立了专门的计调部，计调业务从接待部门的后勤工作中独立出来，成为旅行社业务工作的中心。计调部对外为旅行社与合作单位建立固定的合作关系并代表旅行社与其签订合同，对内为旅行社各部门提供接团的后勤服务。另外，计调部也是旅行社的信息中心，每天要把来自旅行社内、外的大量信息进行整理、统计和传递。

（三）职能转变的计调业务

20世纪80年代至90年代初，旅行社走上了企业化运营的轨道，开始建立和完善计划管理。计调部从为接待业务做好后勤服务，转向为全旅行社的业务决策、计划管理提供信息和制订方案，并进行可行性分析等参谋性工作，在旅行社的经营管理中担负着计划管理、质量管理和业务管理等职能。随着计调职能的转变，计调业务可以由两个部门（计调部和企管部）分别承担，也可以由一个部门（计调部）承担。

（四）按业务运营环节设置的采购部

20世纪90年代末期，人们开始发现旅行社组织机构设置的弊端，即"外联买菜，计调做菜，接待吃菜，总经理洗碗筷"。随着行业竞争的加剧，为了适应市场经济发展的要求，旅行社纷纷进行机构改革。多数旅行社不再设立专门的计调部，而是设立采购部，现有的计调部门主要负责统一调控、统一谈价，以争取批量优惠，并以此约束外联和导游的行为。另外，许多大、中型旅行社设立了票务部门，这样既能保证团队票务，又能对外扩大经营范围。

二、计调部的职能

计调部是旅行社三大业务部门中的核心，其业务内容包括：安排食、住、行、游、购、娱等事宜；选择旅游合作伙伴，如航空公司、地接社、餐厅、酒店、导游和车队等；编制和下发旅游接待计划、旅游预算单；做好知识储备、信息储备及相关档案的管理等。

旅行社计调部职能如图1-2所示。

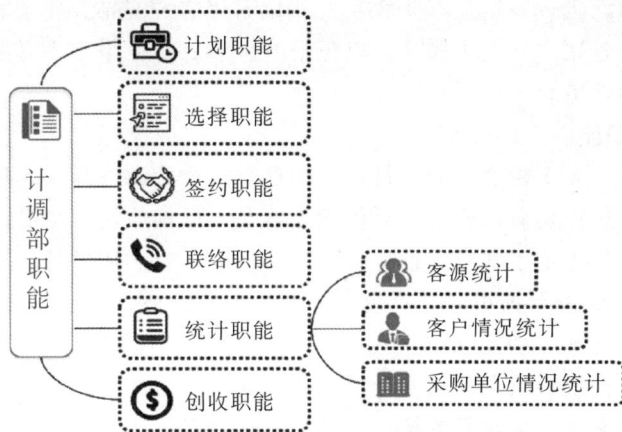

图 1-2 旅行社计调部职能

具体来说，计调部主要有以下职能：

（一）计划职能

招到客源后，计调部是负责旅游团接待工作的第一站。计调人员首先根据组团社发来的接团要约，收集旅游团的各种资料并进行分析，然后按照本社在一定时期内的客源数量，所需人、财、物，以及如何接待等情况，编制科学的接待计划，最后将该计划下发到接待部门做好接待工作。

（二）选择职能

旅行社通过与许多旅游企业，如酒店、餐馆、航空公司、铁路部门、车船公司、景区景点、娱乐场所及各地的接待社等建立采购关系，向游客提供组合性旅游产品和选择性旅游产品。在采购旅游产品与服务的过程中，计调人员作为旅行社的采购代表，无法干涉饭店的经营管理，也无法调度航空公司的飞行时间和线路，但可以在采购业务中发挥选择职能，在众多的采购对象中选择最理想的合作伙伴，然后进行优化组合，形成最佳服务方案，以保证旅行社的最优服务质量。

（三）签约职能

旅行社在经营管理过程中会与许多旅游企业，以及相关行业发生经济关系，为了保证采购产品与服务的质量，通常采取签订经济合同的形式。因此，计调部的签约职能是必不可少的。旅行社赖以生存的重要途径，就是通过批量采购获得价格方面的优惠。如果一家旅行社能够将购买力相对集中地投放到相关旅游企业，由此带来的利益将比分散投放到众多相关旅游企业获得的利益大得多。

（四）联络职能

工作在第一线的导游人员没有足够的时间和充分的条件来处理旅途中遇到的棘手问题，这就需要旅行社的计调部成为24小时不间断工作的信息联络中心，在各个环节上同相关旅游企业及时准确地进行沟通并传递信息。例如，当团队在旅途中发生车祸或游客在旅途中生病或死亡时，计调人员接到导游的报告后，需要及时向有关部门及保险公司通报，并采取相应措施；若发生航班、车、船时间的变更或取消，则要马上与酒店、餐馆、车队联系，并做出相应的安排，使采购的旅游服务保证供应，不会在各站之间发生脱节，以免给游客和旅行社带来不必要的损失，导致游客投诉事件的发生。

（五）统计职能

作为旅游业三大支柱之一的旅行社，担负着组合旅游产品并直接向旅游者推介和销售的职能，还担负着向旅游产品供应企业及时反馈旅游市场需求的职能。旅行社的这一中介地位决定了其收集信息、传递信息、综合利用信息的重要性，而信息的收集、整理和分析等都离不开计调部，需要计调人员对旅游信息进行逐月、逐季、逐年的科学分析，并绘制成月、季、年统计表。通过对旅游信息的统计和分析，旅行社可以检查经营业务的实际情况，从而发现新问题并及时解决，还可以了解客源的流向及流量。计调部的统计工作具体包括以下内容：

1.客源统计

客源统计是计调部统计工作的重要内容，其目的在于分析现状、找出问题，以便进一步确定目标市场的经营策略。客源统计通常以一个旅游年度或淡旺季时段为统计单位，统计内容包括：

（1）接待人数，用于反映旅行社的综合接待能力。

（2）人均天数，用于反映产品性能，是分析旅行社盈利情况的依据。

（3）团均人数，用于反映团队的单位成本，人数越多则费用越低。

（4）国家和地区客源分布情况，用于发现主要客源市场。

（5）客源流向及流量，用于反映旅游者的时空分布情况，是旅行社开展采购业务的依据。

2.采购单位情况统计

采购单位情况统计的目的在于：一是及时发现问题，以提高采购质量；二是为争取最优惠的价格提供依据。统计内容包括：

（1）房、餐情况，即根据使用情况决定续用或取消采购。

（2）接待社情况，即根据接待质量及客人反馈决定续用或更换。

3.客户情况统计

客户情况统计的主要方法是建立客户档案。客户档案的内容包括客户单位、姓名、性别、爱好、住址、职务、联系方式、生日、身份证号码等。

（六）创收职能

计调部虽然不是旅行社的直接创收部门，但它能够间接创收。计调部在对外洽谈业务时，会根据旅游供给能力的变化，在协议价的基础上做出价格调整，尽量争取最优惠价格，从而降低旅行社的经营成本，增加旅行社的利润。

三、计调的类型

实力雄厚的大型旅行社由于业务内容广泛，对产品设计和销售、业务接待的要求都比较高，因此还会按照业务范畴，对计调的类型进行细分，包括组团型计调、接待型计调（地接型计调）、批发型计调、专项型计调等（见表1-2）。其中，组团型计调分为中国公民国内游计调、中国公民出境游计调；接待型计调分为国内游接待计调、入境游接待计调；批发型计调分为国内游专线同业批发计调、出境游专线同业批发计调；专项型计调分为商务会展计调、学生游计调、老年游计调、特种游计调、机酒类计调、签证类计调等。

表1-2   计调的类型

计调类型	子类型	业务细分
组团型计调	中国公民国内游计调	中长线计调、短线计调等
	中国公民出境游计调	欧美澳加地区计调、非洲地区计调、东南亚地区计调、日韩地区计调、俄罗斯地区计调、中东地区计调、南亚地区计调、拉美地区计调等
接待型计调（地接型计调）	国内游接待计调	纯一地旅游接待计调、学生冬夏令营活动计调、中转联程旅游接待计调、商务会展活动计调等
	入境游接待计调	欧美澳加地区计调、非洲地区计调、东南亚地区计调、日韩地区计调、俄罗斯地区计调、中东地区计调、南亚地区计调、拉美地区计调等
批发型计调	国内游专线同业批发计调	集合本地区旅游同行的客源，将其发往中国境内指定的旅游目的地，交由当地接待机构完成对旅游同行承诺的接待内容和标准
	出境游专线同业批发计调	集合本地区旅游同行的客源，将其发往中国以外的国家和地区指定的旅游目的地，交由当地接待机构完成对旅游同行承诺的接待内容和标准
专项型计调	商务会展计调	商贸会议型产品计调、会展旅游型产品计调、奖励旅游型产品计调、公司培训型产品计调
	学生游计调	学生参观教育活动计调、夏令营活动计调、研学旅行活动计调
	老年游计调	夕阳红旅游专列计调、疗养度假游计调、医疗康复保健游计调
	特种游计调	非赛事体育运动类活动计调，包括：①自驾车游计调，如普通车游计调、越野车游计调、大篷车游计调、摩托车游计调、房车游计调等。②户外活动游计调，如滑雪计调、漂流计调、滑沙计调、滑草计调、攀岩计调、骑马计调、徒步穿越计调、户外生存计调、户外拓展计调、户外山地车计调、极限活动计调、热气球计调、高空滑翔计调、狩猎计调等。③海上运动计调，如滑水计调、帆板计调、皮筏艇计调、摩托艇冲浪计调、海上跳伞计调、海上垂钓计调等
		探险类活动计调，包括登山探险计调、沙漠探险计调、森林探险计调、峡谷探险计调、洞穴探险计调等
		考察观察活动计调，包括潜艇海底观光、潜水观海底生物等计调，文物古迹科考、自然地理科考、人文历史景观科考、学术考察、独特文化考察等科考游计调
		其他活动计调，包括修学旅游计调、宗教游计调、摄影游计调、写生游计调、边境游计调、跨境游计调等
	机酒类计调	如散客单订机票、单订房及机场到酒店的接送项目
	签证类计调	从事出境旅游业务的旅行社，如果有专人负责签证业务，则需要详细了解各国的签证手续，熟知需要填写的表格，并妥善保存资料

（一）组团型计调

组团型计调需要了解各条旅游线路的价格、成本、特点，以及各条旅游线路的变化和趋势。

组团型计调的工作内容如下：

（1）调阅本社团队的卷宗，了解各条旅游线路和各地接社的信息反馈，收集整理各条旅游线路地接社的反馈总结，及时调整旅游线路，从而更适销对路。

（2）建立旅行社的人脉关系网，以客户为中心，多渠道了解客户信息，满足客户需要。

（3）定期查阅传真和信息，落实好门市报价及销售人员与客户面对面的直接报价，核准价格、行程、标准。

（4）规范确认文件，在确认文件时必须要有到达时间、行程安排、入住酒店的标准、景点情况、用餐标准、车辆标准、导游要求、可能产生的自费情况等内容，通常应细致到车型、车龄、酒店名称。

（5）熟悉本社导游情况，了解本社每位导游的年龄、性格、学历、工作特点、责任心，以便针对客户安排最合适的导游。

（二）地接型计调

地接型计调需要熟悉所有接待区和周边可利用的旅游接待设施的情况，以及本地各条接待线路的变化和趋势。

地接型计调的工作内容如下：

（1）熟悉本社车队或长期合作的旅游车队的车辆情况，通常应细致到车龄、车型、车况、司机素质、车属公司的情况，经营者的特点、经营状况的好坏、对突发事故的处理能力等；每条线路车辆需要的油费、过路过桥费、停车费、按月交纳的常规管理费。

（2）熟悉合作住宿接待单位，如地理位置、星级、硬件标准、服务水平、经营情况、经营特色，以及是否有讨价还价的余地、淡旺季的价格变化情况等。

（3）了解地接范围内所有景区、景点门票的折扣情况，自费景点、索道价格，资源品位及特点，尤其要关注不同客源地的游客对该景点的评价，多与景区方进行交流。

（4）熟悉本社导游的管理方法，了解本社每一位导游的年龄、性格、学历、工作特点、责任心、对突发事件的处理能力、适合的团型，以便针对客户做出最合适的导游安排。

（5）熟悉本社的竞争环境，尽可能多地了解竞争对手的特点、报价、操作方式、优势和劣势。

（6）熟悉下站或上站的操作情况、合作社的特点、竞争情况、报价内容、浮动状况等。

（7）熟悉客源情况以及客源地旅行社的特点、竞争情况、信用程度。

思政探索 1-2 非遗与旅游融合 必将实现"1+1>2"

2021 年 8 月，中共中央办公厅、国务院办公厅印发《关于进一步加强非物质文化遗产保护工作的意见》（以下简称《意见》）。《意见》从健全非物质文化遗产保护传承体系、提高非物质文化遗产保护传承水平、加大非物质文化遗产传播普及力度等方面提出了具体要求。《意见》提出，"在有效保护前提下，推动非物质文化遗产与旅游融合发展、高质量发展"。这对新时代非遗旅游活化工作提出了更高的要求，也为探索中国特色非遗旅游活化模式指明了方向。

实践证明，非遗是重要的旅游吸引物，旅游是实现非遗活态传承以及生产性保护的重要方式。近年来，大量的非遗项目被旅游唤醒、激活，"非遗+旅游"成为助力打赢脱贫攻坚战、助推乡村振兴的重要方式和有效载体，并不断创造出新的消费场景，"吃非遗""玩非遗""赏非遗""学非遗""购非遗"已经成为城乡居民文化旅游消费的重要形态。

推动非遗与旅游融合发展、高质量发展，不是单纯地在旅游景区（点）、节庆活动中增加非遗项目展示或演示，也不是简单地在旅游商品研发和销售中增加非遗元素和产品，而是要从坚定文化自信的高度，充分挖掘和展示非遗所蕴含的精神价值、时代价值，跳出单纯的项目层面，促进非遗与旅游在空间、功能、产品、市场等方面的深度融合。

一是做好空间融合，挖掘各类旅游休闲空间的非遗资源。《意见》提出，"挖掘中国民间文化艺术之乡、中国传统村落、中国美丽休闲乡村、全国乡村旅游重点村、历史文化名城名镇名村、全国'一村一品'示范村镇中的非物质文化遗产资源"。中国美丽休闲乡村、全国乡村旅游重点村等既是重要的旅游休闲空间，也是非遗资源产生和存续的主要空间。深入挖掘这些空间的非遗资源，不仅能够丰富其文化内涵、丰富旅游体验，还能为非遗的整体保护与有效传承提供支撑。

二是做好功能融合，发挥非遗的独特吸引力。推动非遗与旅游融合发展，关键是要充分发挥非遗作为独特旅游吸引物的功能。《意见》强调要加强非物质文化遗产分类保护，提出要形成包括非物质文化遗产馆、传承体验中心（所、点）等在内的，集传承、体验、教育、培训、旅游等功能于一体的传承体验设施体系。这就要求根据不同类型的非遗资源特点，通过非遗与研学、民宿、文创、演艺等融合，进一步契合旅游服务功能，催生新的旅游业态和体验项目。

三是做好产品融合，打造非遗主题旅游产品体系。《意见》提出，要建设非物质文化遗产特色村镇、街区，推出一批具有鲜明非物质文化遗产特色的主题旅游线路、研学旅游产品和演艺作品，建设非物质文化遗产特色景区。这些要求进一步丰富了非遗主题旅游产品类型和内容，应以非遗项目为依托，通过配套旅游接待功能、增加旅游服务要素，将非遗的资源形态转化为可感受、可体验的旅游产品形态；同时，还应通过吸纳和展示非遗的内涵要素及核心元素，增强旅游产品和项目的文化内涵。

四是做好市场融合，拓宽非遗消费旅游化场景。非遗源自人民群众的生产生活实践，若想实现非遗的合理保护和有效传承，关键是要推动非遗融入人民群众的生产生活。《意见》提出"深入挖掘乡村旅游消费潜力，支持利用非物质文化遗产资源发展乡村旅游等业态""利用互联网平台，拓宽相关产品推广和销售渠道"等要求。旅游业突出的客源招徕和调配作用以及较为成熟的网络营销平台和渠道，可以为非遗相关产品提供新的消费场景、消费群体，使其更好融入生产生活。同样，非遗有机融入景区、度假区和旅游项目，也会带来新的客源群体，从而实现消费群体的互补和叠加，更好地促进非遗保护传承。

综上，推动非遗与旅游融合发展、高质量发展是以文塑旅、以旅彰文的内在要求，特别是随着传承保护力度的不断强化，非遗在展示中华文化独特魅力、促进经济社会高质量发展等方面发挥着越来越重要的作用，已经成为满足人民精神文化生活需要、增进民生福祉的重要内容。

同样，旅游休闲已经成为人们日常生活的刚需，旅游业作为拉动经济社会发展的重要动力，是事关人民群众美好生活的"幸福产业"。因此，非遗与旅游的融合发展、高质量发展必将带来"1+1>2"的效果，不断满足人民群众对美好生活的需要。

资料来源：银元.非遗与旅游融合 必将实现"1+1>2"［EB/OL］.［2021-08-17］. http://www.ctnews.com.cn/gdsy/content/2021-08-17/content_110154.html.

研讨训练：

请结合以上资讯，从坚定文化自信的高度，谈一谈如何挖掘和展示非遗所蕴含的精神价值、时代价值，跳出单纯的项目层面，促进非遗与旅游在空间、功能、产品、市场等方面深度融合。

（1）以小组为单位组织交流、研讨。

（2）每个小组推荐1名成员做主题发言，各组从"非遗与旅游融合发展、高质量发展"的角度，分享非遗与旅游深度融合的产品开发路径，从小组互评与教师评价两个方面进行评分，见表1-3。

表1-3　　　"非遗与旅游融合　必将实现'1+1>2'"训练项目评价表

项目主题 （分值）	评价指标 （分值）	标　准	小组互评 （20%）	教师评价 （80%）	综合得分 （100%）
非遗与旅游融合 必将实现"1+1>2"（100分）	课堂研讨表现（40分）	小组研讨组织得当，全员参与，研讨知识、方法、资讯运用正确			
	主题阐述（60分）	阐述的内容丰富，效果良好，观点新颖、独特，能从非遗与旅游融合发展、高质量发展等角度谈看法			

（3）教师与学生依据综合得分情况，确定最优陈述小组。

四、我国旅行社计调工作展望

随着旅行社行业向规模化纵深发展，旅行社计调的职能和分工也更加明确。从某种意义上讲，计调人员对旅行社行业的发展起着指导和推动作用。未来，我国旅行社计调工作将具有以下特点：

（一）网络化

互联网的发展和信息技术的普及，为旅行社的网络化经营奠定了坚实的技术基础。一方面，计调工作涉及的信息量很大、操作环节较多，而经过信息技术的处理，计调工作将变得省时省力、高效快速；另一方面，凭借互联网，游客可以不受时间、地点、气候等条件的限制，迅速获得所需的旅游信息资料，从而促进了计调岗位职能的变化。

课堂活动1-2

（1）创建个人工作QQ号或微信号，用该号码加入一个旅游同行QQ群或微信群，从旅游同行QQ群或微信群中下载一份行程安排，并谈谈你的看法。

（2）搜索一则300字以内的旅游行业新闻，并用Word文档编辑，要求规范工整。

（二）岗位分工专业化

随着我国旅游业和旅行社行业的规范化发展，未来计调人员将按照特级、高级、中级、初级的技术等级进行分类，并且严格根据客源的不同进行专业化分工，计调人员的上岗资格和考核标准将更加专业化、系统化、规范化。同时，计调业务的规范化也将推动旅游业更加规范、有序地发展。

案例分享1-2　　　　　　　　桂林评出"金牌计调师"

桂林市首届旅行社计调技能大赛结束，来自桂林中国国际旅行社的温舜梅、桂林市华鑫国际旅行社的龙丹莉从20名决赛选手中脱颖而出，获得"金牌计调师"称号。

桂林市旅游局副局长张志红表示，计调工作是旅行社经营管理中的重要工作，这次大赛是桂林市创建旅行社品牌、提升旅行社服务技能和服务质量的重要行动。通过这次比赛，旅行社计调的业务能力与综合水平得到了提高，桂林旅行社行业的经营管理水平也提档升级，向着高品质、正规化、信息化、科学化的方向迈进。

据介绍，今后桂林市将经常性地举行旅行社计调技能大赛。

资料来源：邝伟楠.桂林评出"金牌计调师"[N]．中国旅游报，2012-12-24.

思考：请结合本案例，分析桂林市举行旅行社计调技能大赛的原因。

任务3　计调的素质要求与岗位职责

◎ **互动导入**

旅行社计调张燕：更多愉悦给游客

　　张燕在旅游行业摸爬滚打了10年，见证了山西旅游的变迁。"我省旅游资源丰富，但在10年前，能吸引游客的只有名气很大的云冈石窟、五台山、晋祠等景点。由于旅游市场缺少资源开发，人们形容当时的旅游为'白天看庙，晚上睡觉'。如今，繁多的旅游门类，精准的市场定位，让不同的游客有了更丰富的选择，山西的旅游市场发生了翻天覆地的变化。"

　　张燕也从一个每天爬三趟五台山的小导游，逐渐成长为一个有着丰富经验的旅行社计调。"导游在外带团，与旅行社联系的唯一途径就是计调，旅行社也通过计调，对旅游团队的活动情况进行跟踪、了解，并对导游的服务进行监管。游客在旅游过程中出现的突发事件，也由计调代表旅行社灵活应对。所以说，我就是一次旅行的幕后操纵者。"

　　"如今，旅游再也不是一件奢侈的事，在旅途中享受旅游的乐趣，是每一个游客的愿望，更是我们每一个旅游工作者的愿望。"张燕最大的愿望就是带给游客更多的快乐，让所有人都能享受自然、享受旅游。

　　资料来源：潘春娟.旅行社计调张燕：更多愉悦给游客［N］.三晋都市报，2013-01-10.

　　请大家根据以上资讯，思考以下问题：

　　（1）什么是旅行社计调？

　　（2）计调与导游的工作区别体现在哪些方面？

微课1-3

计调的素质
要求与岗位
职责

一、旅行社计调的定义

　　"计调"顾名思义，就是计划与调度，这是计调的基本职能。旅行社计调俗称"OP"（operator），主要是指在旅行社中负责采购旅游产品与服务、组合旅游线路、为门市销售和组团销售对外报价、计划与调度团队和散客的接待业务，同时与其他旅游企业或部门建立合作关系的人员。

二、旅行社计调的素质要求

　　计调是旅行社的基础岗位，也是核心岗位，计调人员的素质直接决定着旅行社的经营管理水平，也决定着旅行社的利润和服务质量。对于旅行社来说，一个优秀的计调人员必须具备以下素质：

　　（一）业务熟练

　　计调人员必须对团队旅行目的地的情况、接待单位的实力、票务运作等胸有成竹。

（二）具有敬业精神

计调工作其实是很枯燥的，是由无数琐碎的工作组成的，如果计调人员没有敬业精神，是无法把这份工作做好的。因此，计调人员应有进取心、不怕困难、热爱本职工作，具有团队合作意识，善于借助团队力量、发挥团队作用，这样才能做好旅游产品的生产和销售工作，圆满完成旅行社制定的经营目标。

（三）具有认真负责的工作态度

旅游是一环紧扣一环的活动，而负责将这些环节紧扣在一起的工作则由计调人员完成。如果没有认真负责的工作态度，票务、用车、接送团队等其中任意一环没衔接上或没衔接好，就会出现满盘皆乱的失控局面。计调人员在工作中绝对不能出现差错，稍有差池，就会给旅行社带来损失。因此，计调人员在工作中必须做到认真负责、一丝不苟，保证发出或接收的信息（如向其他旅行社报价、接收组团社的接团通知等）准确无误。

（四）具有成本控制与团队运作效果兼顾的能力

计调人员必须做到成本控制与团队运作效果兼顾。也就是说，计调人员必须在保证团队有良好运作效果的前提下，编制出成本控制得最好的旅游线路。

（五）具有不断学习、创新的能力

计调人员必须不断学习，认真了解旅游市场的变化、当地接待单位实力的变化等，还要不断对工作进行创新，跟上时代的发展。

（六）具有良好的交际能力

计调人员要经常与旅游者及旅游相关部门打交道，因此善于交际是做好计调工作的基本素质要求。在与有关部门、单位的协作中，计调人员应谦虚谨慎、广交朋友，同时注意维护本旅行社的声誉。例如，计调人员在与合作单位洽谈时，既要合作愉快，又要频繁地讨价还价，从而为旅行社争取最大的经济效益，这就要求计调人员具有较高的谈判水平，善于人际沟通。

（七）具有较强的应变能力

对于团队运作中出现的突发事件，计调人员要有较强的应变能力，及时请示，解决团队问题，保证团队旅行质量。

（八）具有较强的法治观念

计调人员应严格遵守财务制度和单位的各项规定，自觉维护国家和集体的利益，绝不牟取私利。

（九）具有良好的计算机应用能力

在互联网时代，计调人员必须具有良好的计算机应用能力，能够熟练运用输入法和各种办公软件。微信、QQ等作为办公辅助软件也要合理应用于工作中，这样可以为旅行社节约通信费用。

（十）具有一定的地理、历史知识及文案写作能力

计调人员必须掌握一定的地理、历史知识，这样才能使设计的行程生动、有

趣，从而激发游客的参团意愿；同时，与合作单位间的公文交流要求计调人员必须具备一定的文案写作能力。

知识链接1-2   **旅游业迎来新职业**

2022年6月14日，人力资源和社会保障部公示了18个新职业信息，其中与旅游业密切相关的有民宿管家和研学旅行指导师。民宿管家，即为客户提供住宿、餐饮以及当地自然环境、文化与生活方式体验等定制化服务的专业人员。旅游业界以乡村民宿为着力点，积极探索农旅融合新业态，培育了一批专业专职的民宿管家。除了民宿管家，研学旅行指导师也成为旅游业的职业新风向。研学旅行指导师即策划、制订、实施研学旅行方案，组织、指导开展研学体验活动的人员。

2022年7月11日，人力资源和社会保障部、文化和旅游部共同制定并颁布了《旅行社计调国家职业技能标准》。对旅游业来说，旅行社计调国家职业技能标准发布、民宿管家和研学旅行指导师新职业信息公示，无疑是激励行业在新冠疫情防控背景下创新发展的利好消息，增强了旅游从业者的信心。

资料来源：王蒙.旅游业迎来新职业［EB/OL］.［2022-07-08］. http://ent.people.com.cn/n1/2022/0708/c1012-32469710.html

三、旅行社计调的岗位职责

计调部一般包括信息资料员、计划统计员、对外联络员、订票业务员、订房业务员、内勤业务员和调度变更员等岗位，各岗位职责如下：

（一）信息资料员

负责收集各种资料和市场信息，为有关部门的决策提供参考。具体包括：

（1）收集、整理来自旅游业的各种信息。

（2）将汇编的信息资料分发给有关部门，并编号存档。

（3）向旅行社的决策层提供所需信息及资料分析报告。

（4）收集旅游团（者）的反馈信息并制作列表。

（二）计划统计员

负责编制各种业务计划，统计旅行社的各种资料，并做好档案管理工作。具体包括：

（1）承接并向有关部门及人员分发旅游团（者）的接待计划。

（2）承接并落实各地旅行社发来的接待计划。

（3）编写本社年度业务计划。

（4）统计本社旅游业务月度、季度报表，编写接待人数月度、季度报告。

（5）向旅行社的决策部门、财务部门提供旅游团（者）流量、住房、交通等方面的业务统计及分析报告。

（三）对外联络员

负责对外联络和信息反馈等事宜。具体包括：

（1）选择和联络本部门的合作者，对外报价或接受报价。

（2）传播并反馈各种信息，向上级主管提供各种资料，协调与相关部门的关系。

（3）做好昼夜值班记录和电话记录，将相关信息准确无误地进行转达与传递。

（4）对本社的接待计划做到了如指掌，并在登记表上及时标出接待团的编号、人数、服务等级、订房情况、抵离日期、下一站城市、航班或车次等。

（5）掌握旅游团（者）取消、更改情况，并及时通知有关人员做好接待调整工作。

（四）订票业务员

负责旅游团（者）各种交通票据的订购。具体包括：

（1）落实旅游团（者）的机、车、船等交通票据，并及时将落实情况转告有关业务部门或人员。

（2）在接到各业务部门有关旅游团（者）人数、航班或车次的变更通知时，及时与有关合作单位联系，处理好更改、取消事宜。

（3）负责计划外旅游团（者）的机、车、船票的代订业务，并根据委托代办的要求办理订座或再确认事项。

（4）根据组团社的要求或旅游团的人数规模，办理申请包机/专列手续，代表计调部签订包机/专列协议书，并将情况转告有关业务部门，以便落实具体衔接工作。

（5）办理本社陪同导游和外地组团社全陪的机、车、船票的代订。

（6）与合作单位做好旅游团（者）票务方面的财务结算工作。

（五）订房业务员

负责旅游团（者）的各种订房业务。具体包括：

（1）与酒店洽谈房价，签订订房协议书。

（2）根据接待计划中客房预订的要求，为旅游团（者）及陪同预订住房。

（3）负责住房预订的变更、取消事宜。

（4）负责包房的使用、销售、调剂工作。

（5）负责旅游团（者）住房流量表的制作及单项统计。

（6）协同财务部门做好旅游团用房的财务核算工作。

（六）内勤业务员

负责部门内各种内勤工作。具体包括：

（1）与饭店、车队洽谈相应业务，并草拟协议书。

（2）根据接待计划，为旅游团订餐、订车，做好有关餐食、车辆预订的变更或取消工作。

（3）负责安排宴请、自助餐会、大型招待会等。

（4）为旅游团（者）预订文艺节目票，落实专场演出等。

（5）负责安排特殊要求的参观、访问、拜会。

（七）调度变更员

负责调度各种交通工具，并做好因旅行团行程变更而带来的协调工作。

知识链接1-3　　　　　　　　　旅行社计调工作的禁忌

动画1-2

旅行社计调
工作的禁忌

计调工作作为旅行社工作的核心，对从业人员有着极其严格的要求。以下是旅行社计调工作的四大禁忌：

1.口头确认

计调人员在与相关合作单位确定食、住、行、游、购、娱等方面的接待事宜时，必须以收到的盖有合作单位公章或者业务专用章的确认函或传真确认件为准，并加以核实，不能以对方的口头确认或者网络聊天确认为准。因为口头确认或者网络聊天确认的内容存在很大变数，尤其是在旅游旺季，相关接待事宜可能较难得到保证，甚至可能会造成与对方的要求不一致，从而影响旅行社的声誉。

2.延误回复

计调人员要重视每一件需要尽快给予回复的事，绝对不能拖延或者应付。否则，要么会耽误事情的有效处理，要么会失去客户。比如，对方要求你提供一个旅游产品的报价，或者一条旅游线路的设计方案，你必须尽快从自己的资料库中提取相关信息，进行加工润色之后，在3~5分钟内回复过去，否则对方会因等待焦虑，转而寻求其他合作单位。如果实在忙不过来，应该请其他计调人员给予协助。千万不要对不熟悉的旅游产品或旅游线路胡乱报价，否则会影响旅行社的收入和信誉，从而失去客户的信任。

3.滥用通信设备

计调人员打出或打入电话都应言简意赅、简洁明了，不能闲扯过多的无关话题，也不能拨打私人电话，否则会导致许多业务电话打不进也打不出，从而影响旅行社业务的及时、有效处理。同时，计调人员必须保证通信设备24小时开机，不能无故关机。充分利用好通信设备，也是一名合格计调人员的必备素质。

4.业不精心

计调人员在工作中要做到心细如发，能够发现接待计划中的细微变动，对于特殊要求应仔细研究，具有重复检查及细节检查的意识。把每一个需要向接待人员交代的注意事项都落实到书面上，不能只在头脑中思考或者临时回想，否则会因遗漏存在隐患，不利于接待计划的正常执行。同时，计调人员在管理文档时应做到规范有序，无论需要什么材料，都能在最短的时间内找到。

课堂活动1-3

（1）旅行社计调的素质要求包括哪些？

（2）旅行社计调的岗位职责是什么？

项目小结

本项目介绍了旅行社的产生与发展、旅行社计调的产生与发展、计调的类型等。计调是旅行社的基础岗位，也是核心岗位，计调的素质直接决定了旅行社的经营管理水平，也决定了旅行社的利润和服务质量。

拓展空间

计调部在旅行社中的地位

在旅行社的经营管理中，销售部、计调部、接待部构成了旅行社业务的三大块，它们与财务部、人事部等构成了整个旅行社的经营与管理体系。

计调部在旅行社中处于中枢地位，这是毋庸置疑的。因为计调业务连接内外，牵一发而动全身。计调工作不是一个简单重复的技术性劳动，它具有较强的专业性、自主性、灵活性，需要由具备高素质、高水平的人来完成。图1-3具体说明了计调部在旅行社中的核心地位。

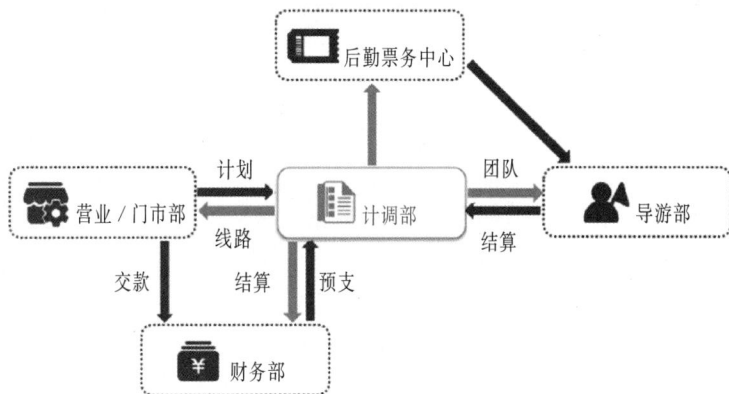

图1-3　旅行社计调部核心地位图

2

项目二 旅行社计调信息化应用

项目导言

互联网将旅行社推向了变革的大潮之中，其引发的学习革命必将对旅行社产生巨大的冲击：一方面，旅行社可以从网上轻而易举地获得大量的信息，可以加强旅行社与旅游供应商和旅游者之间的联系，也可以使旅行社的传统经营运作方式信息化、简单化、科学化，促进旅行社经营管理的现代化。另一方面，旅游供应商和旅游消费者聚集在一起，互通信息，不必只依靠旅行社这一中介机构所提供的信息，可以直接进行买卖活动，旅行社的传统市场将被其他类型的竞争者分割。

旅行社管理软件是随着在线旅游业的兴起而产生的，是从旅行社管理信息化的角度研发并使用的。旅行社管理软件作为互联网时代旅行社操作的平台，可以有效对接旅游供应商、在线旅行社（OTA）、社区网站等。

交互式课件
2-1

旅行社计调
信息化应用

学习要求

项目目标　● 理解旅行社管理信息系统的产生及功能。
　　　　　● 掌握旅行社管理软件的分类与应用。

思政目标　● 引导学生树立工匠精神、增强创新意识。
　　　　　● 针对旅游行业新技术、新业态和新模式，在疫情常态化防控期间，
　　　　　　通过国家对旅游行业的扶持政策，以及文旅企业的自救复苏等，
　　　　　　强化学生的民族自信、文化自信，厚植家国情怀。

任务1　旅行社管理信息系统的产生及功能

◎ **互动导入**

智慧旅游，为美好生活延展更多可能

旅客提前进行网上分时预约，节约排队时间成本；景区运用智慧化管理提升服务质量、丰富游览体验；各类市场主体围绕"互联网+"创设旅游新场景，云旅游、云演艺、云娱乐、云展览等新业态蓬勃发展……目前，以互联网为代表的信息技术为旅游业带来了全新的蜕变，助力旅游市场在后疫情时代加速复苏。

动画 2-1

智慧旅游

文化和旅游部数据中心发布的《全国"互联网+旅游"发展报告（2021）》显示，2021年春节期间全国景区接待预约游客的比例高达60%，平时也达40%～50%，在线旅游消费总额已达万亿级。文化和旅游部相关负责人表示，"互联网+"正在成为推动旅游业转型升级、高质量发展的重要驱动力。旅游业数字化转型发展趋势正在加速。"互联网+"成为大众旅游的新场景、智慧旅游的新动能，这是我国"互联网+"走在世界前列的生动缩影，也预示着万物互联的数字时代正在加速到来。

互联网的技术特性，决定了智慧旅游相较于传统旅游具有显著优势。比如，借助技术赋能，旅游服务单位可以主动了解到游客的出游需求并为其提供个性化服务。以浙江乌镇为例，从2014年举办首届世界互联网大会开始，当地的智慧旅游快速发展，推动5G覆盖，建设智慧交通、旅游大数据中心、"乌镇管家"联动中心等，让这个白墙黛瓦的千年古镇焕发出新的魅力。智慧旅游将互联网作为旅游要素共享的重要平台，充分发挥市场在资源配置中的决定性作用，有助于形成以开放、共享为特征的旅游业发展新模式，从而推动旅游业发展质量、效率和动力变革。

智联万物，融出美好。以"互联网+旅游"为代表的智慧旅游的崛起，是信息技术革命引领社会生产和人民生活发生深刻变革的有力体现。从加快建设智慧旅游景区、加大线上旅游营销力度，到完善旅游信息基础设施、创新旅游公共服务模式，再到加强旅游监管服务、提升旅游治理能力，智慧旅游都大有可为。以5G、大数据、云计算、物联网、人工智能、虚拟现实、增强现实、区块链等信息技术革命成果为辅翼，助力旅游领域向数字化、网络化、智能化转型升级，必将进一步丰富旅游产品业态，拓展旅游消费空间，更好地满足广大人民群众休闲旅游的需要。

智慧旅游是趋势所向、市场所愿，但也离不开政府的保驾护航。这主要是因为，旅游产品不只具有商品属性，往往还附带有文化属性，只有实现社会效益和经济效益的有机统一，才能让广大游客获得高质量的旅游体验。2020年11月，文化和旅游部、国家发展和改革委员会等十部门联合印发《关于深化"互联网+旅游"推动旅游业高质量发展的意见》，提出优化"互联网+旅游"营商环境，以数字赋能推进旅游业高质量发展。各地各部门需要更好发挥政府作用，加强顶层设计，创

新政策供给，完善配套制度，优化"互联网+旅游"营商环境，助力更高水平、更加丰富的智慧旅游产品脱颖而出。

"凡益之道，与时偕行。"2020年我国旅游业之所以能经受住新冠肺炎疫情的"压力测试"，很重要的一点就是有数字旅游、智慧旅游的托举带动。随着2021年疫情防控形势有所好转，在"互联网+"加持下的旅游业已按下"重启键"，正转为"加速跑"，在高质量发展的征途中为广大人民群众的美好生活延展出更多可能。

资料来源：鲁阳．人民财评：智慧旅游，为美好生活延展更多可能［EB/OL］．［2021-04-09］http://opinion.people.com.cn/n1/2021/0409/c427456-32073735.html.

请大家根据以上资讯，思考以下问题：

（1）智慧旅游对旅游信息化而言意味着什么？

（2）旅行社行业应如何适应智慧旅游发展？

微课 2-1

旅行社管理
信息系统的
产生及功能

随着信息化时代的来临，互联网已成为人们生活中不可缺少的一部分，许多人已经习惯了在网上搜索产品信息、在网上购物。因此，互联网的应用，既为旅行社业务的发展创造了更多的机会，又使旅行社的传统经营方式受到了极大的挑战。若不改变经营机制、转换服务功能、积极开拓新的业务，旅行社将被在线订房中心、信息交流中心、各类自助游网站等在线信息服务机构所取代。为满足旅游消费者的信息查询、产品预订及服务评价等核心目的，包括航空公司、酒店、景区、租车公司等旅游供应商及搜索引擎、OTA、电信运营商、社区网站等在线旅游平台的新产业正处于快速上升期。

一、电子旅行社的产生与发展

旅行社的电子化进程相对于航空、餐饮业而言发展较为缓慢，直到20世纪70年代，计算机预订系统（CRS）才开始应用于旅行社。80年代开始，随着信息技术的广泛应用，越来越多的旅行社开始探索如何将信息技术与自身业务结合起来。截至90年代，计算机预订系统、全球分销系统（GDS）、可视图文系统、电子货币交易系统以及管理信息系统等，开始广泛应用于旅行社企业，推动了旅行社行业的电子化发展。

传统旅行社的竞争优势来源于对旅游信息的垄断，然而互联网技术的介入缩短了旅游供应商与消费者之间的距离，消费者可以直接通过网络平台获取旅游信息，这使旅行社的竞争优势遭受到巨大的挑战。互联网出现以后，有关消除中介和再造中介的浪潮一直没有停息。如何利用互联网技术再造中介，是旅行社发展中的关键问题。由此，电子旅行社成为行业发展过程中的必然产物。信息通信技术给中、小型旅行社创造了合作的平台，使二者可以突破传统的合作方式，建立一个虚拟系统来增进合作。

案例分享2-1　　　　　　　　**区块链暂时不会冲击在线旅游市场**

动画 2-2

区块链与
旅游行业

区块链是分布式数据存储，其本质是一个去中心化的数据库。有从业者指出，区块链极有可能冲击OTA市场。根据区块链理论，在去中心化的网络下，一切都由程序来完成，而且具有安全性。用户和供给方可以直接联系，不需要通过第三方搭建平台，消费端和供给端之间的转账犹如面对面付现金，所以比特币被称为"电子现金"，这似乎意味着旅游业不再需要OTA中介平台了。

住宿业区块链技术的目标是消除第三方的成本，并鼓励供应商直接与消费者进行互动。例如，一些区块链公司正在创建平台，旨在以便宜和透明的方式将客户与酒店和租赁提供商联系起来。假设你决定住一晚酒店，费用是100美元，一般来说有3美元的费用将用于支付信用卡处理费用，有17美元的费用将付给预订代理机构，剩余的80美元则是酒店在交易中实际获得的费用。OTA应该感到警惕，酒店管理人员已经意识到，了解客户是打击替代性预订解决方案的最佳方法之一，区块链技术使酒店在这方面更进一步。在区块链公司的推动下，酒店行业将会发生巨大的变革。

但是，笔者并不这样认为。

首先，区块链有一个核心——信任。一切行为都要建立在互相信任的基础上，如果缺乏信任，一切都无从谈起。在酒店市场，消费变化很快，服务提供者从事的是非常琐碎的工作，且消费者的投诉率也不低。在这种状况下，消费者经常会与酒店或旅游产品供给方产生纠纷，这时消费者凭借个人的力量解决问题是很困难的。然而，如果有OTA作为中间桥梁，那么消费者与OTA具有合同关系，一旦产生纠纷，可由OTA负责解决或先行赔付，这对消费者而言有更高的保障度。因此，直接以区块链技术连接消费者与供应端，需要消费者和旅游市场都更加成熟，但目前还未到时候。

可能有人会说，在没有OTA的年代，游客不也这么消费过来了吗？是的，那是因为当时还没有成熟的在线技术，当时的实体旅行社做了相当于今天OTA的工作。人们预订旅游产品，并非自己直接到达供应端，而是通过实体旅行社，这从本质上说明很多游客是需要中间商的。

其次，与比特币不同的是，OTA是一个服务商，酒店产品的预订需要搜索、比价，也就是说，消费者购买酒店产品需要第三方的服务，尤其需要符合自身需求的个性化服务，而这类服务要由OTA或旅行社这类中间商来提供。从现阶段市场透明化的程度、定价权的掌握以及游客的出游规划和自助能力来看，OTA不能被"一刀切"式地完全剔除。

当然，有人会提出，现在OTA的服务未必都很好，此前被曝光的强行搭售等令很多消费者感到不满，这的确是OTA需要反思和改进的。

　　最后，有相当比例的旅游供应商是缺乏直销能力的，因此OTA是这类旅游供应商很好的获客渠道。如果马上实现区块链的所谓"去中心化"，那么缺乏系统和后台技术支持的旅游供应商反而会陷入尴尬。

　　未来，随着年轻客户群的壮大，自由行游客的逐步增加，消费者对OTA的依赖程度的确会有所降低。区块链概念的产生本身是一种进步，也不排除以后会在一些旅游领域真正实现"去中心化"，但就目前来看，旅游市场距离这一天还有些遥远，OTA在未来相当长的一段时间内依然有存在的必要。

　　资料来源：乐琰.区块链暂时不会冲击在线旅游市场［N］.第一财经日报，2018-01-15（A07）.

　　思考：请结合本案例，分析区块链技术对旅游业网络化管理有什么好处。

二、旅行社管理信息系统及其功能

　　随着移动互联时代的到来，信息技术已在旅行社行业普及，如网络在线预订系统、可视图文系统、微营销系统等。旅行社管理信息系统是利用计算机技术和通信技术，对旅行社经营中的所有信息进行综合管理和控制的，以人为主体的人机综合系统，是开展旅游电子商务的基础。旅行社管理信息系统可以提高工作效率，降低运营成本，提升游客满意度，从而增强旅行社的市场竞争力。

　　旅行社管理信息系统一般分为团队操作系统、客户档案系统、旅游产品维护系统、财务操作系统、票务系统和权限管理系统六大部分。

　　（一）团队操作系统

　　团队操作系统可完成国内游、出境游、入境游、单项委托、地接和散客报名六大类业务的记录与跟踪，可生成团队报价、建立团队、生成客户名单、输出团队计划、输出团队核算单、输出订房及订车等一系列附加计划，完全可以满足日常工作需要。

　　报价数据库可记录业务人员的报价情况，随时备查，当报价被确认后，可根据报价建立团队，从而提高从报价到成团的工作效率，减少差错。

　　建立团队时，系统可生成团号及团队计划。团队计划的标题模板及文本模板可灵活调整，并可建立若干附加计划，如保险公司名单、订房联络单、订车联络单等，从而使整个团队的操作能够被完整记录，提高管理水平。附加计划中的人数、行程等数据应与主计划保持同步，防止出现差错。

　　散客报名系统特别适合联网报名，各代办点可同时操作同一个团队，系统自动限定名额防止冲突，并且记录代办点收客情况。

　　团队核算单可核算单团收付费情况，并估算利润。

　　团队操作系统的统计查询功能可按时间段查询业务员、部门和全旅行社的团队运营情况，获取有关应收款、应付款、实收款、实付款的统计数据。在团队统计查询中，可以看到单团盈利情况以及旅行社整体盈利情况，也很容易发现出现赤字的团队，以便分析原因、追查账款。按往来单位进行统计查询时，可以很快查询到与往来单位之间的收付款总额和涉及的所有团队的情况,对账速度快、数据精确,大大提高了单位之间对账工作的效率。通过统计查询得到的数据对管理人员来说具有很高的参考价值,既可以及时了解业务部门的运行情况,也有利于进行决策分析。

（二）客户档案系统

客户档案系统可以保存旅行社与客户交往过程中形成的客户资料。旅行社计调人员运用客户档案系统,能够了解往来单位的资信情况,便于单位之间的业务操作;能够记录游客的特殊需求,便于提供个性化服务。

（三）旅游产品维护系统

旅游产品维护系统的运用,可以大幅度提高旅游团队计划的制订效率,特别是对于常规线路,无须输入行程,只要选择指定旅游产品,即可自动生成团队计划。此外,当旅游产品发生变化时,运用旅游产品维护系统可以及时将最新的产品信息发布在互联网上,从而为旅游电子商务的交易流程规范化创造了条件。

（四）财务操作系统

财务操作系统具备财务软件出纳部分的基本功能,并且可以和旅行社业务紧密结合,使得出纳操作记录和团队操作记录同时进行,从而令操作更加方便、快捷,也提高了操作的准确性和实时性。同时,财务操作系统支持现金日记账和银行存款日记账的查询功能,可按时间段、凭证号、经办人、对方单位和摘要进行组合查询,其中对方单位和摘要还支持模糊查询,使用更为方便。查询到的内容可复制粘贴到 Excel 等文件中任意排版,也可直接打印输出。

（五）票务系统

票务系统可以提供电子化的日报表,票务部门可以在开票时或者当日结算时填写提交,提交的数据由财务部核实。票务系统还可以提供一段时间内有关销售情况的统计查询,可按票号排序并自动进行结算,从而大大提高结算效率。

（六）权限管理系统

权限管理系统具备完善和灵活的权限控制功能,系统管理员可以设置账号、部门、用户密码和用户权限,可以对系统中每一项操作的权限进行设定。权限的设置使旅行社管理信息系统在使用便捷性和系统安全性上得以高度统一。

思政探索 2-1　　　　　智慧旅游需要"适老化模式"改造

2021年,文化和旅游部发布首批14个地区发展智慧旅游便利老年人出游典型做法,为推动智慧旅游发展、切实解决老年人运用智能技术困难、便利老年人出游给予指导。这些做法显示,各地在加强智慧旅游服务管理的同时,对需要提前预约的旅游景区、场馆,为老年人保留一定数量的线下免预约进入或购票名额,加大页面字体、简化操作流程,从而便利了老年人入园。

全国老龄工作委员会的一项调查显示,目前全国许多景区入园游客中60岁以上老年人占比已达20%,并有逐年增加的趋势。47%的老人有远程出游的经历,70%的老人有退休后旅游的意愿。随着我国老年人口的不断增长,老年旅游市场也愈发红火。为此，业界应及早做好准备，在软硬件投入方面下功夫，增设智慧旅游"适老化模式"，为老年人提供更舒适的服务，保障老年人安心旅游。

目前，我国正在全面推进智慧旅游建设，各地景区纷纷引入智能技术。尤其是在疫情防控常态化背景下，景区进一步强化了智能技术的应用，如手机预约、网络购票、人脸识别、扫码入园等。年轻人对这些智能技术的操作可谓轻车熟路，但对很多老年人而言，这些技术就像一座座难以逾越的"大山"。

多数老年人对新技术的适应能力较弱，对智能手机的操作不太熟悉。近年来，各地时有曝光老年人因不会使用App，在购物、乘车、验码时遭遇困难，以致寸步难行。

与此同时，老年人外出旅游时也不可避免会"碰壁"，在智慧旅游系统面前犯难，不会预约门票，不会扫码入园，不得不寻求工作人员或子女的帮助。

因此，发展智慧旅游应加大"适老化模式"改造，比如为老年人预留一部分门票，让老年人通过线下免预约进入或实名购票入园。智慧旅游系统则可增大手机页面的字体、简化操作流程，方便老年人学习使用。

此外，各地景区在引进智能技术时，也应增加适老化服务。比如专为老年人提供的电子语音讲解、老年人通道提示、自动感应灯光、助老电动轮椅、老年人耳机等，让老年人在旅游时更舒适、更放心。

资料来源：江德斌.智慧旅游需要"适老化模式"改造［N］.中国旅游报，2021-12-21（3）.

互动话题：

面对庞大的老年旅游市场，结合旅游行业新技术、新业态和新模式，谈一谈你对智慧旅游进行"适老化模式"改造的建议。

研讨训练：

（1）以小组为单位组织交流、研讨。

（2）每个小组推荐1名成员做主题发言，各组结合旅游行业的新技术、新业态和新模式，以及疫情防控常态化期间，国家对旅游行业的扶持政策等情况，谈一谈对智慧旅游"适老化模式"改造的建议。

（3）从小组互评与教师评价两个方面进行评分，见表2-1。

表2-1　　　"智慧旅游需要'适老化模式'改造"认知研讨训练项目评价表

项目主题 （分值）	评价指标 （分值）	标　准	小组互评 （20%）	教师评价 （80%）	综合得分 （100%）
智慧旅游需要 "适老化模式" 改造 （100分）	课堂研讨表现 （40分）	小组研讨组织得当，全员参与，知识、方法、资讯运用正确			
	主题阐述 （60分）	阐述的内容丰富，效果良好，观点新颖、独特，能从守正创新等角度阐述行业认知			

（4）教师与学生依据综合得分情况，确定最优陈述内容。

🔄 **课堂活动2-1**

走访本地的几家旅行社，了解它们对信息技术及电子商务的应用，并对应用功效进行分析。

任务2　旅行社管理软件的分类与应用

◎ **互动导入**

行程规划工具进入3.0时代，成为旅游创业最后一张船票

行程规划类产品从本质上解决的是从用户需求到线路行程及旅游产品的落地问题。在传统旅游业，这些落地操作是由谁来完成的呢？

旅行社是由门店为客人答疑解惑，并负责把客人招过来，背后的产品开发和团队操作则由一个叫"计调"（也被称为"OP"或"操作"）的部门完成。在以跟团游为主的时代，操作人员的主要工作是根据门店的收客情况对接目的地资源，完成车、房、司、导、餐、票的安排和采购。

行程规划在过去的几年里经历了三个发展阶段，并且形成了很多"流派"，从不同角度解决了行前决策的效率问题。

第一阶段：1.0时代，数据结构化（2012—2013年）。

代表产品：途客圈、穷游行程助手1.0。

定位：出行前辅助游客更高效地完成旅行灵感收集。

特征：游记内容被打碎并结构化重组加工，POI（信息点）的重要性开始凸显。

问题：内容积累周期太长，旅游用户低频，难以快速形成闭环。

商业模式：无。

第二阶段：2.0时代，导购平台化（2014—2015年）。

代表产品：智游啦、出发吧、穷游行程助手、游谱旅行。

定位：通过工具匹配目的地POI，推荐线路和相关产品。

特征：线路模板，为大众用户提供旅行信息。

问题：线路模板无法使用户真正实现个性化出行，理性的算法推荐和感性的旅游灵感很难融合，用户无法真正信任"软件"，也无法充分体验计划旅行的乐趣。

商业模式：导游的佣金收入。

第三阶段：3.0时代，技术驱动（2016年至今）。

代表产品：妙计旅行、路书。

定位：技术驱动，切入OP工作场景，替代或增强OP的工作。

特征：侧重工具属性，去社区化；重视数据的采集和算法。

商业模式：初期可能会通过软件使用费、通道技术服务费等方式提现，后期一定都是走大数据增值服务的道路。

从2016年开始，旅游行业真正进入了由个性化需求驱动的时代。行程规划类工具如果不能真正实现个性化，不能让每个用户都得到满足自己需求的差异化方案，就会失去竞争力。

很多旅行社也意识到，提升从业人员的素质和信息化意识势在必行。由于定制游的火热，更多的旅行社开始加码单团业务。经过几年激烈的价格战，人们逐渐认识到，传统旅行社真正的核心价值在于差异化的产品和服务，而提供个性化的产品和服务需要更高级的OP部门，因此很多旅行社纷纷成立了"产品部"，把优秀的计调人员提升到产品经理的职位上。作为产品经理，要既能够深度开发目的地资源，打通产业链，也能捕捉市场潮流，发现用户需求，从而设计出让游客眼前一亮的产品。

资料来源：程小雨.行程规划工具进入3.0时代，成为旅游创业最后一张船票［EB/OL］.［2016-08-30］. http://news.163.com/16/0830/16/BVNSVCT200014AEF.html.

请大家根据以上资讯，思考以下问题：

（1）行程规划工具的发展经历了哪三个阶段？

（2）旅行社的行程规划工具如何才能真正实现个性化？

动画2-3

旅行社管理
软件的分类
与应用

旅行社管理软件既包括常用的办公软件和通信软件，也包括专业旅行社管理软件，这些软件的使用提高了计调的工作效率，优化了产品设计。

一、旅行社管理软件概述

（一）办公软件

1.Microsoft Office

Microsoft Office办公软件主要包括Microsoft Word、Microsoft Excel、Microsoft PowerPoint、Microsoft Access、Microsoft Outlook等组件，计调人员在实际工作中主要接触Microsoft Word、Microsoft Excel、Microsoft PowerPoint三款组件。

2.WPS Office

WPS Office可以实现办公软件最常用的文字、表格、文稿演示，以及PDF阅读等多种功能。

（二）通信软件

即时通信软件是通过即时通信技术来实现在线聊天、交流的软件。有两种架构形式，一种是C/S架构，采用客户端/服务器形式，用户使用过程中需要下载安装客户端软件，典型的代表有微信、QQ、钉钉等；另一种是采用B/S架构，即浏览器/服务端形式，这种形式的即时通信软件，直接借助互联网媒介、客户端无须安装任何软件，就可以体验在服务器端进行沟通对话。

1.QQ

QQ是一款常用的即时通信软件，它支持在线聊天、视频通话、点对点断点续传文件、共享文件、网络硬盘、自定义面板、QQ邮箱等多种功能，并可与多种通信终端相连。

2.微信

微信（WeChat）是一个为智能终端提供即时通信服务的免费应用程序。微信支持跨通信运营商、跨操作系统平台通过网络快速发送免费（需消耗少量网络流量）语音短信、视频、图片和文字。

3.钉钉

钉钉是一种免费沟通和协同的多端平台，提供PC版、Web版、Mac版和手机版，支持手机端和电脑端文件互传，提升了企业的沟通和协同效率。

（三）专业旅行社管理软件

随着信息技术的不断发展和旅游市场规模的不断扩大，许多软件公司针对旅行社业务范畴，进行旅行社管理软件的开发。

目前，国内专业旅行社管理软件主要围绕旅行社国内游、港澳游、入境游、出境游、省内游、单项委托业务、前台门市销售、财务结算等多项内容进行操作系统开发。专业旅行社管理软件可以帮助旅行社在信息管理、计调操作、同业分销、财务结算、档案整理等方面实现综合管理。

课堂活动2-2

1.为什么会出现旅行社管理软件？

2.旅行社管理软件的应用将给旅行社计调带来哪些方便？

二、专业旅行社管理软件的应用

（一）怡游在线

怡游在线是一种基于云计算的在线旅行社管理软件，客户无须安装任何客户端软件，也无须购置服务器和数据库，打开浏览器输入网址即可使用。它的特点是"在线使用"和"按使用时间付费"，能够有效降低旅行社安装、维护和升级服务的成本，因此特别适合中小型旅行社快速实施信息化管理。

下面我们以怡游在线（网络版）的国内游操作为例，介绍如何完成一个完整的组团业务操作。

步骤1：选择"组团业务"→"国内游"，点击"新编"按钮，进行新团队计划编制，如图2-1所示。

图2-1　组团业务界面

步骤2：在新编团队计划界面输入团队基本信息，图2-2中标出的①、②、③、④、⑤为必须输入的栏目，其余栏目可以根据实际需要输入。完成基本信息输入后点击“确定”按钮。

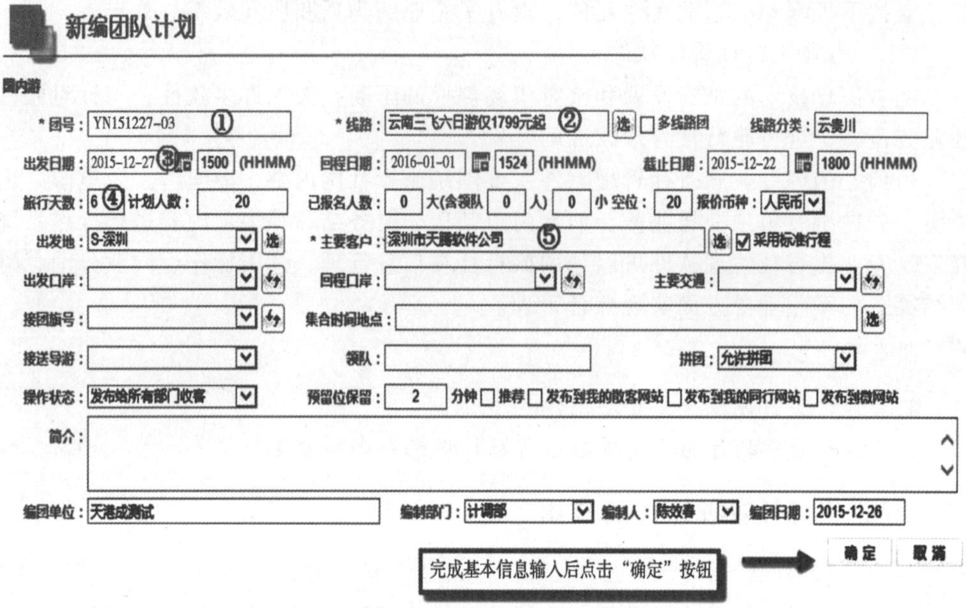
新编团队计划
国内游
*团号：YN151227-03 ①
*线路：云南三飞六日游仅1799元起 ②
选
多线路团
线路分类：云贵川
出发日期：2015-12-27 ③ 1500 (HHMM)
回程日期：2016-01-01 1524 (HHMM)
截止日期：2015-12-22 1800 (HHMM)
旅行天数：6 ④ 计划人数：20
已报名人数：0 大(含领队 0 人) 0 小 空位：20 报价币种：人民币
出发地：S-深圳
*主要客户：深圳市天腾软件公司 ⑤
采用标准行程
出发口岸：
回程口岸：
主要交通：
接团旗号：
集合时间地点：
接送导游：
领队：
拼团：允许拼团
操作状态：发布给所有部门收客
预留位保留：2 分钟
推荐
发布到我的散客网站
发布到我的同行网站
发布到微网站
简介：
编团单位：天港成测试
编制部门：计调部
编制人：陈效春
编团日期：2015-12-26
确定
取消
完成基本信息输入后点击“确定”按钮

图2-2 新编团队计划界面

步骤3：在“报价”标签页中输入团队的报价信息，用于生成收款账单，如图2-3所示。

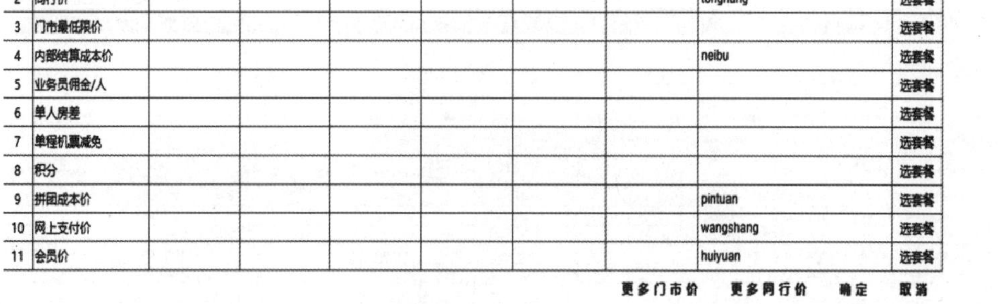
编辑团队计划-报价信息
团号：YN151227-03 旅行日期自：2015-12-27至2016-01-01
线路：云南三飞六日游仅1799元起
团队信息
报价
备注
酒店
汽车
计调须知
接送计划
购物计划
选择收客点
报名材料
集合地点
优惠方式
No.
成人
占床小童
不占床小童
长者(不满70)
长者(70以上)
婴儿
备注
选套餐
1 门市价 menshi 选套餐
2 同行价 tonghang 选套餐
3 门市最低限价 选套餐
4 内部结算成本价 neibu 选套餐
5 业务员佣金/人 选套餐
6 单人房差 选套餐
7 单程机票减免 选套餐
8 积分 选套餐
9 拼团成本价 pintuan 选套餐
10 网上支付价 wangshang 选套餐
11 会员价 huiyuan 选套餐
更多门市价
更多同行价
确定
取消

图2-3 编辑团队计划-报价信息界面

步骤4：在“备注”标签页中输入供客人查看的备注信息，如团费中包含或不包含什么费用等，如图2-4所示。

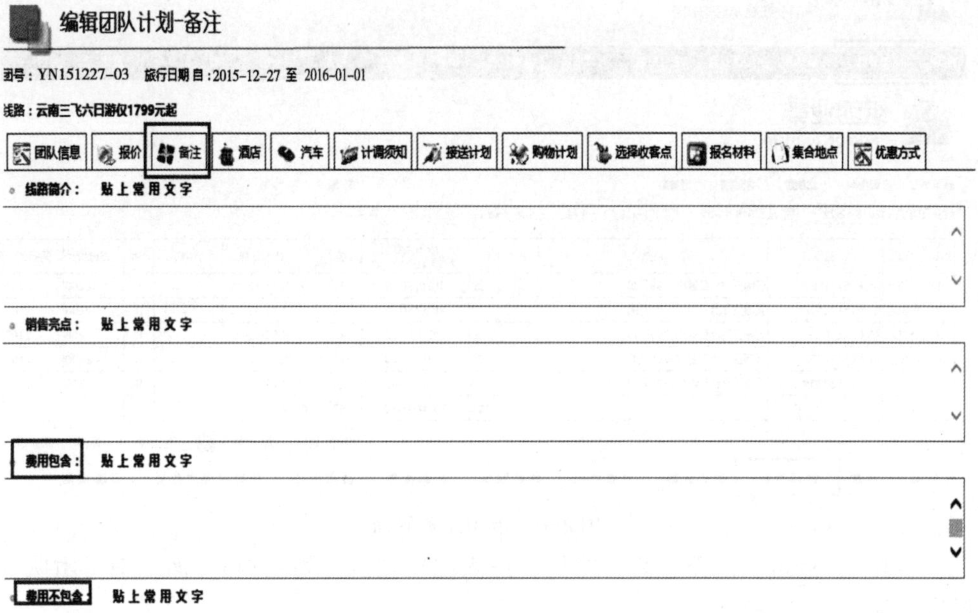

编辑团队计划-备注

团号：YN151227-03 旅行日期自：2015-12-27 至 2016-01-01

线路：云南三飞六日游仅1799元起

| 团队信息 | 报价 | 备注 | 酒店 | 汽车 | 计调须知 | 接送计划 | 购物计划 | 选择收客点 | 报名材料 | 集合地点 | 优惠方式 |

◦ 线路简介： 贴上常用文字

◦ 销售亮点： 贴上常用文字

费用包含： 贴上常用文字

费用不包含： 贴上常用文字

图2-4 编辑团队计划-备注界面

步骤5：在"计调须知"标签页中输入供其他计调人员查看或供旅游团领队查看的注意事项，如图2-5所示。

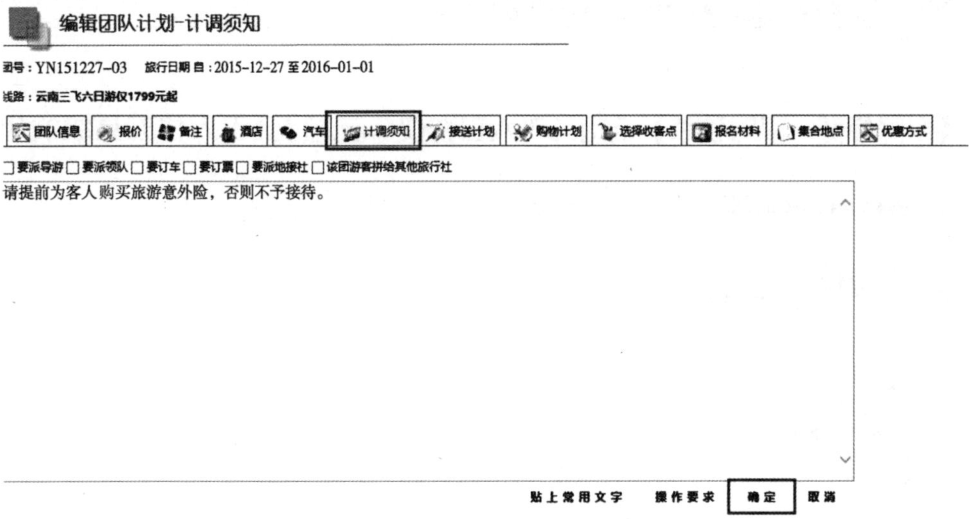

编辑团队计划-计调须知

团号：YN151227-03 旅行日期自：2015-12-27 至 2016-01-01

线路：云南三飞六日游仅1799元起

| 团队信息 | 报价 | 备注 | 酒店 | 汽车 | 计调须知 | 接送计划 | 购物计划 | 选择收客点 | 报名材料 | 集合地点 | 优惠方式 |

□要派导游 □要派领队 □要订车 □要订票 □要派地接社 □该团游客拼给其他旅行社

请提前为客人购买旅游意外险，否则不予接待。

贴上常用文字　操作要求　确定　取消

图2-5 编辑团队计划-计调须知界面

步骤6：保存团队计划后，按照旅行日期查询到已经编制好的团队，选中团队后点击"线路行程"按钮，如图2-6所示。

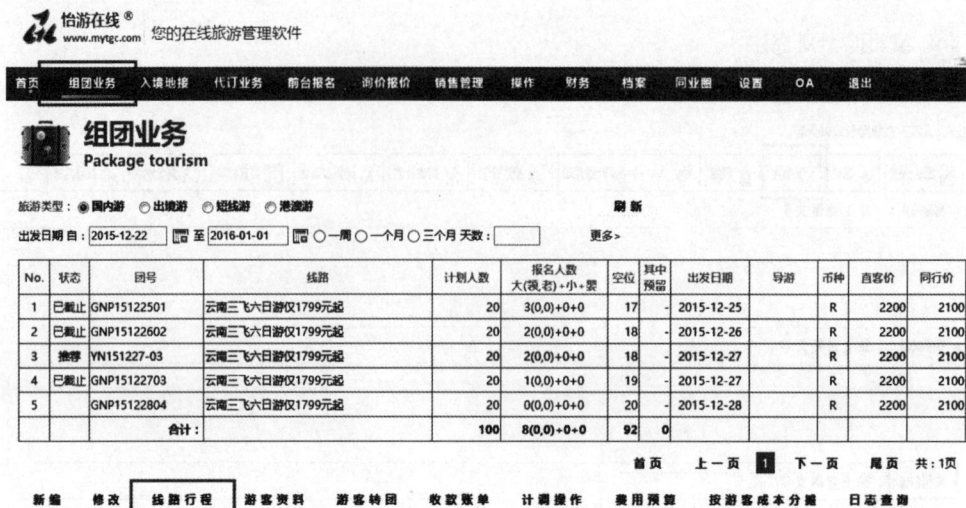

图2-6　组团业务界面

步骤7：点击"线路行程"按钮，进入编辑团队计划-行程界面，编辑团队的详细行程，如图2-7所示。

【全网最低、限时秒杀】云南三飞六日游仅1799元起！全程入住五星级酒店

这个世界看得越多，对美好的感应越强，对各种不如意越坦然、从容。

￥1799 原价：~~￥3680~~

贴心的服务

免费赠送鱼鹰表演，休闲旅游就是这么任性！

特色景区

崇圣寺三塔＋大理古城洋人街、国家5A级旅游景区石林

图2-7　编辑团队计划-行程界面

步骤8：点击"游客资料"按钮，进入输入游客资料界面，然后点击"添加"按钮，录入游客资料。如果要同时录入多位游客，可以修改"添加"按钮旁的数

量，调整本次添加的人数，如图2-8所示。

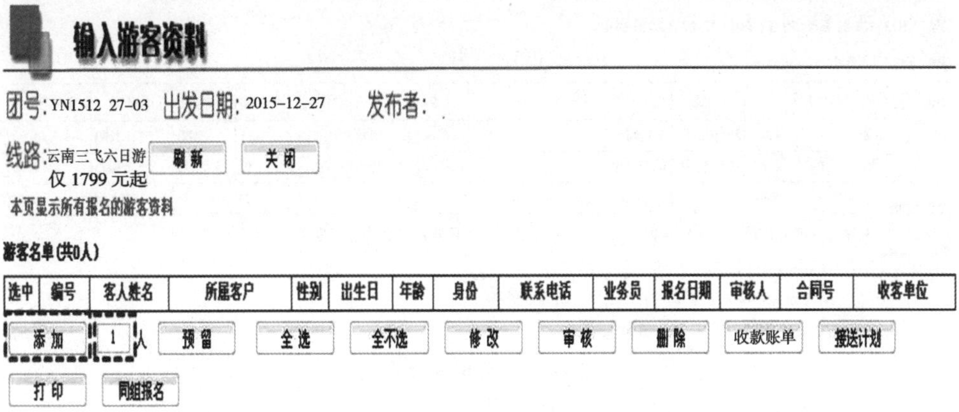

图2-8 输入游客资料界面

步骤9：点击"收款账单"按钮，编制团队的收款账单，可以直接点击"团费计算"按钮，系统将根据团队"报价"中输入的报价和"游客资料"中输入的游客，自动生成团费；也可以点击"添加"按钮，直接添加客人的收款账单，如图2-9所示。

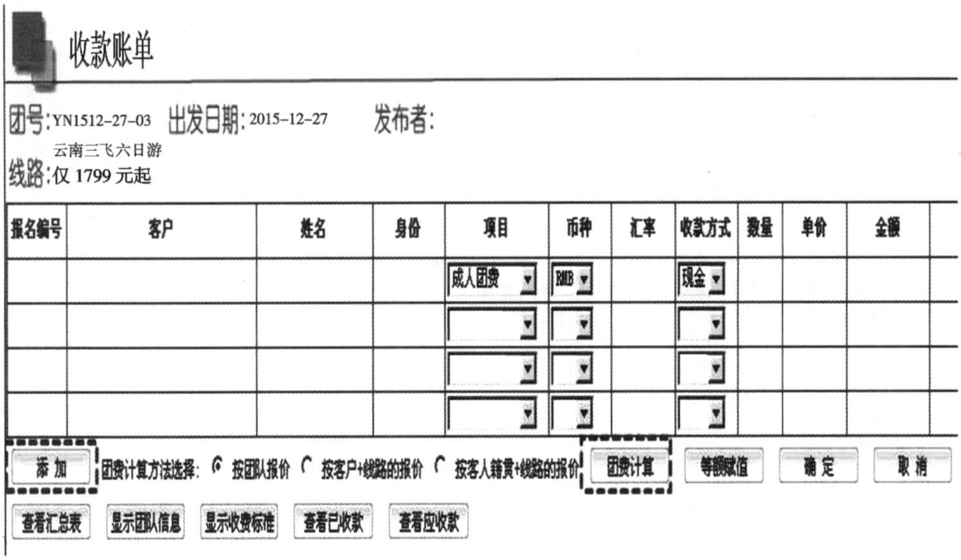

图2-9 收款账单界面

步骤10：点击"费用预算"按钮，编制团队成本账单。可以点击"添加"按钮，添加新账单记录，如图2-10所示。

步骤11：通过报表打印功能，打印出相关报表，如团队合约书、出团通知书等，如图2-11所示。

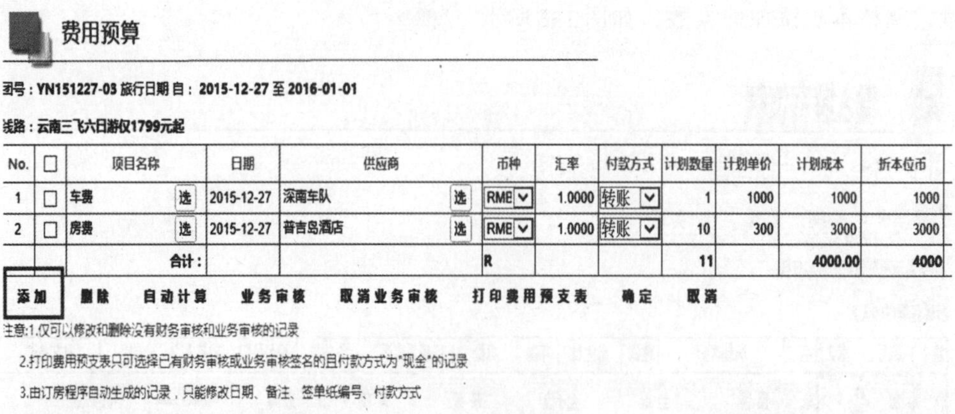
费用预算
团号：YN151227-03 旅行日期自：2015-12-27 至 2016-01-01
线路：云南三飞六日游仅1799元起
No. 项目名称 日期 供应商 币种 汇率 付款方式 计划数量 计划单价 计划成本 折本位币
1 车费 选 2015-12-27 深南车队 选 RMB 1.0000 转账 1 1000 1000 1000
2 房费 选 2015-12-27 普吉岛酒店 选 RMB 1.0000 转账 10 300 3000 3000
合计： R 11 4000.00 4000
添加 删除 自动计算 业务审核 取消业务审核 打印费用预支表 确定 取消
注意:1.仅可以修改和删除没有财务审核和业务审核的记录
2.打印费用预支表只可选择已有财务审核或业务审核签名的且付款方式为"现金"的记录
3.由订房程序自动生成的记录，只能修改日期、备注、签单纸编号、付款方式

图2-10 费用预算界面

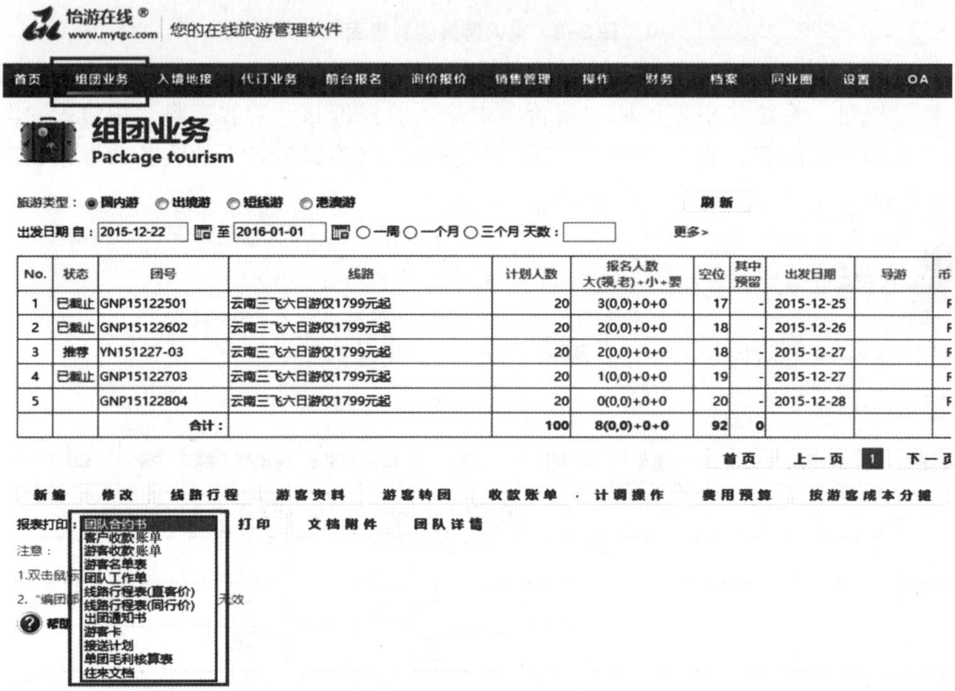
恰游在线®
www.mytgc.com
您的在线旅游管理软件
首页 组团业务 入境地接 代订业务 前台报名 询价报价 销售管理 操作 财务 档案 同业圈 设置 OA
组团业务
Package tourism
旅游类型：国内游 出境游 短线游 港澳游
刷新
出发日期自：2015-12-22 至 2016-01-01 一周 一个月 三个月 天数：
更多>
No. 状态 团号 线路 计划人数 报名人数 大(领,老)+小+婴 空位 其中预留 出发日期 导游
1 已截止 GNP15122501 云南三飞六日游仅1799元起 20 3(0,0)+0+0 17 - 2015-12-25
2 已截止 GNP15122602 云南三飞六日游仅1799元起 20 2(0,0)+0+0 18 - 2015-12-26
3 推荐 YN151227-03 云南三飞六日游仅1799元起 20 2(0,0)+0+0 18 - 2015-12-27
4 已截止 GNP15122703 云南三飞六日游仅1799元起 20 1(0,0)+0+0 19 - 2015-12-27
5 GNP15122804 云南三飞六日游仅1799元起 20 0(0,0)+0+0 20 - 2015-12-28
合计： 100 8(0,0)+0+0 92 0
首页 上一页 1
新编 修改 线路行程 游客资料 游客转团 收款账单 计调操作 费用预算 按游客成本分摊
报表打印：
团队合约书
客户收款账单
游客收款账单
游客名单表
团队工作单
线路行程表(直客价)
线路行程表(同行价)
出团通知书
游客卡
接送计划
单团毛利核算表
往来文档
打印 文稿附件 团队详情
注意：
1.双击鼠标
无效

图2-11 报表打印功能界面

（二）云驴通旅行社业务流程管理软件

云驴通旅行社业务流程管理软件涵盖现代旅行社管理的主要业务内容，可以实现旅游产品的采购、策划、报价、预算、定向发布销售、向系统外发布、团队计调、成本维护、团队结算、财务管理等功能。

1.软件功能介绍

（1）产品管理。支持旅游产品类型，支持团期设定，支持市场价和同业价设定，支持导出Word行程单并一键微信分享，如图2-12所示。

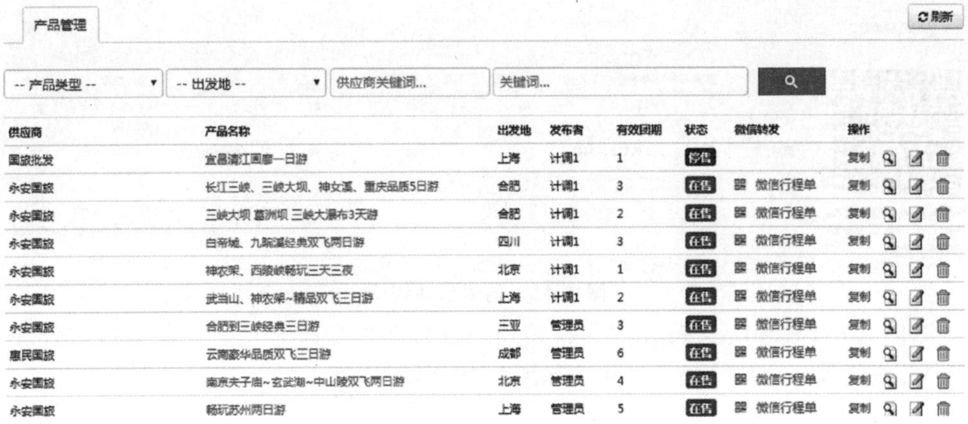

图2-12　产品管理

（2）计划管理。支持散拼产品计划发布与管理，跟踪进度，如图2-13所示。

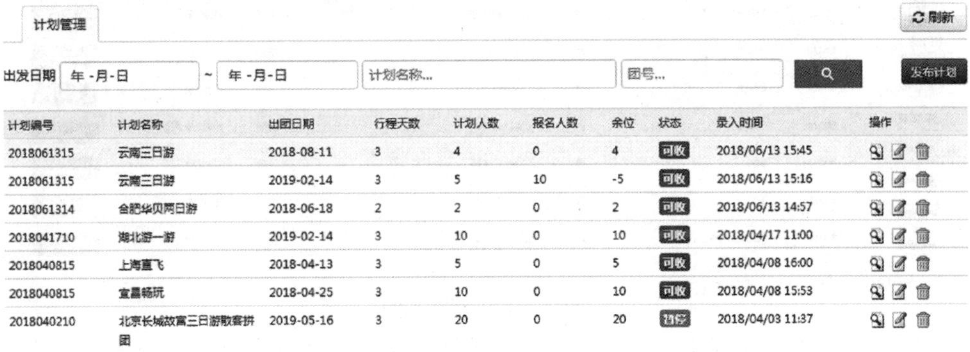

图2-13　计划管理

（3）订单管理。支持散客、团队、拼团、单项等多种订单模式，多种旅游订单处理状态和订单报表。支持分销商子账号，自主下单，填写报名表，如图2-14所示。

图2-14　团队订单管理

（4）报价管理。快速制作团队分项报价表并一键导出，可以通过微信向多家供应商发起询价，如图2-15所示。

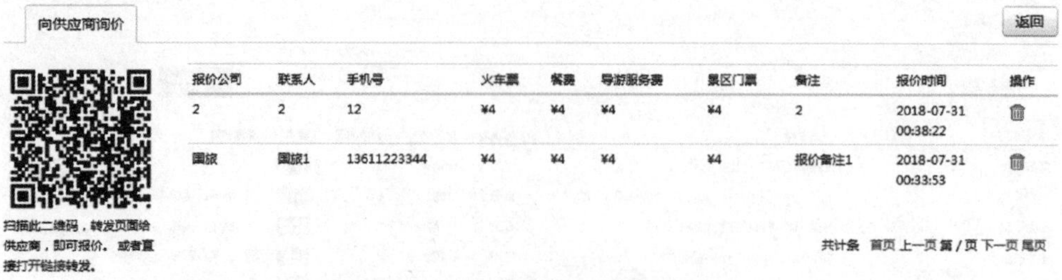

图2-15　向供应商询价

（5）CRM管理。支持客户资料建档，进行客户生日管理、业务员拜访管理、客户分级管理，客户销售自动化，如图2-16所示。

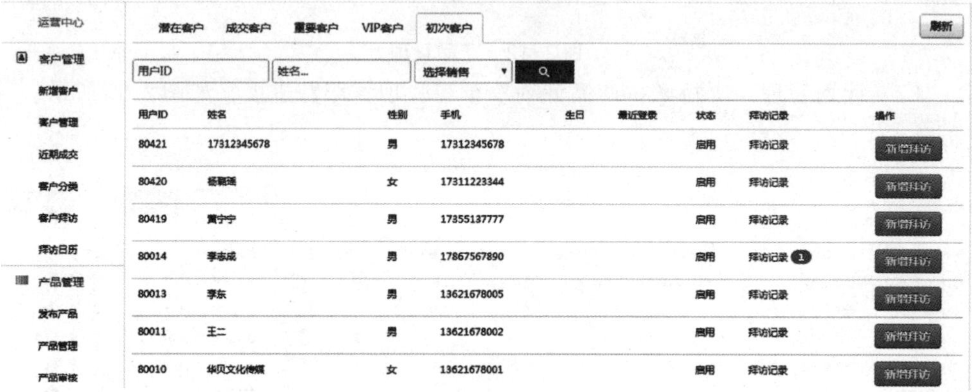

图2-16　运营中心

（6）成本管理。详细核算每笔订单的成本，管理组团社、地接社对账、付款结算，由系统自动完成，节省工作量，降低出错率，如图2-17所示。

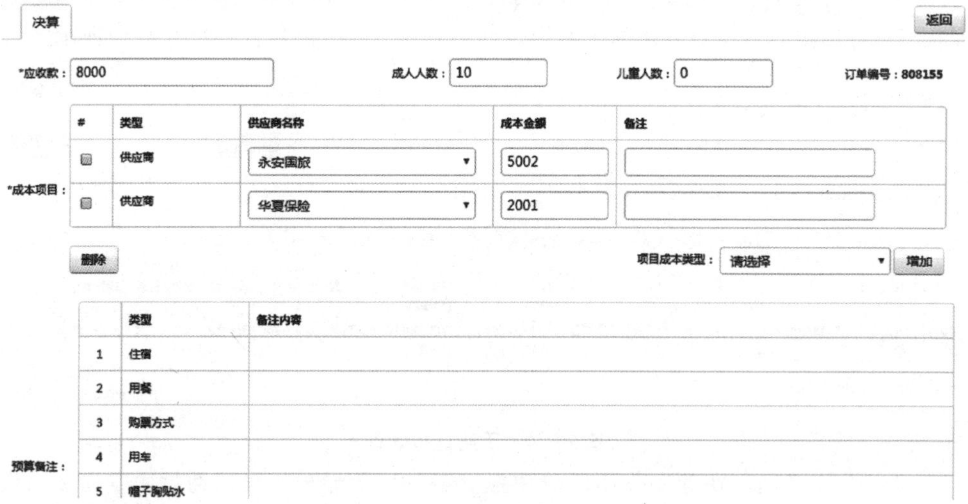

图2-17　决算

（7）财务管理。包括财务应收款、应付款管理，供应商对账、同业客户对账，日常流水账管理，人头、利润核算与统计，如图2-18所示。

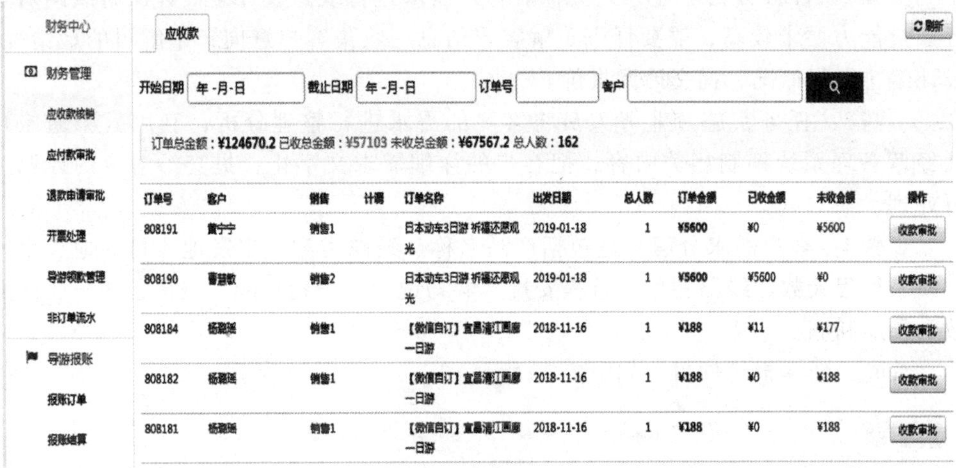

图2-18　财务中心

（8）统计分析。支持产品、客户、订单数量，交易额、人头数等数据的查询与统计功能，如图2-19所示。

月度	收入合计	收入项目					成本合计	成本项目					毛利
		订单类	散客业务	团队业务	单项业务	非订单收入		订单类	散客业务	团队业务	单项业务	非订单支出	
1月	0	0	0	0	0	0	0	0	0	0	0	0	0
2月	0	0	0	0	0	0	0	0	0	0	0	0	0
3月	9888	9888	1000	8888	0	0	800	800	800	0	0	0	9088
4月	25856	25856	13156	11700	1000	0	14180	12180	11580	0	600	2000	11676
5月	1100	1100	100	1000	0	0	80	80	80	0	0	0	1020
6月	3300	3200	0	3000	200	100	2100	2100	0	2000	100	0	1200
7月	7188	7188	4188	3000	0	0	2488	2488	2488	0	0	0	4700
8月	0	0	0	0	0	0	0	0	0	0	0	0	0
9月	500	500	0	0	500	0	300	300	0	0	300	0	200
10月	2000	2000	2000	0	0	0	1600	1600	1600	0	0	0	400
11月	0	0	0	0	0	0	0	0	0	0	0	0	0
12月	0	0	0	0	0	0	0	0	0	0	0	0	0

图2-19　业务运营分析

2.操作案例——客户需求整理

组团业务是根据游客需求，为团队或散客设计旅游线路，制订接待计划，承担相应的旅游服务采购和业务调度工作，并做好相关信息的统计。下面我们以旅游团队的黄山、西递、宏村三日游完整操作为例，介绍计调应掌握的基本知识、主要业务及工作流程。

步骤1：任务引入。旅行社业务人员与客户达成业务意向，需要为该客户设计黄山—西递—宏村三日游线路及报价。

步骤2：任务分析。业务人员针对客户需求进行线路设计，设计旅游线路对业务人员能力要求较高，需要详细了解客户信息、收集客户意向，了解目的地情况，设计编排行程概况，提交计调报价。

步骤3：任务实施。业务人员将客户的需求进行整理分析，利用云驴通旅行社经营管理系统编制相关内容，把客户的详细需求文字化，提交给对应的计调进行处理。

步骤4：客户需求分解。这包括产品名称、线路类型、出发地、目的地、出团日期、行程天数、线路特色、行程安排、购物说明、特别提醒、报价备注、团队人数、预期利润。

首先，新建报价项目，如图2-20所示。

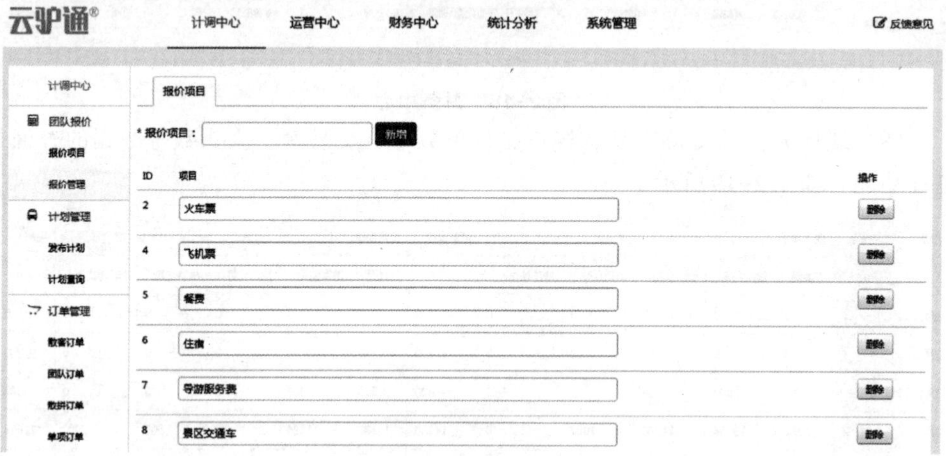

图2-20　新建报价项目

其次，创建报价单。根据游客需求，填写对应报价单信息，如图2-21至图2-24所示。

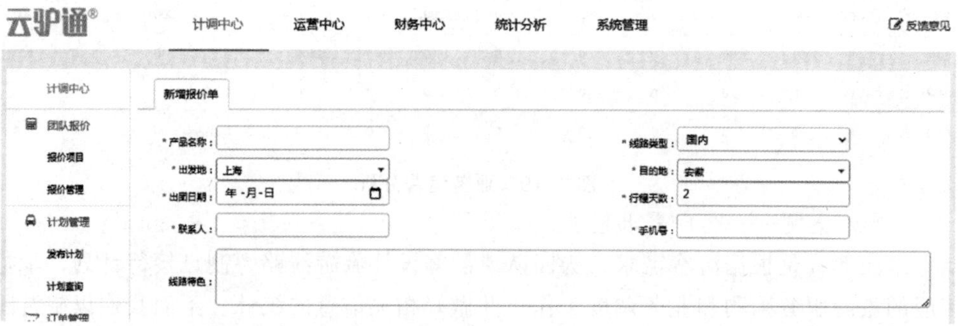

图2-21　填写客户基础要求

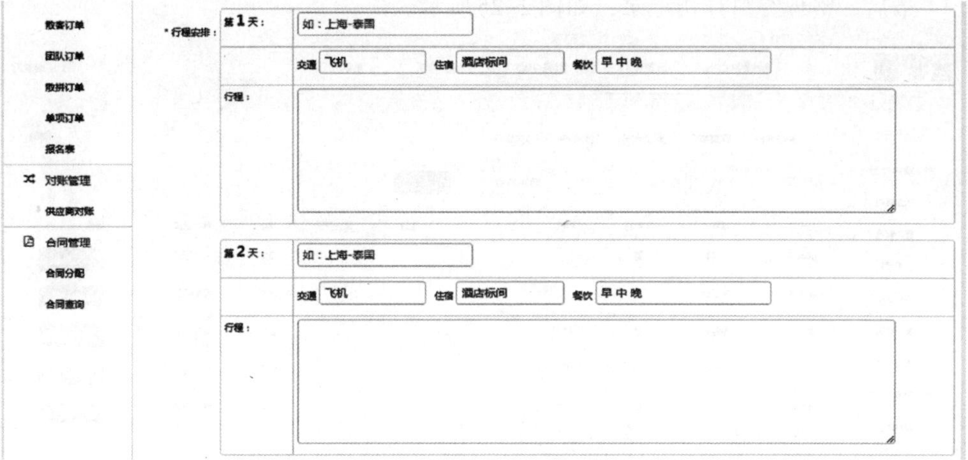

图 2-22　编写客户行程概况

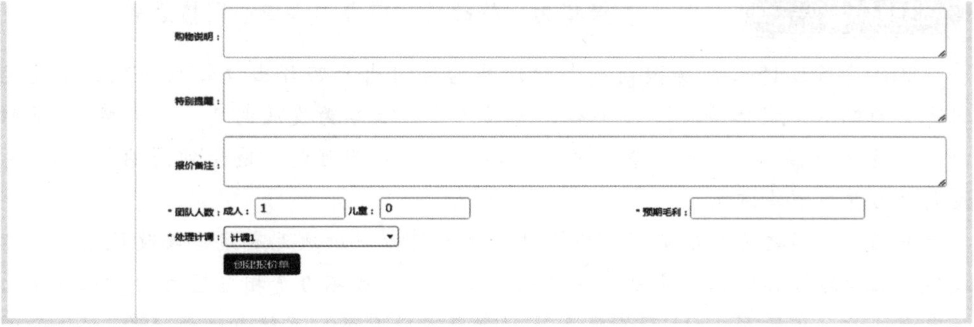

图 2-23　编写计调报价注意事项

再次，客户信息入库，如图 2-24 所示。

图 2-24　客户信息入库

最后，整理客户拜访记录，如图2-25所示。

图2-25　整理客户拜访记录

思政探索2-2　　　　像华为一样战斗　打赢中国核心科技之战

　　2020年5月15日，美国商务部针对华为公司出台芯片出口管制新规，这是无端将华为纳入"实体清单"一年后，美国政府扼制华为发展的又一"大棒"。面对四起的流言与担忧，华为发表声明，坦承"业务将不可避免地受到影响"，但会尽最大努力寻找解决方案。

　　美国以举国之力打压别国先进企业，为此可以一次次无底线地修改规则，悍然践踏产业全球合作的信任基础，这样的霸蛮行为，破坏力是相当巨大的。正如华为在内部网站刊文所写，《没有伤痕累累，哪来皮糙肉厚，英雄自古多磨难》，一张弹孔累累仍坚持飞行的战机图片表明了态度。被美国"拉黑"的这一年，在"大量产业技术要素不可持续获得"的情况下，华为的日子极其艰难，但无论是保密柜里备胎芯片一夜之间的全部转正，鸿蒙操作系统研发与推进大大提速，还是发布天才少年招募计划，揽天下英豪共同奋斗……这一年，华为不仅活了下来，还实现了技术迭代。

　　"除了胜利，我们已经无路可走。"这句话曾经触动了很多中国人。回首新中国70多年的风风雨雨，从"两弹一星"到航空母舰，从北斗系统到港珠澳大桥，我们建立起了完备的工业体系，科技创新、重大项目捷报频传。今天，在通信等一些领域，中国正在与发达国家同场竞技。

　　"科技自立"，是一种态度，是一种坚持，更是中国必须答好的发展之问。实事求是地讲，目前中国的技术与发达国家仍然存在着一定的差距，"缺芯少魂"的"卡脖子"之痛仍然强烈。美国的"釜底抽薪"是一盆冷水，让我们更加清醒地认识到现实差距，看到中国的科技创新还有相当长的路要走，特别是像芯片、发动机这样涉及基础学科和精密工艺的领域，"补洞"任务艰巨，绝非一朝一夕就能赶上。在风起云涌的互联网商业时代，我们不能陶醉于商业模式创新一类的光鲜热闹中，必须踏踏实实坐冷板凳、搞好基础研究，下更大成本、花更大功夫解锁核心技术。

"最重要的还是把自己的事情做好"，这是华为的宣示，更是中国的姿态。封锁、打压，是困局、挑战，也是机遇、鞭策，倒逼我们自力更生，奋发图强。今日的中国早已不是那个积贫积弱的中国，崛起势不可当，但在未来相当长一段时间，我们都可能会面对层出不穷的外部不确定性，甚至是在极限施压中求生存、求发展。对此，我们既要做好打持久战的心理准备，更要有敢教日月换新天的骨气，蹚过泥泞、无所畏惧。

2020年"五一"，华为5G信号覆盖珠峰，呈现了一场史上最高海拔的"珠峰星空音乐会"。参与建设的工程师感慨："我们遇到的困难是比困难还要困难的困难。"无论多么崎岖坎坷，只能永不言弃、奋力向前。历史将一次又一次证明，中国人有足够的能力和决心战风斗浪，创新中国一定会开拓出属于自己的更广阔的新天地。

资料来源：范荣.像华为一样战斗　打赢中国核心科技之战［N］.北京日报，2020-05-20（3）.

研讨训练：

请结合以上资讯，从爱国情怀、科技自立等角度，谈一谈对"最重要的还是把自己的事情做好"的看法，并举例说明如何将科技创新成果运用于旅游业发展。

（1）以小组为单位组织交流、研讨。

（2）每个小组推荐1名成员做主题发言，各组从科技创新成果运用于旅游业发展的角度，查找并分享旅游业科技自立、开拓创新的案例，从小组互评与教师评价两个方面进行评分，见表2-2。

表2-2　　　　"像华为一样战斗　打赢中国核心科技之战"训练项目评价表

项目主题（分值）	评价指标（分值）	标　准	小组互评（20%）	教师评价（80%）	综合得分（100%）
像华为一样战斗　打赢中国核心科技之战（100分）	课堂研讨表现（40分）	小组研讨组织得当，全员参与，研讨知识、方法、资讯运用正确			
	主题阐述（60分）	阐述的内容丰富，效果良好，观点新颖、独特，能从科技创新成果运用于旅游业发展的角度，查找并分享旅游业科技自立、开拓创新的案例			

（3）教师与学生依据综合得分情况，确定最优陈述小组。

课堂活动2-3

由教师申请旅行社管理软件的试用账号（如云驴通，域名为edu.cloota.cn），组织学生从携程、同程等OTA平台寻找某一主题旅游线路，录入旅行社管理系统，并对线路进行主题分享。

项目小结

本项目介绍了旅行社管理信息系统的产生及功能、旅行社管理软件的分类与应用，同时以天港成旅行社管理软件（网络版）、云驴通旅行社业务流程管理软件为例，重点介绍了如何完成组团业务操作。计调在工作中应熟练掌握办公软件、通信软件以及旅行社管理软件，这些软件的应用能提高计调的工作效率，优化产品设计流程。

拓展空间

全域互联重构智慧旅游产业

党的二十大报告提出，"加快发展数字经济，促进数字经济和实体经济深度融合""实施国家文化数字化战略，健全现代公共文化服务体系"。《"十四五"旅游业发展规划》提出，"要充分运用数字化、网络化、智能化科技创新成果，升级传统旅游业态，创新产品和服务方式，推动旅游业从资源驱动向创新驱动转变"。2021年，我国数字经济规模已超45万亿元，占国内生产总值的比重为39.8%。与数字经济深度融合是旅游业高质量发展的必然选择。

受新冠肺炎疫情的影响，旅游业面临着社会和消费者的重大变化。随着大数据、云计算、人工智能等新一代信息技术与旅游产业的深度融合，旅游业将在危机中诞生一次更加深入的革命和更为深刻的产业重构。

数字技术越来越多地应用到旅游场景中，虚拟现实技术（VR）、增强现实技术（AR）和混合现实技术（MR）的应用使跨时空的沉浸式旅游体验成为可能。新一代信息技术的深度嵌入，会使旅游产业中的人、物和服务产生全域链接，消费端数据成了新的生产要素，改变着供给端的资源配置。全域互联在改变传统旅游企业组织形态和产业形态的同时，也在改变旅游服务的方式和内容，这必将全面提升产业效率，重塑旅游体验，赋予旅游业新的生命力。

数字技术在旅游业的应用有望带动旅游业全要素生产率的提升。在提升旅游产业效率方面，信息技术开始从"价值传递"向"价值创造"环节渗透，尤其是向旅游产品研发、旅游生产组织等领域转移。如果说消费互联网时代是借助智能终端的发展使旅游体验更加便捷，那么全域互联时代则是借助低成本的传感器、数据存储和更快的数据分析能力，将数字化推进到旅游业的供给端，提升旅游的供给品质和效率，打通旅游者和产业的直接连接，进而满足旅游者深层次的个性化需求。

全域互联对旅游产业效率的提升包括三个层次：

第一，通过从旅游供给端完成数字化转型和智能化变革，形成新的核心竞争力。在技术赋能下，旅游企业会将原有的业务职能细分，根据频次、产品、特征，选择最为合适的支持技术，针对"痛点"制定策略，借助信息管理系统来执行策略，最终实现企业的全面信息化，提升效率并带给旅游者更好的体验。比如，故宫文创会基于淘宝店的销售数据，动态调节文创产品的设计和库存；一个以中低频服务为主的旅游景区，会重点考虑运用技术增强用户的体验感，采用高清互动 AR 直播的形式促使用户转化。再如，华侨城集团线下推出动漫交互体验连锁乐园"V谷乐园"、虚拟排队系统，线上联合潮玩节、融媒直播等云旅游，模糊线上线下，形成无边界的智慧化景区。这些都表明旅游企业在生产、销售等环节借助信息技术产生了的明显变化。

第二，企业和企业之间，甚至跨界的企业之间会因全域互联而产生更多的联系，大幅度提升工作效率。比如，基于数字生态形成的旅游产业平台将旅游者、企业、监管者、金融、保险等产业协同相关方融合在一起，围绕旅游者需求重新进行资源组合和配置。旅游产业平台将为其主体企业提供通用的基础设施（如监管环境、信用与认证、技术工具、金融和支付支持等），降低创新成本、提高工作效率，增进平台上不同主体间的合作和互动，为旅游产业创造全新的价值。

第三，信息技术将促使政府监管平台更好地助力产业发展。政府通过与旅游产业平台结构融合，可以进一步提升监管能力与公共服务能力，建立起旅游全周期投诉体系、全行业数字消费体系、全域旅游市场的数字诚信体系，营造出更加安全、有序的产业生态环境，提升产业效率。全域互联时代的智慧旅游把原来的商家服务、公共服务和所有面向用户的服务有效地连接在一起，提升了连接效率，从而创造了更大的市场和更高的效率。

从重塑旅游体验来看，信息技术正在通过建立以消费需求为中心的旅游产业价值网络，为消费者带来定制化、个性化、个体化体验。产业和技术协同发力，在旅游消费端创造出全新的体验感。旅游企业、技术公司、金融资本和产业资本会加入制造旅游消费新场景和新产品的过程中。VR、AR、人脸识别、大数据、云计算等信息技术为旅游产业提供了广泛的应用场景。更多的市场主体跨界而来，虚拟景区、数字博物馆等旅游新业态不断涌现。以互联网、大数据、人工智能为代表的科技创新让旅游目的地从线下走上云端，直播催生的"云旅游"极大丰富了居民的日常旅游和休闲活动。大数据应用下的预约、限量、错峰，让旅游者出行更加智慧，人们也因此享受到了专属化的游览服务。高精度扫描和数据采集、厘米级的空间识别技术，让文化和文化遗产真正"活起来"。手机强大的图像处理能力和高速率、低时延的 5G 网络，能够让人们在浏览的过程中实时无缝地叠加 AR 效果，带来虚实融合的交互体验。互动性、沉浸式、立体化的数字科技与旅游文化艺术的融合，创造出大量沉浸式场景，全景演出、沉浸餐厅、沉浸游戏等极大丰富了旅游产品体系。

全域互联时代，旅游企业和技术企业都将基于旅游消费者的实时需求做出优化反应，推动旅游产业结构优化，升级产生协同效应，极大提升旅游企业的供给效能，为旅游者提供个性化的产品和服务，确保可持续重塑和提升旅游体验。

资料来源：钟栎娜.全域互联重构智慧旅游产业［N］.中国旅游报，2021-11-11（3）；阎友兵，易启旭.浅议数字经济时代旅游发展的机遇与挑战［N］.中国旅游报，2022-11-18（3）.

3

项目三 旅游服务采购、线路设计及产品定价

项目导言

　　旅行社是一种旅游中介组织，一般不直接经营旅游活动中的交通、食宿、游览、娱乐等服务项目，因此采购就成为旅行社经营活动中的一个重要方面。线路设计是指旅行社计调通过对已采购的交通、食宿、游览、娱乐等单项服务产品进行优化组合，从而形成对外销售的旅游行程或产品。旅行社一般通过采购合同或协议的形式，以相对固定的价格，向其他旅游服务企业及部门采购各类产品，然后根据旅游市场的供求情况核定旅游产品价格。

交互式课件
3-1

旅游服务采
购、线路设计
及产品定价

学习要求

项目目标
- 掌握旅游服务采购的内容。
- 了解旅游线路的类型及特点，能够设计旅游线路。
- 了解旅游产品价格的组成要素，掌握旅游产品定价的方法和策略。

思政目标
- 围绕旅游行程设计等内容，引导学生树立质量意识、标准意识。
- 聚焦中国商飞C919等案例，强化学生的民族自信、文化自信。
- 通过主题公园及研学旅行线路设计，培育学生的技术迭代、文化传承能力。

任务1　旅游服务采购

◎ **互动导入**

福州文旅产品全国旅行商采购大会成功举办

2020年11月27日，福州市文化和旅游局在中庚聚龙酒店举办了福州文旅产品全国旅行商采购大会，全国100家重点旅行商通过线上线下相结合的方式，相约福州进行文旅产品采购。此次大会以"有福之州·文旅采GO季"为主题，共有43家旅行商进行线上、线下签约采购，通过文旅产品推介、旅游热卖产品竞拍、旅行商项目签约、采购配套奖励政策发布等环节，采购A级景区门票21万张，星级饭店房间9.25万间，签约总金额达到4 288万元，助力福州旅游市场复苏回暖，打响"有福之州 幸福之城"的旅游品牌。

推介文旅产品，展示"有福之州"的魅力

"福州派江吻海，山水相依，城中有山，山中有城，是一座天然环境优越、十分美丽的国家历史文化名城。"在推介现场，福州市金牌导游林佳澜通过画面与光影等多种方式，倾情推介"遗风古道　福韵拾遗""两岸璀璨　五光福色""山海童行　万千世界""肆意野趣　福乡四季"四大主题特色的文旅产品，游古厝、赏非遗，品村宴、逛市集，夜泡温泉、夜坐游船以及科普体验、探索科学知识等，让现场嘉宾仿佛置身于福州山水之中。

其中，"遗风古道　福韵拾遗"主题展现了福州多元的非遗元素，走进三坊七巷、上下杭以及鼓岭等景区，游古厝、赏非遗、参观博物馆，让非遗传承之火生生不息；"两岸璀璨　五光福色"主题则展现了福州的夜间经济，夜泡温泉、夜游闽江、夜逛达明小吃街等，还有闽江两岸的高楼大厦上演灯光秀，让这座城市在夜晚的流光溢彩间变得鲜活；"山海童行　万千世界"主题展现了福州的研学元素，去春伦茉莉花文化创意产业园区体验"一茶一叶的蜕变之门"，逛闽都民俗园学习福州民俗，到欧乐堡海洋世界近距离参观海洋生物等，可以带孩子们领略山海同行，万千世界；以"肆意野趣　福乡四季"主题展现了福州的乡村旅游，去嵩口探寻千年历史古镇，游览福建首批海岸公园——平流尾地质公园，通过品村宴、逛市集，体验福州乡村的旅游美。

旅游竞拍，掀起文旅带货热潮

为了更好地吸引全国各大旅行商积极参与福州文旅采购，提高营销活动的成效，此次大会还创新推出了旅游竞拍环节，精心推出了三坊七巷的坊巷研学特色旅游线路、福建春伦茶业集团有限公司的茶叶清雅银毫、福建永鸿文化旅游城的温泉门票、瓷天下海丝精灵谷景区门票四款旅游产品。由于起拍价为1元、9.9元等，活动现场马上被热情高涨的各大旅行商变成了专业拍卖场，"25""40""50"……叫价声此起彼伏，四款旅游产品很快被各大旅行商抢拍一空。

发布政策，为旅行商采购注入动力

为鼓励全国重点旅行商采购福州文旅产品，福州市文化和旅游局还在现场发布了配套奖励政策。2020年11月1日至2020年12月31日期间，参加此次活动并购买福州文旅产品（收费A级旅游景区门票、星级饭店、A级旅游景区配套住宿均可）的旅行社，同时在2021年1月1日至2021年5月31日期间组织外地游客（福州辖区以外）来榕旅游，组团输送游客累计达到3 000人次及以上，在规定时间内采购和消费福州文旅产品50万~100万元，按采购总额的10%给予奖励；总额超过100万元的部分，按超过部分金额的15%给予奖励。单个旅行社最高奖励不超过30万元。

战略签约，携手合作促共赢

为推介福州文旅资源，此次采购大会邀请了中国旅游集团、同程集团、华程国际旅行社集团以及江苏、湖南、广东、江西等主要客源地旅行商、OTA主要平台企业等全国百家重点旅行商参会。由于疫情防控要求，此次采购活动分为线上线下同步进行，为福州市旅行社、景区、星级饭店与国内重点旅行商搭建平台。

资料来源：福州市文化和旅游局.福州文旅产品全国旅行商采购大会成功举办［EB/OL］.［2020-11-30］. http://fj.people.com.cn/n2/2020/1130/c181466-34446513.html.

请大家根据以上资讯，思考以下问题：

（1）什么是旅游服务采购？

（2）福州市文化和旅游局举办福州文旅产品全国旅行商采购大会的目的是什么？

一、旅游服务采购的内容

微课 3-1

旅游服务采购

动画 3-1

航空服务采购

旅游活动涉及食、住、行、游、购、娱等方面，航空公司、铁路、酒店、餐厅、景点以及娱乐场所等都是旅行社的采购对象。对于组团社而言，还要采购接待社的产品。

旅游服务采购包括交通服务采购、住宿服务采购、餐饮服务采购、参观及景点服务采购、娱乐服务采购、购物服务采购、保险服务采购，还有异地接待服务采购八个方面。

（一）交通服务采购

1.航空服务采购

作为一种远程旅行方式，航空服务的主要优点是安全、快速和舒适。一般而言，旅行社选择航空公司主要考虑以下因素：第一，机票价格折扣是否具有竞争力；第二，机位数量是否能够满足需求；第三，航空公司与旅行社之间的工作配合是否密切；第四，付款方式是否便捷；第五，航班密度是否能够满足需求；第六，航空公司在各地的联络网点是否方便联系。

下面是一些航空常识：

（1）航路。空中航路是指根据地面导航设施建立的供飞机作航线飞行之用的具有一定宽度的空域。

（2）航线。飞机飞行的路线称为航线，它确定了飞机飞行的具体方向、起讫和经停地点。航线按照起讫地点的归属不同分为国际航线和国内航线。

（3）航班。指飞机由始发站按规定的航线起飞，经过经停站至终点站或不经经停站直达终点站的运输飞行。在国际航线上飞行的航班称国际航班，在国内航线上飞行的航班称国内航班。

（4）航班号。航班号有国内航班号和国际航班号之分。

国内航班号使用4位数字，比如，CZ3101，表示由广州飞往北京的航班，是由南方航空公司承运的去程航班。

国际航班号由航空公司代码加3位数字组成，第一位数字表示航空公司，后两位是航班序号，单数为去程，双数为回程。比如，CA982，表示由纽约飞往北京的航班，是由中国国际航空公司承运的回程航班。

（5）机型。我国民航一般使用四种机型：波音系列居多，空客系列、麦道系列次之，运-7（Y-7）用于支线。此外，中国商飞C919首飞成功，弥补了我国在中程干线客机机型方面的缺失，未来将用于民用航空市场。

（6）机位（座）。

①波音：波音737，104～189座；波音747，244～569座；波音757，148～239座；波音767，161～290座；波音777，281～440座；波音787，210～330座。

②空客：A300，181～317座；A310，167～222座；A320，123～180座；A340，228～420座；A380，460～840座。

③其他：MD-90，150～187座；MD-11，243～409座；Y-7，50座；C919，190座。

（7）飞机餐（配餐）。一般航班根据起飞和飞行时间来配餐。飞行超过2小时有正餐；配餐只有点心；特殊旅客（如穆斯林）有特餐。

（8）直达、经停。直达，指点到点，不需要技术支持的航班；经停，指因技术原因，需要加降（如加油等），另外也有经营方面的考虑。

（9）舱位。舱位按等级可分为头等舱、公务舱和经济舱三种。

（10）订座。

①机票价格。机票价格一般分为公布票价和折扣票价两种，包机价格另议。一般而言，儿童机票按机票全价的50%收取。若乘坐国际航班，则可以购买儿童票，票价为成人普通票价的75%。出生超过14天且未满2周岁的婴儿，当乘坐国内、国际或地区航班时可以购买婴儿票，票价为成人普通票价的10%，不单独占座位。如果婴儿需要单独占用座位，应购买儿童票。当旅客携带超过1名的婴儿时，超出限额的这位婴儿应购买儿童票。

知识链接3-1　　　　　　　　**OK票、OPEN票和燃油附加费**

1.OK票

OK票是指航班、座位等级、乘机日期及时间均定妥的机票。根据《中国民用航空旅客、行李国内运输规则》第七条的规定：旅客持有定妥座位的联程或来回程客票，如在该联程或回程地点停留72小时以上，须在联程或回程航班离站前两天中午12点以前，办理座位再证实手续，否则原定座位不予保留。如旅客到达联程或回程地点的时间离航班离站时间不超过72小时，则不需办理座位再证实手续。

在国际旅行中，已定妥续程或回程航班座位的旅客，如在续程或回程地点停留72小时以上，最晚应在飞机起飞前72小时办理座位再证实手续，否则原定座位不予保留。

2.OPEN票

OPEN票是指起飞时间和座位尚未确定的机票，一般指回程不定日期的机票，有效期最长为1年。若机票上的回程段标有OPEN字样，则乘机人确定回程日期后，需尽早联系航空公司预订机位。

3.燃油附加费

燃油附加费是航空公司收取的反映燃料价格变化的附加费，各航空公司视航空燃油行情变化进行不定期调整。

②团队机票。团队机票是指10人以上预订机票，一般需要提前申请，具有同一日期、同一等级、同一目的地。

③中转服务。中转服务是民航针对购买联程机票的旅客而开展的空地一条龙服务。从售票这一环节开始，每个部门都会把中转旅客的姓名、人数、换乘航班情况通知后续部门。中转旅客到达换乘机场后，只要在到达大厅找到中转服务柜台，便会有专人协助其提取行李、办理后续航班登机手续，通过安检。

④航空公司有关免费托运行李的规定。下面以中国国际航空公司为例进行说明：

第一，国航自营国内运输免费托运行李额。

每件行李长、宽、高分别不得超过100厘米（40英寸）、60厘米（24英寸）、40厘米（16英寸）。

持成人或儿童客票的旅客普通行李免费托运限额：头等舱40千克（88磅），公务舱30千克（66磅），经济舱20千克（44磅）。

持婴儿客票的旅客普通行李免费托运限额为10千克（22磅），另可免费托运一辆折叠式婴儿车或摇篮。

第二，国航自营国际、地区航线免费托运行李额。

国航国际、地区运输实行计件制。

每件普通行李的三边之和须小于或等于158厘米（62英寸，包括滑轮和把手）。

　　持成人或儿童客票的头等舱、公务舱旅客可免费托运两件普通行李，每件普通行李的重量须小于或等于32千克（70磅）。

　　经济舱客票旅客免费托运一件普通行李（每件普通行李的重量须小于或等于23千克（50磅））的区域如下：国航实际承运欧洲、非洲、中东（除阿联酋）、亚太（除日本、哈萨克斯坦、澳大利亚、新西兰外）、夏威夷、港澳台地区航线。经济舱客票旅客免费托运两件普通行李（每件普通行李的重量须小于或等于23千克（50磅））的区域如下：国航实际承运涉及美洲（除夏威夷外）、日本、阿联酋、哈萨克斯坦、澳大利亚、新西兰航线。

　　持婴儿客票（无论何种舱位）的旅客可免费托运一件普通行李，重量须小于或等于23千克（50磅），另可免费托运一件折叠式婴儿车或摇篮。

思政探索3-1　中国商飞C919事业部总装车间：他们，勇做中国大飞机的脊梁

　　中国商飞C919是中国首款完全按照最新国际适航标准研制的，具有自主知识产权的单通道大型干线民用飞机。中国商飞全称是中国商用飞机有限责任公司，于2008年5月成立，总部设在上海。C919的"C"是China的首字母，也是中国商飞公司英文缩写COMAC的首字母，第一个"9"的寓意是天长地久，"19"代表的是中国首型中型客机最大载客量为190座。从C919的规格、运载能力等因素来看，目前的客机范畴内，波音公司的737-800型客机和空中客车的A320-200客机刚好与C919十分相似，也是C919的主要竞争对手。

　　中国大飞机的腾飞，离不开千万双手的支撑。2017年5月5日，国产大型客机C919首架机首飞成功。看着自己亲手打造的国产大型客机腾空而起，中国商飞总装制造中心C919事业部总装车间的职工们难掩激动的泪水。而这只是中国民机产业发展的新起点，还有诸多难关等待他们去攻克。为了实现梦想，他们勇做中国大飞机的脊梁，做好了长期吃苦、长期奋斗、长期攻关、长期奉献的准备。

　　质量压力千斤重　因为关乎生命

　　"我们的每一项工作都要精益求精，不能把问题带到天上，因为质量就是生命。"这是C919事业部总装车间职工们的信条。

　　一架飞机有数百万个零部件，拥有航电、液压等诸多复杂系统，且系统之间需要相互匹配。尽管飞机是一个庞然大物，但总装却是一项精细活。飞机从装配到首飞需要经历怎样的过程？

　　C919事业部总装车间的主体工作就是保障每架飞机的首飞，主要负责平尾、中机身的部件装配，全国机体供应商完成其他部件的装配后交付给总装车间，由他们进行结构总装，完成机身成龙和翼身装配的结构工作后，会进行系统件的安装和调试，包括发动机的安装，全机电缆等系统功能部件的安装。此后再进行OATP实验（功能实验），保证首飞前全部规定实验完成后，才能交付首飞。

　　"内容极为复杂，但时间节点摆在那里，必须争分夺秒。"C919事业部主任郑大勇说，"今年我们每天都是三班倒，因为要保障C919的103架机首飞。"

飞机安全运行是根本，安全任务落实在总装车间，就是要严把质量关。郑大勇介绍，总装车间建立起了严格的现代民机装配质量管理体系，为每一位员工建立质量档案，还引入了现代化的管理手段，锻造过硬的质量水平。

为此，总装车间专门开发了职工质量档案数字化管理系统，根据每位职工的实际工作情况、自动统计技术熟练度，测评不同职工与不同岗位的胜任力和匹配度，并列出作业负面清单、提出注意事项及改进建议。系统应用以来，先后梳理风险点100多个，归纳防范建议200多条，产品一次提交合格率高于99.9%，人为质量故障率呈指数级下降，消除了质量问题重复发生的现象。造1架飞机和造100架飞机有何不同？

首飞成功仅仅是一个飞机型号研制的起点，接下来飞机进入验证阶段，需要完成各项试飞科目。真正投入商业运营后，飞机还要面临批量生产的考验。

"大飞机事业已经从初创期迈入了成长期，但成长期也是危险期，时间跨度比较长，一般在20年左右。20世纪40年代以来，全球15个国家和地区的32家飞机主制造商中有28家未能渡过成长期而夭折。"C919事业部副主任王辉说。

国产大型客机要实现商业成功，同样面临着严峻的考验。"实现商业运营的前提是实现批量生产，造100架飞机的难度不仅仅体现在数量上，这考验的是我们整体的建设能力。"郑大勇说，"要达到年产50架份、100架份，需从设备产能、技术提升、管理提升、人员素质提升等各个方面要效率。"

目前，C919的订单已经达到了800多架，而C919还处于研制阶段。"我们自身能力建设亟待提高，以满足国家要求和日益增长的市场需求。"郑大勇说。

整体能力建设的提升不是一朝一夕可以实现的，在C919事业部总装车间，改革创新与艰苦奋斗同样重要。

为解决生产难题，于建元和张建平组成了工艺技能结合改善团队，攻克了多项难关；段曙凯所在的机械系统创新团队，通过3D打印技术解决方向舵角度测量装置定位问题；周琦炜所在的电子电气装配团队，通过汇总全机连接器坐标并可视化，提高了C919大型客机的全机线缆自动导通率和一次导通率。

直面难题，逐个攻破，由部门评审专家组组织工艺、调度、生产人员共同梳理生产中存在的疑难杂症，群策群力共同解决影响生产的各项问题，有效推动了大型客机项目逐步完成批产转换。这些创新管理举措都在为满足飞机批量生产的要求积蓄力量。

弘扬大飞机精神　勇做大飞机脊梁

长期加班加点，照顾不上家人，难免心怀愧疚，但一提起大飞机，C919事业部总装车间职工们的脸上都洋溢着自豪的神情。

"中国有十四亿人口，能够从事大型商用飞机研制的人只有10 000人，能够从事总装工作的才5 000人，在C919研制一线工作的只有400多人，我们为我们的事业而感到自豪，同时我们也担负着使命和责任。"C919事业部副主任李青说。

中国民用飞机产业的发展曾经经历过人才的断层，因此，优秀的产业工人是我国民机产业健康发展不可或缺的力量。C919项目出产品的同时，更要出人才。

C919事业部总装车间将培养中国最优秀的产业工人作为自身使命。总装车间从技能人才队伍培育入手，优化车间培训体系，分模块进行课程设计，以满足不同人才的成长需求，并结合标准化考核，扩大高级工、技师队伍比例，为车间职工创造更多"传帮带"的机会。

"总装车间成立C919大型客机101架机首飞攻关队、101架机支架安装攻关队，培育C919大型客机型号研制中的工匠精神，树立了一批领军人物。"C919事业部综合管理部部长陆敏说。以提升技能和管理为抓手，总装车间练就了一支技能精湛的工匠队伍。

中国商飞有30年没出过一次质量差错的大国工匠胡双钱，总装车间年轻的职工在继承老一辈艰苦奋斗、精益求精精神的同时，也在借助信息化、智能化的手段提升工艺水平，提高总装效率。比如，C919引入智能制造技术，采用柔性轨制孔、ADU制孔、自动调姿对接等新技术，极大地提升了飞机装配效率、缩短工作周期、减少质量问题。

在C919事业部总装车间最显眼的位置，张贴着"长期吃苦、长期奋斗、长期攻关、长期奉献"的条幅，这就是职工们心目中的大飞机精神。在C919型号上，为大飞机事业奋斗终身，他们做好了准备。

资料来源：贾远琨.中国商飞C919事业部总装车间：他们，勇做中国大飞机的脊梁［EB/OL］.［2018-11-19］. http://ccnews.people.cn/n1/2018/1119/c141677-30407892.html.

研讨训练：

（1）以小组为单位组织交流、研讨。

（2）每个小组推荐1名成员做主题发言，各组围绕"中国商飞C919事业部总装车间：他们，勇做中国大飞机的脊梁"进行专题研讨，谈一谈对"大国工匠"的认知，结合旅行计调工作实际，阐述对旅游业中"工匠精神"的看法。

（3）从小组互评与教师评价两个方面进行评分，见表3-1。

表3-1　　　　　　　"中国商飞C919事业部总装车间：他们，勇做中国
大飞机的脊梁"研讨训练项目评价表

项目主题 （分值）	评价指标 （分值）	标准	小组互评 （20%）	教师评价 （80%）	综合得分 （100%）
中国商飞 C919事业部 总装车间:他 们,勇做中国 大飞机的脊梁 （100分）	课堂研讨表现 （40分）	小组研讨组织得当,全员参与,研讨知识、方法、资讯运用正确			
	主题阐述 （60分）	阐述的内容丰富,效果良好,观点新颖、独特,能对"大国工匠"谈认知;结合旅行计调工作实际,能阐述旅游"工匠精神"的看法			

（4）教师与学生依据综合得分情况，确定最优陈述小组。

课堂活动3-1

（1）在携程网上查询北京/上海/广州飞往任意一个旅游城市的航班信息。

（2）将机票信息填入表3-2内，姓名及身份证号码请填写自己的信息及相邻同学的信息。

表3-2   机票预订单

	姓名	性别	身份证号码	备注：
1				
2				

	航程	航班号	飞行日期	机型	起飞时间
A	从 至				
B	从 至				

旅客电话：		付款方式：	
送票地址：		预订日期：	

（3）思考如下问题：

①为什么旅客误机时要将其行李卸下后，飞机才能起飞？

②飞机在跑道上滑行时为什么会出现摇晃？

③飞机起飞后不久，为什么会听到轰隆的声音？

④飞机为何有时要复飞？

⑤客用飞机为什么没有降落伞？

2.铁路服务采购

铁路出行具有价格便宜、可饱览沿途风光等特点，因此在包价产品中具有较强的竞争力。近年来，我国铁路部门下大力气改善交通环境，尤其是高铁、动车的开行，使得铁路运输更具优势。截至2021年4月16日的统计数据，全国铁路营业里程达14.63万千米，高速铁路运营里程达3.79万千米，"四纵四横"高铁网提前建成，"八纵八横"高铁网加密成型。我国铁路客运周转量、货运发送量、换算周转量、运输密度等主要运输经济指标稳居世界第一。

目前，国内多数旅游者仍将火车作为出游首选的交通工具。旅行社采购铁路服务，主要是做好票务工作，即按照接待计划订购火车票，以确保团队顺利成行。出票率、保障率是衡量铁路服务采购质量的重要指标。

下面是一些铁路常识：

（1）车票。常规火车票有硬座车票、软座车票、硬卧车票、软卧车票四种，国际列车票还有包房硬卧车票、包房软卧车票之分；高铁车票或动车票可分为二等座车票、一等座车票、商务座车票、高铁软卧车票等。

铁路部门曾发售的纸质车票主要包括：红色底纹的计算机软纸车票；浅蓝色底纹的计算机磁介质车票；列车移动补票机出具的车票；代用票、区段票、客运运价杂费收据等。

目前，旅客可通过铁路客户服务中心网站（http://www.12306.cn）、车站的售票窗口、自动售票机和铁路客票销售代理点等购买车票。

知识链接 3-2   开发更多旅游专列产品 提振行业企业恢复发展信心

2022年7月7日，文化和旅游部办公厅印发《关于将旅游专列业务纳入跨省旅游"熔断"机制统一管理的通知》（以下简称《通知》），提出即日起，恢复旅行社和在线旅游企业经营旅游专列业务，并将旅游专列业务纳入跨省旅游"熔断"机制统一管理。

随着疫情防控形势趋稳向好，恢复旅游专列业务是疫情防控常态化背景下加快旅游业恢复发展的有力举措，对于提振旅游行业信心、促进旅游市场复苏和行业恢复发展具有重要意义。

从跨省旅游"熔断"范围由原来的省份调整为出现中高风险地区县（区、旗），到恢复旅行社和在线旅游企业经营旅游专列业务，一系列助企纾困政策相继发力，对于促进旅游市场快速复苏、有效推动旅游消费规模性增长具有积极的推动作用。更为重要的是，这些政策调整让旅游企业感受到旅游市场复苏的春风，进一步提振了旅游企业的信心，增长了行业发展的动力。

旅游专列、旅游包机等大团队旅游以及长途跨省自驾旅游等出游形式，实际上已经成为旅游市场的晴雨表。特别是旅游专列，具有团队规模大、闭环管理、点对点运行、防控风险低等特点，对于疫情防控常态化之下促进旅游市场复苏和规模性增长具有特殊意义。

《通知》印发后，许多省份的旅游企业闻风而动，开始积极策划、设计、组织各类跨省长线和省内短线旅游专列产品。山东、江苏、黑龙江等省份开往西藏、新疆、甘肃等地的旅游专列已经陆续出发，成为两年多来旅游市场上最亮丽的一道风景线。同时，许多省内热线旅游专列产品也深受当地旅游消费者欢迎，如黑龙江哈尔滨至伊春"伊春之行享'寿'之旅"、山东济南至烟台的"蓬（莱）长（岛）龙（口）消夏之旅"、烟台至临沂的"蓝色海岸——红色沂蒙"线路，云南昆明至西双版纳的"坐着火车游云南"等专列旅游产品，一经推出便成为市场热点。

恢复旅行社和在线旅游企业经营旅游专列业务，为旅游市场复苏和旅游产业恢复发展释放了积极的信号。

资料来源：王德刚.开发更多旅游专列产品 提振行业企业恢复发展信心［EB/OL］.［2022–07–19］. http://www.ctnews.com.cn/gdsy/content/2022-07-19/content_127279.html.

（2）检票方式。旅客可以凭购票时使用的居民身份证原件直接通过自动检票机（闸机）办理进、出站检票。

（3）团体票及儿童票。按团体旅客办理的车票，改签、退票时，不应晚于开车前48小时。儿童票票价按相应客票和附加票公布票价的50%计算。免费乘车及持儿童票乘车的儿童单独使用卧铺时，应购买全价卧铺票，有空调时还应购买半价空调票。

✪ 课堂活动3-2

（1）在铁路客户服务中心网站（http://www.12306.cn）注册个人信息，查询所在城市前往任意一个旅游城市的车次信息，以及候补购票操作说明、所在城市代售点信息。

（2）如何区分车次编号前各字母的含义，如G、D、Z、T、K、L、Y等？

（3）火车票的网上预售期一般为多少天？

（4）儿童乘坐火车，身高为多少时需要购买全价票？

（5）分组策划PK：坐着高铁去旅行。

背景资料：

高铁与其他铁路共同构成的快速客运网已基本覆盖50万以上人口城市。

上海至青岛需要4小时，上海至武夷山仅需3小时，上海至桐乡（乌镇）只要33分钟；如果将出发坐标定位到武汉，3小时55分钟就可以到西安，4小时38分钟就能到香港……这样惊人的便利，都源自近年来大幅增长并提速的中国高铁。

坐着高铁去旅游，将成为未来人们游走中国的便利选择之一。

分组策划任务：

①小组策划一条高铁旅行线路，并给此线路起一个富有感染力的名字；

②用彩笔在A3纸上标注高铁站名；

③在高铁站名周边，注明旅游胜地或景点；

④估算每个站点的游玩天数，并预测费用开支。

3.水路服务采购

轮船不是国内旅游的主要交通工具。旅行社向轮船公司采购水路服务时，关键应做好票务工作。如果遇到运力无法满足或不可抗力因素，导致计划无法实现，造成团队航次、船期、舱位等级变更，应及时采取应急措施。

4.公路服务采购

尽管汽车已成为人们普遍的旅行方式，但一般认为，乘汽车旅游的距离不宜过长，否则客人会感觉疲劳。旅行社在采购公路服务时应考虑车型、车况、司机驾驶技术及服务规范、车辆准运资格等。计调应仔细考察，最终选择管理严格、车型齐全、驾驶员素质高、服务优良、已取得准运资格，同时车价优惠的汽车公司，并与之签订协议书。

旅游常用车型计价根据旅游车型分类不同，并结合里程核定车价，不同型号的旅游汽车，载客人数、汽车环境、乘坐感觉、租赁价位也有所不同。

在实际操作中，计调人员往往通过旅游车的运载千米数来概算出车辆的租赁价格，计算公式是：汽车租赁价格=单位千米价格×千米数。

知识链接 3-3　　　　　　　旅行社安排旅游车时应了解的问题

（1）座位数。旅游车的准确座位数，如19座、33座还是45座等。

（2）车型及厂牌。旅游车是金龙还是中通；是进口车还是国产车。

（3）旅游车是公司的车还是个人的车（这一点非常重要，万一旅途中出现问题，公司的车比较有保障）；手续是否齐全。

（4）司机对要去地方的路线是否熟悉。

（5）租车费用的结算。加油费、路桥费、停车费由谁支付；驾驶员的差旅费由谁支付。

（二）住宿服务采购

酒店（饭店）是旅游业的三大支柱之一，是旅游产品的重要组成部分，在一定程度上已成为衡量一个国家或地区旅游接待能力的重要标尺。

根据使用目的（主要功用）的不同，酒店可分为商务酒店、度假酒店、会议酒店、旅游酒店等。根据等级的不同，酒店可分为一星级、二星级、三星级、四星级、五星级、白金五星级这六个等级。

计调应按接待计划提出的等级要求采购住宿服务，同时充分考虑以下因素：酒店安保条件、酒店房况、酒店销售配合情况、酒店房价及结算方式、同级酒店备份等。

（三）餐饮服务采购

餐饮是旅游者的基本需求，餐饮质量直接关系到旅游者对旅行社服务的满意度。因此，计调在选择餐厅时，应着重考虑以下因素：餐厅卫生是否符合《饭馆（餐厅）卫生标准》（GB 16153—1996）、地理位置、停车位情况、公共洗手间情况、团队餐的餐标、风味特色、结算方式、餐厅配合度等。

计调人员在操作旅游团队时，必须学会根据需求编制订餐单。团队餐的质量往往成为旅游团服务质量好坏的关键。

案例分享 3-1　　　　　　　海南旅游团发生食物中毒事件

1.案例回放

2011年5月，海南某旅行社接待某建筑安装工程公司的职员在海南旅游，导游安排在景区餐厅用膳，当天行程结束后，24名游客陆续出现上吐下泻的症状，经医院诊断为集体性食物中毒。其中，游客向某因上吐下泻导致脱水，并发生脑梗死，造成瘫痪，经海南省司法医院法医鉴定中心鉴定为二级伤残。

本案件的主要争议是食物中毒是否为引发脑梗死的原因，对此医院没有任何书面证明。由于食物中毒与脑梗死之间的因果关系无法确认，因此保险公司只愿意承担食物中毒治疗的相关费用，但对脑梗死的相关费用不予认可。案件发生后，向某向旅行社提出了130多万元的索赔，由于案件的复杂性且索赔金额过高，因此协商无法达成一致。之后，向某多次向旅游部门投诉，旅游质监所在协调无法达成一致后出具了终止调解书。协商无果后，向某夫妇在旅行社经营场所埋锅造饭，严重影响了旅行社的日常经营。最后经医疗专家从医学角度分析，认为：食物中毒不可能引发脑梗死，但患者本身有脑梗死病史，因此食物中毒有诱发并加重脑梗死的可能，但是不构成因果关系，故旅行社存在次要责任。综合各医疗专家意见，最终保险赔付16.6万元。

2.食物中毒的定义

食物中毒，是指食用了被有毒有害物质污染的食品或者食用了含有毒有害物质的食品后出现的急性、亚急性疾病。

《旅行社责任保险统保示范项目保险条款》第三条规定，"在本保险期间及保险单列明的追溯期内，被保险人在组织旅游活动中发生旅游者人身伤亡、财产损失事件，被保险人依照中华人民共和国法律对旅游者的人身伤亡、财产损失承担的经济赔偿责任，并在本保险期间内向保险人提出索赔的，保险人按照本保险合同的约定负责赔偿"，其中保险人应承担赔偿责任的情形包括在被保险人组织、接待的旅游活动中发生的旅游者食物中毒事件。

3.食物中毒案件纠纷处理的难点所在

(1) 旅游者在旅游途中，由于舟车劳顿、体力消耗过大，导致其对外界致病细菌的抵抗力下降；同时，由于旅游者水土不服，或者对旅游目的地的食物不适应，出现了疑似食物中毒症状，除非有卫生监管部门出具的权威结论，否则不能随便认定为食物中毒。

(2) 中毒的食物来源难以确定。旅游者的食物来源有两个：一是旅行社安排的餐厅提供的食物；二是旅游者在旅游途中自己购买的食物。由于食物中毒一般发生在饭后几个小时，甚至更长的时间，因此到底是餐厅食物有毒或变质，还是旅游者在其他地方购买的食物引起了食物中毒，难以清晰认定。

4.旅行社防止或减少食物中毒事件发生应采取的措施

（1）控制旅游节奏。许多所谓的食物中毒，实质上是由于旅游者的肠胃不适造成的。究其根源，是旅游线路安排过于紧张，导致旅游者抵抗力下降，出现上吐下泻症状。旅行社在安排旅游线路时，一定要控制旅游节奏，体现"旅速游缓"的特点，使旅游者保持较为充沛的体力。

（2）对特殊旅游线路予以特别关注。旅行社在组织海岛旅游时，要特别重视餐饮的安排，一定要别除不适合旅游者食用的食物；同时，导游（领队）要告知旅游者食用海鲜时的注意事项，防止意外事故的发生。

（3）选择合法正规、卫生环境较好的餐馆。餐馆是否正规、卫生环境是否良好，一定程度上决定了食物中毒事件发生的概率。

资料来源：作者根据相关资料整理。

思考：计调人员应如何做到避免食物中毒等事件的发生？在餐饮服务采购的过程中应该注意哪些问题？

（四）参观游览服务采购

参观游览是旅游活动中最重要的部分。计调代表旅行社向相关单位采购参观游览服务，此项采购的关键是就价格和支付方式等达成协议，主要采购对象为旅游景区。国家旅游景区按照等级可分为1A级、2A级、3A级、4A级和5A级，5A级是最高的级别，代表着中国旅游景区的精品。截至2021年6月9日，文化和旅游部共确定了306个国家5A级旅游风景区。

（五）娱乐服务采购

娱乐是旅游活动的六要素之一。计调在采购娱乐服务时，应就预订票以及演出内容、演出时间、票价、支付方式等项目达成协议。

（六）购物服务采购

旅游购物本身就是旅游资源，提供丰富的旅游购物资源，满足游客的购物体验需求，已成为某些旅游目的地最具吸引力的内容之一。

旅游购物是非基本旅游需求，有关旅游者购物行程的安排，必须符合《旅游法》的相关规定，严禁强制购物。旅行社与旅游者协商一致，或者应旅游者要求指定具体购物场所的，应当与旅游者签订书面合同。为了使旅游购物方便、安全，计调应当慎重选择旅游购物商店，应推荐诚信经营的品牌商店。

知识链接3-4　　　　　　《旅游法》关于旅游购物的规定

《旅游法》实施之后，在旅游购物方面最大的不同，就是法律的约束力得到了充分贯彻和执行，合同敲诈、消费陷阱等问题得到了明显解决，消费者的知情权、自由选择权等得到了充分保护。

《旅游法》第三十五条规定："旅行社不得以不合理的低价组织旅游活动，诱骗旅游者，并通过安排购物或者另行付费旅游项目获取回扣等不正当利益。

旅行社组织、接待旅游者，不得指定具体购物场所，不得安排另行付费旅游项目。但是，经双方协商一致或者旅游者要求，且不影响其他旅游者行程安排的除外。"

业内专家分析称，旅行社安排购物场所，相当于给游客增添了一处"景点"，行程中是否存在购物和自费项目、购物场所和自费项目的多少，与成团报价理应无关。

（七）保险服务采购

旅游保险是指针对旅游过程中可能发生的各种意外（除疾病、外科手术、自杀、战事、职业性运动竞赛与故意行为外）而购买的保险。旅游保险的主要产品有游客意外伤害保险、旅游人身意外伤害保险、住宿游客人身保险、旅游救助保险和旅游救援保险，其中前三种为基本保险。

《旅行社管理条例》及相关法律规定，旅行社应该为旅游者提供规定的保险服务，计调负责采购旅游意外险服务项目。

（八）异地接待服务采购

旅行社向旅游者销售的旅游线路，通常涉及多个旅游目的地。采购异地接待服务，可以使旅游计划如期、如愿实现。可以说，旅游产品的质量在很大程度上取决于各地接待服务的质量。因此，选择高质量的接待旅行社也是采购服务的关键内容。

计调在采购异地接待服务时应考虑以下因素：①接待社的资质、实力、信誉；②接待社的体制、管理；③接待社的报价；④接待社的服务质量；⑤接待社的接待质量；⑥接待社的结算（垫付）周期；⑦接待社的合作意愿。

🔄 课堂活动 3-3

（1）采购旅游服务的过程中常见的问题有哪些？如何处理？

（2）到所在市区内的餐厅、景区、购物商店、酒店等，进行模拟旅游服务采购洽谈，并撰写书面报告。

二、旅行社采购业务管理

（一）建立广泛的采购合作网络

为了使旅行社的产品能够赢得大量的客源，旅行社必须与相关旅游产品供应单位，如酒店、餐馆、车船公司、景区景点等建立广泛而稳定的合作关系。当旅游市场上的某些旅游产品供不应求时，广泛的采购合作网络能够增强旅行社的采购能力，使旅行社取得这些短缺的旅游产品；反之，当旅游市场上的某些旅游产品供过于求时，旅行社的采购管理重点是取得优惠价格，也需要一个广泛的采购合作网络。

（二）正确处理保证供应和降低成本的关系

保证供应和降低成本是旅行社采购工作的两大任务，在实际工作中，两者往往难以兼顾，旅行社应根据具体情况在两者间把握好平衡点。当某种旅游产品供不应求时，旅行社采购工作的重点是保证供应；反之，当某种旅游产品供过于求时，旅行社采购工作的重点是降低成本，从而提高价格竞争力，获得更多的利润。

（三）正确处理集中采购和分散采购的关系

旅行社实行集中采购，可以获得优惠的价格，便于旅行社的内部调控。然而，如果集中采购数量很多，那么在采购时间上就会提前较多，退团率就会增加，从而影响旅行社与协作单位的关系。在严重供过于求的情况下，就不能再强调集中采购，可采取分散采购的策略。

（四）正确处理预订和退订的关系

旅行社产品的销售是一种预约性的交易，旅行社通常在年底根据计划采购量与相关旅游产品供应企业洽谈下一年的业务合作事宜。计划采购量一般由旅行社参照前几年的实际客流量以及对下一年的市场预测确定。计划采购量和实际采购量之间总是有差距的，这时就会出现增订或退订情况。由于临时性的增订或退订会给旅游产品供应企业带来一定的压力或经济损失，因此旅游产品供应企业往往会设置增订限额或退订时限，并要求提高临时增订产品的价格或收取一定比例的退订损失费用。如果旅行社的计划采购量与实际采购量之间的差距比较小，采购量处于稳定增长的态势，那么旅游产品供应企业将会提供更为优惠的条件。

（五）加强旅游产品采购合同管理

为保证旅游市场经济的正常运行，规范旅游市场主体的行为，保证旅游市场主体实现各自的经济利益，签订旅游产品采购合同十分必要。

旅游产品采购合同的基本内容主要包括以下几个方面：

1.合同标的

合同标的是指合同当事人权利和义务共同指向的对象，即合同法律关系的客体。旅游采购合同的标的就是旅行社购买的旅游产品供应企业提供的旅游产品，如客房、餐饮、汽车运输等。

2.数量和质量

由于旅游采购合同是预购契约，不能确定具体的购买数量，因此采、供双方只能商定一个计划采购量或供应幅度。对于旅游产品的质量，采、供双方可商定一个最低的限度。

3.价格和付款办法

合同中应规定旅游产品的价格、折扣条件、结算方式及付款时间等。

4.合同期限

合同期限是指合同从生效到终止的时间。有的旅行社按淡季、旺季签两份合同。

5.违约责任

违约责任是指当事人不履行合同义务或者履行合同义务不符合合同约定而依法应当承担的民事责任。《中华人民共和国民法典》规定，违约方要承担支付违约金的义务。

（六）接待计划变更后的采购调整

如果接待计划变更或者发生突发事件，就会影响到原先的采购，这时就需要对采购工作进行调整。接待计划变更后的采购调整应遵循以下三条原则：

1.变动最小原则

将接待计划变更控制在最小限度内，对原计划尽可能不做太大调整。

2.顾客至上原则

接待计划一旦制订，通常不能随意更改，尤其是在旅游活动过程中。对于不可抗因素引起的行程变更，应寻求旅游者的谅解。

3.同级变通原则

接待计划变更后，旅行社提供的旅游产品在级别、档次方面应力求与最初的安排一致。相应的采购工作一般采取以下方法：

（1）如果定期航班出现问题，可考虑改用包机。

（2）如果由飞机改乘火车，应尽量利用晚上时间。

（3）如果火车购票困难，可以考虑乘坐汽车，但要注意控制成本，同时距离不宜太远。

（4）如果住宿、餐饮出现问题，应就近选择同档次的酒店、餐馆，也可采用加菜、赠送纪念品等形式弥补因接待计划变更而给旅游者带来的损失。

课堂活动3-4

（1）搜索你家乡所在城市的星级酒店（五星级、四星级、三星级各一家）及其资料。参照表3-3的样式排版。

表3-3　　　　　　　　　　　　　　星级酒店资料汇总表

酒店名称	星级	地址	电话	标准双人间团体价	酒店图片	酒店简介

（2）景点手册制作（含景区服务项目介绍）。

搜索国家AAAAA级旅游景区（至少七家）的资料，使用以下文档样式排版后提交作业。

北京故宫博物院

北京故宫博物院建立于1925年10月10日，是在明朝、清朝两代皇宫及其收藏的基础上建立起来的中国综合性博物馆，也是中国最大的古代文化艺术博物馆，其文物收藏主要来源于清代宫中旧藏……

联系电话：010-65131892。

票务信息：旺季60元/人；淡季40元/人。

联系地址：北京市东城区景山前街4号。

任务2　旅游线路设计

◎ **互动导入**

海南大学生设计别样海南游，业界评委频频点赞

"我要给你们设计的线路点个赞，行程的特色和细节考虑得很详细。"

"我也要给你们点个赞，不仅有调研报告，还有市场分析和营销策略。"

由海南省旅游委、省教育厅、省团委等共同主办的第二届大学生海南旅游线路设计大赛（以下简称"大赛"）完美收官，来自10所高校的36支参赛队伍带着特色各异的作品，在8名由业界专家、行业代表、媒体记者组成的评审团面前展示、讲解自己设计的旅游线路。一条条设计新颖、演绎动人的线路攻略，纷纷获得评委们"点赞"。

1.学校积极组织学生研发

大赛自2014年5月启动以来，受到了各大高校和社会各界人士的关注和支持。海南师范大学地理与旅游学院院长赵志忠说，此次比赛学生参与的积极性很高，班级间可以自由组合，并请老师对学生进行专业指导，这样不但可以完善作品，还可以提高学生的专业技能。大赛受到了琼海市旅游委、琼中县旅游委以及呀诺达雨林文化旅游区等众多景区的支持，他们邀请大学生参赛队伍前往实地考察，并给予方便。"我们很重视大学生这一群体，他们代表着年轻人，也会给琼海旅游带来新的活力。"琼海市旅游委主任杨奋说，每天致电琼海旅游咨询有关踩线问题的学生源源不断，热线电话几乎被"打爆"。

琼州学院（2015年更名为海南热带海洋学院）的"御琼崖"队设计了"有一种青春叫琼海"线路，来自三亚的他们都被琼海这座"田园城市"深深吸引了。汪彤同学说，他们对三亚几所院校做过600份问卷调查，其中61%的学生选择琼海作为出游首选目的地。

2.产品主题丰富，可操作性强

与第一届大赛相比，第二届大赛要求针对"新生入学""在校时光""毕业告别"三个不同时段的大学生旅游群体，设计出与各时段相适应的大学生旅游线路或攻略。

此外，美食、骑行、探险、采摘、制陶、骑马等体验感较强的活动也深受大学生的青睐，各参赛队伍根据市场调研分析，将结果融入了设计线路中。

3.业界惊喜不断，感受新力量

"大赛设计的旅游线路或攻略要注重对接市场，要将这些旅游线路或攻略真正变为具有可操作性的旅游产品。"省旅游委巡视员陈耀表示，省旅游协会将把获奖队伍打造成为研发海南旅游新产品的主力军，吸纳他们成为深玩海南俱乐部和达人俱乐部的中坚力量，不定期地带领这批队伍深入各市县、景区，充分发挥他们的智慧，从而打造出年轻人喜爱的海南旅游目的地体系以及与之匹配的旅游产品体系。

"他们真的很用心，很接地气，每支队伍都进行过详细的踩点，他们设计的产品都可以直接落地。"海南完美假期旅行社执行董事龙鹏说，这些线路资源覆盖面广，重视资源开发和挖掘，不像旅行社常规线路受局限，这次大赛的作品可以让更多人更深入地了解海南。不少线路都是琼海深度游，可结合琼海旅游天猫旗舰店，把这些产品作为适合自由行的攻略进行推介。

"大赛组委会将把优秀作品汇编成册，这不仅是符合年轻人的海南旅游新攻略，也是海南各大旅游院校的案例教材，更是各大旅行社从业者一本鲜活的产品手册。"省旅游协会秘书长王健生说，大赛不仅改变了海南的旅游产品结构和旅游方式，而且改变了广大旅游从业者的传统观念和做法，最终将带来海南旅游业新的形象、新的产品、新的玩法、新的市场以及新的效益。

资料来源：杨春虹，吴婷婷.海南大学生设计别样海南游，业界评委频频点"赞"[N].海南日报，2014-07-09（15）.

请大家根据以上资讯，思考以下问题：

（1）面对日新月异的旅游需求，计调员应该如何设计旅游线路？

（2）如何使旅游线路更好地对接市场？

微课 3-2
旅游线路设计

一、旅游线路的概念

旅游线路是旅游产品的重要组成部分，是为了使旅游者能够在最短的时间内获得最佳的观赏效果，由旅游经营部门利用交通线串联若干旅游点或旅游城市（镇）所形成的具有一定特色的合理走向。

旅游线路设计是一项技术性与经验性非常强的工作，其对区域旅游资源整合与开发、旅游目的地宣传、旅游企业发展、旅游者参与等都具有重要意义。随着生活节奏的不断加快，多数旅游者希望在舒适度不受影响或体力许可的前提下，花较少的费用和较短的时间尽可能游览更多的风景名胜，要实现这一目标，意味着旅行社计调必须不断提高旅游线路设计的精确度与适应度，同时不断寻求好的旅游线路设计方法。

二、旅游线路的特点

（一）旅游资源导向性

旅游资源（景区、景点）是旅游线路的核心要素，旅游线路中选取的旅游资源（景区、景点）的魅力如何，直接影响着旅游线路的市场价值。

（二）生命周期差别性

旅游线路和所有产品一样，也存在生命周期现象，即从新的旅游线路开发、销售并走向成熟，经过一段稳定发展的时期然后走向衰落。有些旅游线路的生命周期很长，有些旅游线路的生命周期则昙花一现。

（三）线路构成复杂性

旅游活动的社会性和旅游需求的综合性决定了旅游线路构成的复杂性。旅游线路包含了旅游者在旅游活动中食、行、住、游、购、娱等方面的需求及旅游服务等，是一种综合性产品，其中既包括物质的、精神的内容，也包括劳动产品和非劳动产品。旅游线路构成的复杂性决定了提供旅游线路产品的行业和部门的复杂性，有直接向旅游者提供产品和服务的交通部门、餐饮部门、住宿部门、娱乐部门、旅游景区或景点、旅行社及海关、银行等，也有间接向旅游者提供产品和服务的其他行业和部门。

（四）旅游活动时间性

旅游者的闲暇时间决定了旅游者出游的可能性。旅游者的闲暇时间因年龄、职业的不同而存在差异，如老师和学生的闲暇时间集中在寒暑假，公务员的闲暇时间集中在春节、国庆节等。

（五）旅游服务附加性

旅游线路产品包括食、住、行、游、购、娱和导游服务等，其中，导游服务项目是旅行社专有的。然而在具体操作过程中，导游服务的价值在很大程度上被淡化了。按照国内旅行社行业的惯例，豪华团的导游服务费是每人每天16元，标准团的导游服务费是每人每天12元，经济团的导游服务费是每人每天8元（见表3-4）。此外，根据旅游线路的不同情况，旅行社还会附加其他服务，如赠送旅行包、接送站等。

表3-4　　　　　　　　　不同旅游团的导游服务费（参考）　　　　　　　单位：元/（人·天）

团体标准	服务费
豪华团	16
标准团	12
经济团	8

（六）线路经营专业性

随着旅游市场竞争的加剧，旅行社在经营过程中逐渐表现出极强的专业性。例如，有些旅行社专营省内某条一日游或二日游短线产品；有些旅行社则长期专营某一条长线旅游产品；还有些旅行社成为某个景点的专业代理等。在旅游线路产品的开发上，也表现出了极强的专业性，如老年人专项游产品、婚庆旅游产品、豪华游轮旅游产品、中小学生夏令营产品等。

三、旅游线路的类型

根据不同的分类标准，我们可以将旅游线路划分为多种不同的类型。按旅行社组织方式的不同，可分为包价旅游线路、拼合选择式旅游线路、跳跃式旅游线路等；按旅游线路性质的不同，可分为普通观光旅游线路和专题旅游线路；按旅游线路空间跨度的不同，可分为国际旅游线路、国内旅游线路、省内旅游线路等。

（一）包价旅游线路

包价旅游是指旅游者从出发开始，直至重新回到出发地点的整个过程都由旅行社设计完成，即旅游线路上的食、住、行、游、购、娱等各项活动的内容、日程、价格均由旅行社安排计划好，并通过一定渠道销售给旅游者。根据市场需求的不同，包价旅游可分为团体包价旅游和散客包价旅游。

团体包价旅游是指10人以上的旅游者组成旅游团，采取一次性预付旅游款项的方式，将各种相关旅游服务全部委托一家旅行社来办理。团体包价旅游可以采用全包价，也可以采用部分包价。团体包价旅游的约束多，集体活动时间多，但价格优惠，对旅游者来说有安全感。散客包价旅游也可以采用全包价或部分包价，但不享受团体优惠，旅游过程中的约束少。

（二）拼合选择式旅游线路

拼合选择式旅游线路是指旅行社将整个旅程设计为几种分段组合线路，旅游者可以自己选择拼合，并且在旅程中可以改变原有分段选择。从本质上说，拼合选择式旅游线路与包价旅游线路的设计原理和技术基本上是一样的。

（三）跳跃式旅游线路

跳跃式旅游线路是指旅行社根据旅游者的具体要求提供整个旅程中几小段或几大段线路服务，其余线路皆由旅游者自己设计。旅行社提供的单项服务主要有：导游服务、接送服务、订房服务、订票服务、订车服务、订参观游览门票服务、代办签证服务、代办旅游全员保险服务、提取及托运行李服务、全程陪同服务、代客回电服务等。相对于包价旅游线路、拼合选择式旅游线路来说，跳跃式旅游线路的设计相对简单。一般来说，散客需要的旅游线路零散、复杂，人均利润额较低，但随着这一市场规模的不断扩大，其带给旅行社的利润总额也会增加。当然，在多数情况下，旅行社必须充当信息中心的角色，因此在游客咨询旅游信息的过程中，旅行社应重视扩大宣传，吸引甚至留住游客。

（四）专题旅游线路

专题旅游线路是一种以某一主题内容为基本思路，串联各点而组成的旅游线路。由于全线的旅游景点或活动具有共同的主题，因此专题旅游线路具有较强的文化性、知识性和趣味性。例如，1992年"中国友好观光年"，我国曾推出14条专项旅游路线：长城之旅、黄河之旅、长江三峡之游、奇山异水游、丝绸之路游、西南少数民族风情游、冰雪风光游、寻根朝敬之旅、青少年修学旅行、新婚蜜月旅行、保健旅游、烹饪王国游、江南水乡游、佛教四大名山朝圣游等，共涉及294处旅游景点。

知识链接3-5　　　　　　　　　　　　研学旅行

近年来，研学旅行在我国发展得十分迅速，对于中小学生教育实践来说，具有十分重要的意义。中国自古就有"读万卷书，行万里路"的说法。随着国家的大力推动，研学旅行已走进我们的生活。

微课 3-3

研学旅行

2016年12月19日，国家发布《教育部等11部门关于推进中小学生研学旅行的意见》，意见中明确指出："中小学生研学旅行是由教育部门和学校有计划地组织安排，通过集体旅行、集中食宿方式开展的研究性学习和旅行体验相结合的校外教育活动，是学校教育和校外教育衔接的创新形式，是教育教学的重要内容，是综合实践育人的有效途径。"

因此，研学旅行必须是以旅行为平台和载体，引导学生在集体出行、集中食宿的旅行中完成各项教学内容，以达到提升能力和素质的目标。研学旅行重点强调教育性、安全性、实践性、延续性。参照国家《研学旅行服务规范》（LB/T 054—2016），我们可按资源类型，将研学旅行产品划分为五类：一是自然观赏型产品；二是知识科普型产品；三是励志拓展型产品；四是体验考察型产品；五是文化康乐型产品。

依据研学实践基地评审条件，参评基地一般应属于以下主题板块之一的优质资源单位：

（1）中华优秀传统文化板块。包括文物保护单位、博物馆、非遗场所、优秀传统文化教育基地、南粤古驿道等单位，引导学生传承中华优秀传统文化核心思想理念、中华传统美德、中华人文精神，坚定文化自觉和文化自信。

（2）革命传统教育板块。包括爱国主义基地、革命历史类纪念设施遗址等单位，引导学生了解革命历史，增长革命斗争知识，学习革命斗争精神，培育新时代精神。

（3）国情教育板块。包括体验基本国情和改革开放成就的美丽乡村、特色小镇、大型知名企业、大型公共设施、重大工程等单位，引导学生学习了解基本国情及中国特色社会主义建设成就，激发爱党爱国之情。

（4）国防科工板块。包括国防教育基地、科技馆、科普教育基地、科技创新基地、高等学校、科研院所等单位，引导学生学习科学知识、培养科学兴趣、掌握科学方法，树立国家安全观，增强科学精神和国防意识。

（5）自然生态板块。包括自然景区、植物园、动物园、世界自然遗产地、世界文化遗产地、示范性农业基地、生态保护区、野生动物保护基地等单位，引导学生感受祖国大好河山，树立爱护自然、保护生态的意识。

（6）劳动教育板块。包括工农业生产体验、商业、相关职业体验、服务性劳动等，培养学生树立正确劳动价值观和养成良好劳动品质。

研学旅行产品的打造应该做好如下方面：

一是有针对性地设计研学旅行产品；二是成立研学团队，培育专业师资；三是遵守国家及地方规范行业标准，让产品有章可循；四是研学旅行组织流程要严密，责任划分要清晰。

总而言之，研学课程的魅力在于走出校门，把社会当作课堂，把万物作为书本。因此，祖国的一草一木、家乡的一砖一瓦都是丰富的研学课程资源，承载着家国情怀、文化根本。研学旅行尤其应该注重教育性与知识性、层次性与梯度性，可以按各研学服务单位的课程特色、导师团队与研学资源等，围绕各类研学主题，开发个性化中学研学旅行课程体系，并按照不同学龄段进行研学层次递增。

思政探索3-2　　　　　　　　　　研学游，更要"研学优"

　　每年暑假，研学游都会迎来旺季。背上行囊，结伴走出去看看，已经成为许多孩子的假期标配，博物馆、科技馆、美术馆都是备受欢迎的目的地。不过最近，上海一家博物馆的声明引发了关注。声明表示，大量企业在馆内举办有偿研学游等活动，许多活动团体在馆期间不遵守博物馆的参观规范和公共场所文明规范，极大影响了展厅秩序和文物安全。

　　博物馆是公益性文化场馆，肩负教育科普的职能。近年来，从更加智慧、精美的策展，到举办科普讲座、提升互动体验，博物馆不断升级服务举措，旨在让历史文化触手可及，走向更广阔的人群。走进博物馆享受这些免费服务无可非议，但一些机构却将其包装成研学游的噱头，在各平台上进行有偿销售，甚至冒用博物馆的名义误导参与者，客观上挤占了有限的公共资源。

　　另外，对动辄几十人的研学团而言，组织管理好孩子，培养他们的参观礼仪，也是非常重要的教育环节。然而，不少研学团不遵守参观秩序，有的团队"讲师"嗓门很高，形成不良示范；有的还放任孩子们喧哗吵闹，甚至堵塞安全通道。这不但影响了其他观众的参观体验，甚至有可能造成安全隐患。

　　更让人担忧的是，一些研学游传递的知识不严谨、不准确、不科学。以博物馆为例，每个展陈侧重不同主题，每件文物都是沉淀的知识。可有的研学游设计随心所欲，讲解同样毫无章法，有时还会因为自身储备不足，或者追求好玩有趣，出现误解乃至曲解的情况。家长花费高价，孩子求知若渴，换来的却是错误的知识。如此研学游不仅误人子弟，还造成了公共文化资源的浪费。

　　实践是最好的老师，到大千世界、草木深处研学游，探访印于书本、讲于课堂之外的鲜活故事，大大丰富了学生们的生活经验。近年来，因叠加了研究性学习和实践性体验，研学游日渐升温，市场蛋糕越做越大，衍生出户外跋涉、乡村农耕、传统文化等多样的主题与形式。然而，火热背后，问题也不少：组织者、承办方五花八门，一些机构并不具备资质；原来的旅游项目改头换面成为研学游项目，价格却翻了数倍；游中研学变成多游少学、只游不学、走马观花的"打卡"式参观……无论哪种，都背离了最初的用意，让研学游变得低效甚至无效。

　　其实，研学游的关键，在于平衡游和学。这离不开优质内容的开发，社会资源的支持，更需要专业人士的把关。为了促进研学游的规范发展，许多地区陆续出台相关文件，同时推出精心设计的研学路线，以满足不同的需求。随着各地研学游基地、公共场馆设施与服务的不断升级完善，家门口的红色景点、非遗工坊，不远处的田间地头、绿水青山都是很有价值的"第二课堂"，能够让孩子获益匪浅。规范使用，好好利用，研学游才能"研学优"。

　　资料来源：管璇悦.研学游，更要"研学优"（人民时评）［N］.人民日报，2020-08-21（5）.

　　研讨训练：

　　（1）以小组为单位组织设计研学旅行手册。

（2）根据研学课程的主题和目标，同时结合学生学情分析，以所在地级市为单位，对研学课程的各种资源、场景进行信息搜集和整理。为了方便资源搜集，可以根据资源的某种属性将之分类，然后再逐一搜集。分类的方式多种多样，可视实际工作需求而定。

例如，通常可按照资源自身的属性，分为：

①名胜古迹类。范围广泛，容易搜集，是最主要的研学课程资源。

②博物馆类。包括科技馆、展览馆、美术馆等。

③工厂企业类。包括各种企事业单位、工作室、农场等。

④科研院所类。包括科研场所、大专院校等。

⑤自然生态类。包括山地、江、湖、海、草原、沙漠等自然资源。

⑥基地营地类。包括国防教育基地、素质拓展基地、综合营地等。

（3）每个小组围绕"寓教于游""寓学于游"，分析研学旅行线路设计时应考虑的因素，任选一种产品类型（自然观赏型产品；知识科普型产品；励志拓展型产品；体验考察型产品；文化康乐型产品），基于搜索到的研学旅行资源特色，按"导学、研学、展学、评学"四个模块，制作一本丰富的主题研学手册。

（4）分组汇报研学手册，从小组互评与教师评价两个方面进行评分，见表3-5。

表3-5　　　　　　　　　"研学旅行手册设计"训练项目评价表

项目主题（分值）	评价指标（分值）	标　准	小组互评（20%）	教师评价（80%）	综合得分（100%）
研学旅行手册设计（100分）	设计质量（40分）	小组设计过程组织得当，全员参与，策划手段、知识、方法、资讯运用正确			
	汇报阐述（60分）	围绕"寓教于游""寓学于游"，按"导学、研学、展学、评学"四个模块展示主题研学手册			

（5）教师与学生依据综合得分情况，确定最优陈述小组。

四、旅游线路设计的主要内容

旅游线路设计的主要内容包括以下方面：

1.旅游时间

这包括总的旅游时间以及整个旅游过程中的时间安排。

2.旅游目的地

这包括主要旅游资源的类型、级别，主要游览景区、景点的特色等。旅游目地决定了旅游活动的主要内容。

3.旅游交通

这是指旅游过程中的交通方式，即从旅游客源地到旅游目的地的交通方式、旅游目的地内部的交通方式、某些特种交通方式的使用等。

4.旅游食宿

这包括酒店或宾馆的等级和客房的标准、旅游餐饮的种类和标准等。

5.旅游活动安排

这是旅游线路设计的重点内容，其直接影响到旅游线路对旅游者的吸引力。

6.旅游服务

这主要以接待服务和导游服务为主，旅游服务的好坏会直接影响旅游线路的质量和旅游活动的效果。

7.价格

价格是一项非常敏感的内容。目前，大多数旅行社推出的旅游线路只有一个笼统的总报价，如果有比较详细的分项报价，可能会更受旅游者的欢迎。

五、旅游线路设计的原则

（一）资源导向原则

设计旅游线路必须遵循资源导向原则，充分把握和发挥旅游资源的特色，把不同类型、不同级别、不同特色的旅游资源合理、有效地整合在旅游线路中。

（二）以人为本原则

旅游者是旅游活动的主体，是旅行社服务的主要对象和开拓经营的基本出发点，在旅游活动中占有重要地位。因此，在进行旅游线路设计时，旅行社计调必须清楚旅游者的意愿，坚持以人为本的原则。

（三）市场细分原则

在旅游研究中，人们通常用"旅游市场"一词指旅游产品的经常购买者和潜在购买者，即旅游需求市场或旅游客源市场。世界旅游组织将全球分为六大市场，即欧洲市场、美洲市场、东亚及太平洋市场、南亚市场、非洲市场和中东市场。旅游线路设计的关键就是适应市场需求。

（四）供给全面原则

旅游是一项综合性极强的活动，旅游者在旅游活动中需要得到食、住、行、游、购、娱等各方面的服务。因此，计调在设计旅游线路时，必须坚持供给全面原则，这样才能保证旅游者有最佳的旅游体验。

（五）时效优先原则

旅游活动的效果或旅游者的旅游体验受自然景观的影响十分明显，如何使旅游者的旅游活动与旅游地优美的自然景观完美结合，体现时效优先原则，也是计调需要考虑的问题。体现时效优先原则具体表现在：在不同的季节推出不同的旅游线路；紧扣社会热点，推出适应性旅游线路。

微课3-4

基于知觉的
旅游线路
交通设计

（六）安全第一原则

在旅游活动中，保障安全是旅游者最基本的要求。在安全没有保障的情况下，再精彩的游览活动也不能激发旅游者的兴趣。只有那些能够保障旅游者人身、财产安全的旅游线路，才能让旅游者放心购买、放心游玩，才是有市场活力的旅游线路。尽管计调在设计旅游线路时遵循安全第一原则，但在实际的旅游活动中，旅游者和旅游经营者都有可能面临各种风险。为了规避风险、降低损失，旅行社可以办理专项旅游保险。

六、旅游线路设计的步骤

旅游线路设计成功与否，主要反映在两个方面：一是时间安排是否合理；二是价格是否合理。旅游线路设计的步骤如下：

第一，通过市场调查和预测，确定目标市场。这在总体上决定了旅游线路的性质和等级。

第二，确定景点。景点是构成旅游线路的基本空间单位，每一个景点都应是一个有特色的旅游目的地。

第三，选择和配置相关的旅游基础设施和专用设施，并采用一定的交通方式把各景点合理串联起来。

第四，根据旅游者或旅游中间商的要求对旅游线路进行相应调整，把旅行社想销售的旅游线路变成旅游者想购买的旅游线路。

表3-6为某旅行社推出的香港至华东旅游线路。

表3-6　　　　　　　　　　　　香港至华东旅游线路

天数	行程	交通	住宿
1	香港—上海	MU510	静安希尔顿酒店
2	上海—无锡	下午火车	无锡大饭店
3	无锡—苏州	中午火车	苏州南林饭店
4	苏州—杭州	上午火车	杭州香格里拉饭店
5	杭州—香港	MU595	

从表3-6中可以看出，这条旅游线路的优点是直航飞机往返香港，十分方便。其不足之处主要表现在：

第一，时间安排问题。香港—上海的飞机晚上才能抵达，杭州—香港的飞机13:35起飞，实际上第一天和第五天不能用于观光，时间都浪费在了机场候机上；同时，上海—无锡—苏州—杭州之间不仅交通方式单一，而且每地的游览都很匆忙。

第二，价格问题。香港—上海及杭州—香港的直航飞机价格昂贵，在总团费中占比很大，导致旅游线路直观价格过高。

由于时间安排不合理，价格又过高，因此游客对旅游线路的反响平平。后来旅行社经过调整，重新设计了旅游线路，见表3-7。

表3-7   重新设计的旅游线路

天数	行程	交通	住宿
1	香港—广州—杭州	早班直通车转飞机,中午抵达	杭州香格里拉饭店
2	杭州—无锡	下午火车	无锡大饭店
3	无锡—苏州	下午汽车	苏州南林饭店
4	苏州—上海	下午火车	静安希尔顿酒店
5	上海—广州	晚上飞机	中国大酒店
6	广州—香港	下午直通车	

重新设计的旅游线路与之前相比有如下优点：

第一，第一天13：00左右抵达杭州，第六天18：00离开广州，总观光时间延长，旅游者在各地的停留时间较充裕。

第二，香港—广州—杭州及上海—广州—香港的交通费用，只占香港—上海及杭州—香港交通费用的60%。

第三，增加了广州站，丰富了行程内容。

经过重新设计的旅游线路更容易被旅游者所接受。

任何一条旅游线路的设计都是以时间为支点的，随着时间的推移，旅游线路依托的条件必然会发生变化，并且日渐不能适应新的市场需求。因此，旅游线路必须不断推陈出新，才能满足旅游者的需求。

七、旅游线路设计创意

（一）旅游线路设计创意的来源

旅游线路设计创意的来源主要包括：

1.旅行社内部

一般来说，旅游线路设计创意主要来自旅行社内部。旅行社可以通过研究与开发来挖掘新的创意。旅行社的营销人员也是创意的来源，因为他们每天都与旅游者接触，能从旅游者那里得到有效的反馈信息。

2.旅游者

旅行社通过对旅游者进行调查，可以了解旅游者的需要和欲望；通过分析旅游者提出的问题和投诉的内容，不仅能够有效解决旅游者的问题，还可以发现新的旅游线路。

3.竞争者

旅行社可以购买竞争对手的旅游线路，了解竞争对手旅游线路的设计过程和销售状况，决定是否开发新的旅游线路；也可以通过观察竞争对手的广告，来获得新的旅游线路的创意。

4.合作者

旅行社的合作者众多，并且分布地区广，这些合作者能够提供各方面的最新信息，因此也是旅游线路设计创意的来源。

5.其他

其他创意来源包括自媒体平台、行业杂志、展览和研讨会、政府机构、咨询机构、广告代理机构、营销调研机构、大学等。

（二）旅游线路设计创意的筛选

创意筛选的目的是尽可能快地抓住好的创意，摒弃老旧的想法。如果不对创意进行筛选，在以后几个阶段，旅游线路设计的成本就会大幅度增加。因此，旅行社应对创意设计进行筛选，保留可以盈利创收的线路。

1.分析外部环境，寻找有市场机会的旅游线路

外部环境分析主要包括市场机会分析、环境限制因素分析和旅游企业自身能力分析。

2.审视旅游线路产品线的兼容性

所谓旅游线路产品线，是指密切相关的、满足同一类需求的一组旅游线路产品。旅游线路产品线的兼容性包括产品线的宽度、深度和关联度。

3.确定旅游线路设计创意

在上述两个步骤的基础上，分析旅行社自身的能力，最终确定旅游线路设计创意。

（三）旅游线路设计创意的内容

1.颜色创意

颜色创意如蓝色旅游、红色旅游、白色旅游等。

例如，烟台旅游线路的设计思路为：蓝色（海洋）+紫色（葡萄酒）+黄色（黄金）。

2.特色交通工具创意

特色交通工具如自行车、游轮、热气球、滑翔伞、人力车（北京胡同游）、沙漠骆驼、狗拉雪橇、羊皮筏、海洋快艇等。

3.节日主题创意

节日主题创意可以从以下几个方面考虑：

中国传统节日：春节、元宵节、清明节、端午节、中秋节、重阳节等。

少数民族节日：蒙古族的那达慕大会、彝族火把节、傣族泼水节、苗族芦笙节、藏族雪顿节等。

西方节日：圣诞节、情人节等。

各地主题节庆活动：孔子文化节、潍坊风筝节、青岛啤酒节等。

4.参与主体创意

旅游社可根据参与主体的不同，设计亲子之旅、学生夏令营、毕业之旅、同学

欢聚之旅、蜜月旅游、夕阳红（银发之旅）、金婚之旅、科普之旅、女性之旅、商业之旅等特色旅游线路。

5.休闲主题创意

休闲主题创意如赏花（清明节赏花之旅）、采摘、种田、垂钓、狩猎、撒网捕鱼等创意游。

（四）旅游线路设计创意实例

1.成都特色线路举例

（1）天台山、文君故里、平乐古镇二日游。

特色餐饮：平乐碗碗羊肉、奶汤面、钵钵鸡等。

相关活动：成都天台山高山玩水美食节（6月）。

（2）九龙沟、凤栖山、文锦江温泉休闲二日游。

特色餐饮：龙门贡茶、怀远三绝（冻糕、叶儿粑、豆腐帘子）、元通油花。

（3）青城外山、龙池休闲一日游。

特色餐饮：野菜、青城山老腊肉。

相关活动：龙池冰雪节（12月至次年3月）、冬季羊肉美食节。

（4）"都市农家，古蜀文化"休闲一日游。

游览线路：

线路一：成都—古城镇—三道堰—望丛祠—农科村；

线路二：成都—唐昌镇—农科村—望丛祠—三道堰（古城）。

特色餐饮：龙凤汤、蒋排骨、魔方豆花等。

（5）新津河鲜美食休闲一日游。

游览线路：

线路一：成都—新津纯阳观—观音寺—老君山；

线路二：成都—新津纯阳观—南河风光带。

相关活动：新津河鲜美食节（10—12月）。

2.安徽特色旅游线路举例

（1）安庆：黄梅戏之乡山水情。

旅游线路：游览天柱山、浮山、花亭湖、白崖寨、司空山、妙道山、石树、大龙山。

新年登高健身，览山色湖光，喜看菱湖游园会、宿松乡村灯庙会，感受黄梅之乡山水诗情。

（2）六安：湖光山色春意浓。

旅游线路：游览天堂寨景区、万佛湖景区。

一览绿色山乡新春风情，喜看万佛湖光山色春意盎然，走进大自然，放松身心迎新春。

（3）滁州：山水人文魅力显。

旅游线路：春游琅琊山，登临千古醉翁亭；游神仙创造的奇迹——全椒神山国家森林公园，参观吴敬梓纪念馆；到历史名城凤阳游明皇陵、明中都鼓楼、韭山洞、狼巷迷谷、小岗村纪念馆。

感受朱元璋故里山水人文之魅力，体验凤阳花鼓闹新春的欢乐气氛。

3.华东特色旅游线路举例

（1）四明风光览胜。

潘天寿故居/前童古镇/野鹤湫/浙东大峡谷/宁海温泉；松兰山海滨/花岙石林/兵营遗址/红岩长廊/皇城沙滩/石浦老街/宁波市区（三江口览胜、天一广场购物、城隍庙风味小吃）。

（2）新江南秀丽山水游（浙东线）。

宁波（天一阁、月湖）/奉化溪口（蒋氏故居、雪窦山）/天台（石梁飞瀑、国清寺）/新昌大佛寺/绍兴柯岩/桐乡乌镇/嘉善西塘/杭州市区。

（3）游佛教名山、访名人故里、走水乡古镇。

宁波接团，入住/普陀（西天景区、普济寺、紫竹林、南海观音大佛），返宁波/绍兴（鲁迅故居、兰亭），返宁波/奉化溪口（蒋氏故居、妙高台、千丈岩、三隐潭、徐凫岩）/天童寺、阿育王寺、天一阁、月湖、宁波市区（三江口览胜、天一广场购物、城隍庙风味小吃）。

（4）钱湖度假休闲。

福泉山景区（望湖亭、福泉龙潭、凤凰湖、五台观日、烧烤）/南宋石刻公园（石刻群）/启新绿色世界高尔夫俱乐部（健身、度假、商务、会议等）/湖心景区（霞屿寺、补陀洞天、湖心堤、素宴）/陶公岛景区（陶公祠、春秋宫、财神殿、游泳、烧烤）/岳王庙景区/沙孟海书学院/宁波雅戈尔动物园（动物表演、游乐项目）。

八、旅游行程单编写要点

旅游行程单是旅行社发给旅游者的、用于介绍旅游活动及日程安排、明示旅游过程中各项服务标准的书面材料。《旅游法》第五十九条规定："旅行社应当在旅游行程开始前向旅游者提供旅游行程单。旅游行程单是包价旅游合同的组成部分。"这说明旅游行程单是旅行社对旅游者的一份承诺，旅行社如果没有兑现承诺，则会承担相应的法律责任。因此，旅行社计调必须重视旅游行程单的编写。

行程单应该包括以下内容：线路名称、行程安排、服务标准、旅游目的地简介、友情提示（注意事项）。线路名称用于说明要游览的主要目的地名称及日程，尽量不要太长，应简单、易记，一般应控制在12个字以内。行程安排用于说明每日的具体旅游项目，一般要求简洁、明了，不要将景点介绍放在行程安排中。服务标准是对旅游服务质量好坏的界定，必须准确，符合国家或行业的相关标准。旅游目的地简介要求简单、特色突出。友情提示（注意事项）应尽量使用柔性语言。

旅游行程单的编写除了以上要点外，还要注意不要出现错别字、生僻字，不要出现语句不通顺的现象。

旅行社在行程单编好之后，必须严格履行行程安排的各项规定，不得擅自变更旅游行程。

课堂活动3-5

1.旅游线路的设计包括哪些原则？

2.按旅行社组织方式的不同，旅游线路可以分为_____、_____、_____、_____等。

3.拜访所在城市几家旅行社的计调部，了解一下他们是如何设计出符合大众需求且有创意的旅游线路的，并尝试重新设计一条旅游线路，要求有自己的想法和创意。

任务3　旅游产品定价

◎ **互动导入**

2021年旅行社云南旅游产品参考成本消费提示发布

2021年7月1日，云南省旅游业协会、省旅行社协会发布"2021年旅行社云南旅游产品参考成本消费提示"。该提示通过明确16人以上旅游团队的房、餐、车等分项参考成本以及一日游、多日游产品的参考成本构成，不仅对旅行社的宣传、销售进行指导，有效预防"不合理低价游"产品，也为游客选择云南跟团游产品提供参考。

此次发布的参考成本消费提示将从7月1日执行至12月31日。其中，旅游旺季时间为7月10日至8月20日、国庆黄金周。消费提示包括旅行社云南旅游产品参考成本构成、16人以上旅游团队一日游产品参考成本构成和16人以上旅游团队多地游产品参考成本构成3个部分。

其中，旅行社云南旅游产品参考成本明确了16人以上旅游团队的房、餐、车等分项参考成本。在房费方面，一/二星级、三星级、四星级饭店标准间的房费分别为平季价每人每天40元、60元和120元，旺季价每人每天60元、80元和150元；五星级饭店标准间房费则参照各州市五星级酒店价格执行。在车费方面，以32座旅游大巴为基准的用车费参考成本，根据团队人数情况，平季价为每人每天40元到50元，旺季价为每人每天55元到65元。团餐餐费参考成本为每人每餐25元，导游服务费、管理费等综合费用参考成本为每人每天30元。

16人以上旅游团队一日游产品参考成本构成部分，公布了昆明、大理等州市的一日游及多日游产品参考成本。在2项昆明一日游产品中，石林一日游为平季价260元/人起、旺季价275元/人起，成本包含石林风景名胜区门票130元、餐费25元（2餐）、车费平季50元/旺季65元、综合服务费30元；九乡一日游为平季价190元/人起、旺季价205元/人起，成本包含九乡风景区门票60元、餐费25元（2餐）、车费平季50元/旺季65元、综合服务费30元。

　　16 人以上旅游团队多地游产品参考成本构成部分，则公布了"昆明、西双版纳 5 晚 6 日游""昆明、普洱、西双版纳 5 晚 6 日游""昆明、大理、腾冲 5 晚 6 日游"等省内游线路产品的参考成本。

　　资料来源：李思凡.石林一日游平季价每人至少 260 元［N］.昆明日报，2021-07-02（A09）.

　　请大家根据以上资讯，思考以下问题：

　　（1）如何看待云南省旅游业协会、省旅行社协会发布"2021 年旅行社云南旅游产品参考成本消费提示"？

　　（2）在设计旅游线路时需要考虑哪些成本因素？

一、旅游产品价格的组成要素

微课 3-5

　　旅游企业在向旅游者提供旅游产品时，必然会得到相应的价值补偿，这就是旅游产品价格。从旅游企业的角度看，旅游产品价格又体现为向旅游者提供各种服务的收费标准。

旅游产品
定价

　　旅游产品价格是旅游者为满足旅游活动的需求，购买单位旅游产品应支付的货币量，它是对旅游产品价值、旅游市场的供求关系、货币币值三者的综合反映。

　　旅游产品价格的组成要素主要包括餐费、房费、交通费、景点及娱乐节目的门票费用、地接综费等，报价可按成人、儿童、婴儿分类报价，计调应根据出境、组团、地接等业务类型分别制作计调报价表（见表 3-8），对相关事项进行详细报价，并说明特殊价格情况。

表 3-8　　　　　　　　　　　　　计调报价表

询价单号：　　　销售人员：　　　　　报价日期及时间：　年　月　日　时

分类报价情况	成人单价		儿童单价		婴儿单价		建议报价	
报价成本	地接综费		门票		全陪		护照	
	机票		酒店		接送车		港澳通行证	
	火车票		用餐		出团物品		台湾通行证	
	高铁票		用车		中途餐		小费	
	船票		地陪		减免/佣金		照相费用	
特别说明								

计调员：

备注：适用于旅行社计调内部计价使用。

（一）餐费

餐费是指旅行社为消费者提供的早餐及正餐（中、晚餐）费用。许多酒店为住宿的客人提供免费的早餐，因此旅行社报价时含的餐费多指正餐的费用。餐费的标准可由客户自行选择。餐费均不含酒水费，如果客户有这方面的要求，费用需要自理。

（二）房费

房费一般是指双人标准间的费用。酒店给旅行社的房价分为散客价和团体价，团体价和散客价相差很大。此外，旺季价和淡季价也有很大差异。计调必须充分了解每个城市及地区酒店的淡季、平季、旺季月份的划分，否则会导致定价不真实。定价偏高会失去竞争力，定价偏低会造成旅行社亏损。

（三）交通费

交通费包括城市间及市内交通费用，包括乘坐火车、飞机、轮船、游船、长途巴士等费用。由于使用的交通工具不同、座位等级不同、出行人数不同，因此交通费可能存在较大差异。

（四）景点及娱乐节目的门票费用

景点及娱乐节目的门票费用是指旅游行程中游览景点及观看大型演出等费用。

（五）导游服务费

导游服务费即旅游合同载明的导游人员服务费用。

（六）其他旅游费用

其他旅游费用包括护照及签证费用（含照相费用等）、保险费、矿泉水费、行李托运费、袋帽费等。

微课 3-6

认知旅游
产品

二、旅游产品定价的影响因素

（一）旅游产品成本

旅游产品成本是旅游产品价格的主要组成部分。旅游企业在确定旅游产品的价格时，要使总成本得到补偿，价格就不能低于平均成本。当旅游产品的售价大于成本时，旅游企业就可能盈利；反之，如果旅游企业的销售收入不能弥补其成本，则旅游企业将出现亏损。显然，旅游产品成本是旅游企业核算盈亏的临界点，是影响旅游产品价格最直接、最基本的因素。

（二）旅游产品供求关系

旅游产品供求关系是指在市场经济中，决定旅游产品的买方和卖方两种基本力量变化方向的基本关系。当旅游产品供求关系发生变化时，旅游产品价格也会发生变化。一般来说，在旅游旺季，旅游产品价格呈现上涨趋势；在旅游淡季，旅游产品价格呈现下降趋势。此外，旅游热线、旅游温冷线的旅游产品价格迥异，也是受供求关系的影响。

（三）旅游产品市场竞争状况

旅游产品市场竞争状况是指旅游产品竞争的激烈程度。旅游产品市场竞争越激烈，对旅游产品价格的影响就越大。在完全竞争市场上，旅游企业只能被动地接受市场竞争中形成的价格，没有定价的主动权；在垄断市场上，某种旅游产品是独家经营，因此其价格往往具有垄断性；在寡头垄断市场上，少数几家大型旅游企业控制与操纵旅游产品的生产与经营，它们之间相互制约，因此旅游产品价格是由寡头企业协商制定的。

（四）旅游需求价格弹性

所谓旅游需求价格弹性，是指旅游产品需求量对于价格变化做出反应的敏感程度。用公式表示为：

旅游需求价格弹性=旅游产品需求量变化百分比÷旅游产品价格变化百分比

当旅游需求价格弹性大于1时，表明旅游需求富有弹性；当旅游需求价格弹性小于1时，表明旅游需求弹性不足。不同类型旅游产品的市场需求量对价格变化反应的敏感程度不同。一般说来，旅游景点产品、旅游购物产品、旅游娱乐产品的需求弹性相对较高，而旅游餐饮产品、旅游住宿产品、旅游交通产品的需求弹性相对较低。

（五）旅游企业营销目标

旅游企业营销目标与旅游产品价格紧密相关。旅游企业营销目标主要有利润导向目标、销售导向目标、竞争导向目标、社会责任导向目标四种类型。在实际操作中，旅游企业总是根据不断变化的市场需求和自身实力状况，调整自己的营销目标和产品价格。如果旅游企业追求短期收回投资成本，则往往制定较高的产品价格；如果旅游企业追求长期利润最大化，则往往制定其可以接受的最低价格，以排挤竞争对手，提高产品的市场占有率，争取在较长时期内有更好的发展。

（六）社会心理因素

社会心理因素是指人们对客观存在的社会现实的主观感受和心理反应。当人们的社会心理表现为外部消费活动时，便会促使其做出消费行为。这种行为也是旅游经济活动和旅游者行为的调节器，也会影响旅游产品价格的形成与变动。

（七）汇率变动

汇率是指一国货币与另一国货币的比率或比价。入境旅游可看作外国旅游者流入旅游目的地消费旅游产品的"出口贸易"，因此汇率变动对旅游产品价格具有显著影响。汇率变动对旅游产品价格的影响主要通过旅游产品的报价形式反映出来。若旅游目的地以本国货币对外报价，那么当本国货币的贬值幅度大于国际旅游价格的提升幅度时，用外币换算的旅游收入就会呈现下降趋势，这样对外国旅游者有利。

（八）通货膨胀

通货膨胀是指在流通领域中，货币的供应量超过货币的需求量，从而引起货币贬值、物价上涨等现象。旅游目的地的通货膨胀会导致旅游企业的生产与经营成本上涨，同时由于市场上单位货币的购买力下降，因此旅游企业必须提高旅游产品价格，并使价格提高的幅度大于通货膨胀率，才能保证减少亏损。通货膨胀会导致旅游产品价格大幅度上升，客观上会损害旅游者的利益，以及破坏旅游企业的形象。

（九）政府干预

为了维护市场秩序、规范市场行为，政府往往会通过行政或法律手段对旅游产品价格进行干预，如政府对娱乐业乱收费的整治等。

三、旅游产品定价的方法

旅游企业在制定旅游产品价格时，应充分考虑旅游产品成本、市场竞争以及旅游市场需求等因素，选择科学、合理的定价方法。一般来说，旅游产品定价的方法有成本导向定价法、需求导向定价法和竞争导向定价法等。

（一）成本导向定价法

成本导向定价法是指依据产品的成本决定其销售价格的方法，即在成本的基础上，加上旅游企业的预期利润，从而制定出合理的价格。需要注意的是，这里的成本并不是每个旅游企业耗费的个别成本，而是由本行业社会必要劳动耗费而形成的社会成本。在社会成本这个统一尺度面前，每个旅游企业的成本耗费不同，从而获得利润的多少不同。

1.成本加成定价法

成本加成定价法是指将产品成本加上一定比例的利润作为产品价格的方法。大多数企业是按成本利润率来确定所加利润的大小的。

2.目标收益定价法

目标收益定价法是指首先确定一个目标收益率，然后根据要消耗的总成本和目标利润确定产品价格的方法。

成本导向定价法反映了以产定销的经营思想，适用于卖方市场。

（二）需求导向定价法

需求导向定价法是指根据旅游者对旅游产品价值的认识和市场需求确定产品价格的方法。

1.理解价值定价法

理解价值定价法是指以旅游者对旅游产品价值的理解和认识程度为依据来制定价格的方法。采用理解价值定价法的关键是要对旅游者所理解的价值做出正确的判断。

2.需求差异定价法

需求差异定价法又称差别定价法，是指根据旅游者的不同需求，对同一旅游产品制定两种及以上价格的方法。

（三）竞争导向定价法

竞争导向定价法是指根据竞争对手的价格来制定产品价格的方法。

1.随行就市定价法

随行就市定价法是指以市场上同类产品一般通行的价格为依据制定价格的方法。这种定价方法能够保证企业获得较理想的收益率，是一种比较稳妥且风险较小的定价方法。

2.率先定价法

率先定价法是指旅游企业根据市场竞争环境，率先制定出适销对路、符合市场行情并为旅游者所接受的产品价格，以吸引顾客、争取主动权的定价方法。

3.追随市场领导者定价法

追随市场领导者定价法是指以行业中占有较大市场份额或影响最大的企业的价格为标准来制定价格的方法。

思政探索 3-3   面对疫情影响，欢乐谷"披荆斩棘"

微课 3-7

带你走进
主题公园

2021年11月6日，上千名粉丝齐聚天津欢乐谷，在英雄联盟全球总决赛乐园观赛夜的现场，共同见证了EDG战队夺冠的历史瞬间。天津欢乐谷联合英雄联盟，将欢乐文化与年轻激情的电竞文化融为一体，独特的主场观赛氛围让人欢呼雀跃。

2020年以来，新冠肺炎疫情几度反复，主题乐园经营遭遇前所未有的困境。伴随环球影城、迪士尼、默林娱乐等全球主题公园巨头加速在华布局，作为国内第一家连锁主题公园的欢乐谷，其市场经营备受关注。2021年，华侨城欢乐谷集团旗下遍布全国的九家欢乐谷深耕本地市场，通过打造创新性产品，开展持续不断的节庆市场营销，引爆欢乐谷游玩热潮，助力疫情防控常态化下主题乐园的复苏与振兴。

2021年上半年，全国九家欢乐谷整体接待游客771万人次，较2019年同期增长6%，营业收入较2019年同期增长29%，门票收入较2019年同期增长16%，"二消"收入较2019年同期增长30%。2021年国庆节假期，欢乐谷集团接待人数、营业收入较2019年同期增长7%和39%。疫情阴霾之下，作为主题公园民族品牌的代表，欢乐谷业绩可圈可点。

创新产品

1998年，作为国内第一个自主创新的主题公园连锁品牌，欢乐谷的诞生标志着主题公园实现了从静态景观欣赏型到参与体验型的转变。此后的23年间，欢乐谷连锁品牌的足迹遍及深圳、北京、成都、上海、武汉、天津、重庆、南京、西安九座城市。

当前，受局部地区疫情反弹的影响，国内中远程旅游需求尚未充分释放，短线旅游成为主流，本地游、城市周边游、近郊游等热度持续上升。欢乐谷通过城市周边的"繁华都市开心地"的市场定位获得了发展红利。在严格落实"限量、预约、错峰"原则，做好常态化疫情防控措施的前提下，欢乐谷集团发力新产品、新业态、新供给，不断丰富欢乐谷产品体系，打造"玩不完的欢乐谷，建不完的欢乐谷"。

2020年，深圳欢乐谷完成魔力飞梭、恐怖塔等新项目建设和蓝月山谷景观改造。作为欢乐谷品牌的"长子"，已经23周岁的深圳欢乐谷，对"变"的常态体验最为深刻。深圳欢乐谷副总经理、新闻发言人南光明介绍，23年来，深圳欢乐谷历经了6次升级蜕变，坚持"常看常新，常玩常新"的发展理念，不断在产品升级、节庆创新、服务提升、管理创效等方面突破创新、积淀经验，奠定了基业长青的坚实基础。

这种"变"的创想基因，已经渗透到全国多个欢乐谷的创新求变过程中。2021年国庆节期间，北京欢乐谷六期·天光夜谭引爆京城夜经济，推出"欢乐魔方"城市空间装置体验秀、"奇幻东方"万千星光幻影秀等光影大秀，经营业绩接连创下历史新高。重庆欢乐谷二期·超级飞侠训练营引爆亲子游市场，入园人数、营收、二消收入等多项指标创历史新高，全面超越2019年同期水平。天津欢乐谷三期·天空之城及时上线，太空梭、高空蹦极、XD动感影院、飞行塔等新项目加入欢乐谷畅玩行列。

制造节庆

对于欢乐谷而言，节庆是一个高频词，作为"繁华都市开心地"，打造节庆活动是欢乐谷又一制胜绝招。欢乐谷集团党委书记、总经理李珂晖介绍，2021年欢乐谷集团周密部署，重点策划了"电音狂欢季"特色活动，统筹九地欢乐谷联动，充分发挥欢乐谷的品牌价值，强势引领文旅IP，形成引爆文旅节庆时尚的"欢乐谷效应"。

抓住夏季文旅消费热潮，欢乐谷集团推出"电音狂欢季"特色节庆活动，携九地欢乐谷"满电"上阵，牢牢抓住夜经济的潮流趋势，充分发挥明星效应，向新一代年轻群体输出华侨城文化旅游价值。各地欢乐谷顶流明星大咖轮番加盟，持续霸榜抖音游玩人气榜，武汉欢乐谷#HOHA电音节#累计阅读量突破5.9亿次；天津欢乐谷#打卡玛雅海滩水公园#话题轻松登顶抖音热榜；与南京欢乐谷相关的微博话题#沙一汀南京蓝鲸音乐节#几度登顶同城热榜第一位，#2021蓝鲸音乐节#系列微博话题、抖音平台互动量达到百万。这些都折射出各地欢乐谷的超高人气。

2021年国庆假期，深圳欢乐谷"2021魔术节暨国潮艺术嘉年华"、北京欢乐谷"街头艺术节"国庆电音专场、上海欢乐谷"国际淘趣节"、南京欢乐谷"童趣嘉年华"……欢乐谷集团有效发挥欢乐谷品牌优势和连锁优势，用智慧和汗水掀起了一浪高过一浪的欢乐浪潮。

提升"二消"

"提升二消，补充门票经济"是近年谈及主题乐园获利时经常被讨论的话题。二次消费一般是指门票收入外，游客花在餐饮、住宿、购物上的费用。

2021年，"二消"也成了欢乐谷集团在突破疫情带来的经营低潮时，说得最多的词语。2021年8月，在华侨城集团年中工作会议上，集团总经理刘凤喜提出要把"收门票的购物中心"作为欢乐谷的统一定位，提升"二消"；加强产品创新，协同集团产品创新委员会推进产品标准化建设，丰富产品组合，实现整体效益最大化。

南光明介绍，2019年起深圳欢乐谷逐步调整"二消"布局，将餐饮与商品同步作为园内"二消"的重点板块，协同推进。2021年初，公司正式组建专业化餐饮经营团队，制定园区餐饮发展规划，按计划逐步回收合作餐饮店铺，持续扩大园区自营餐饮规模，强化"二消"创收能力。2021年以来，先后推出地道餐厅、金矿美食街、高比煲仔饭、香格里拉米线、阳光餐吧等多家主题特色餐厅，开发近百款特色餐品，满足不同客群需求。

提升"二消"不仅要关注游客，也要关注内在管理机制。为有效实行"二消"政策，从销售端口提升"二消"收入，深圳欢乐谷一直注重对内的激励机制管理，同时加大销售服务培训。

体验经济时代下，场景化营销逐渐被作为刺激消费活力的重要手段。武汉欢乐谷始终秉持"为游客提供超预期体验"的办园理念，在"二消"板块致力于做好选品、陈列、销售、动线、激励等支持"二消"水平提升的各环节要素。武汉欢乐谷紧跟时代潮流，大胆尝试，从静态的"二消"场所升级为动态的"场景"，并使之成为一种为游客提供美好游乐体验的重要方式，进而增加游客停留时间，促成消费。

北京欢乐谷优化末端处置，推动物流端与消费端有效衔接，30秒出餐、1分钟点餐、1分钟结账、15分钟调货，每一个触点都全员高度参与、讨论提升，共同构建流畅高效的全流程链条，为游客打造高品质购物体验，满足消费者乐游、乐购的游园需求。一站式服务让游客感受到了景区的贴心与暖心，赢得了游客的一致好评。

李珂晖认为，首先要"做穿吃透"本地市场，发挥各地欢乐谷本地优势，实现入园人数、"二消"占比"双提升"，精准谋划主题公园创意策划、规划设计、建设改造、运营管理四个阶段，快速优化激励政策，从经营架构、岗位编制、及时激励等层面找准"二消"提升"加速器"。同时，引入与孵化双轨并行，形成明确论证的IP孵化计划、统筹引入IP菜单选择，加速打造"欢乐IP聚集地"，多重手段、多维发力，在商品售卖、餐饮服务上提升"二消"，逐步形成"二消"体制标准化，全面打造"收门票的购物中心"。

资料来源：陈熠瑶.面对疫情影响 欢乐谷"披荆斩棘"[N].中国旅游报，2021-11-09（4）.

研讨训练：

（1）以小组为单位组织交流、研讨。

（2）每个小组推荐1名成员做主题发言，各组针对以上资讯，结合主题公园的发展历程、国内主题公司现状，围绕面对疫情影响，欢乐谷"披荆斩棘"，谈谈对景区守正创新、技术迭代等方面的看法。

（3）从小组互评与教师评价两个方面进行评分，见表3-9。

表3-9   "面对疫情影响，欢乐谷'披荆斩棘'"研讨训练项目评价表

项目主题（分值）	评价指标（分值）	标　准	小组互评（20%）	教师评价（80%）	综合得分（100%）
面对疫情影响，欢乐谷"披荆斩棘"（100分）	课堂研讨表现（40分）	小组研讨组织得当，全员参与，研讨知识、方法、资讯等运用正确			
	主题阐述（60分）	阐述的内容丰富，效果良好，观点新颖、独特，能针对景区守正创新、技术迭代等方面阐述认知			

（4）教师与学生依据综合得分情况，确定最优陈述小组。

知识链接3-6   主题公园旅游线路设计

1.背景知识

主题公园是根据某个特定的主题，采用现代科学技术和多层次活动设置方式，集诸多娱乐活动、休闲要素和服务接待设施于一体的现代旅游目的地。它是依据特定的主题创意，以文化复制、文化移植、文化陈列以及高新技术为手段，以虚拟环境塑造与园林环境为载体来迎合消费者的好奇心，以主题情节贯穿整个游乐项目的休闲娱乐活动空间。

2.客户及人数

广东某单位，共228人，包括205名成人、16名儿童和7名婴儿。

3.景点介绍及行程内容

（1）景点介绍。

长隆欢乐世界坐落在广州番禺区迎宾路，占地面积2 000多亩，游乐设施近70项，是长隆集团斥资20亿元人民币倾力打造的集乘骑游乐、特技剧场、巡游表演、生态休闲、特色餐饮、主题商店、综合服务于一体的具有国际先进技术和管理水平的超大型世界顶尖主题游乐园。

长隆欢乐世界由国际著名主题乐园设计机构Forrec公司负责总体规划，游乐设备均从欧洲原装进口，其设计与技术均保持国际领先水准，垂直过山车、十环过山车、摩托过山车、U形滑板、超级水战、特技表演、超级大摆锤、四维电影创造了八项亚洲及世界之最。

（2）行程内容。

广州长隆欢乐世界一日游，客户要求按人数安排空调旅游车，提供旅游帽及矿泉水、导游服务，购买门票及旅游意外保险。详细价格如下：

①车费价格：33座旅游车1 800元，45座旅游车2 000元，53座旅游车2 200元。

②门票：成人250元/人，身高1.0米至1.5米的儿童175元/人，身高1.0米（不含）以下儿童免票入园。

互动小游戏3-1

主题公园连连看

VR全景3-1

长隆欢乐世界

③导游服务费：300元/（人·天）。

④保险费：10元/（人·天）。

⑤旅游帽：3元/人。

⑥矿泉水：2元/人。

4.计价与报价

根据以上价格明细，计价过程如下：

（1）车费（包括两种方案）

①3台53座+1台45座+1台33座（共237座）。

（2 200元×3台+2 000元×1台+1 800元×1台）÷228人=45.61元/人

②3台53座+2台45座（共249座）。

（2 200元×3台+2 000元×2台）÷228人=46.49元/人

通过比对两种方案，在人均车费价格相近的情况下，明显第二种方案性价比更高，座位数更充足，给予游客的空间体验更为舒适，因此建议选择第二种方案进行计价。

（2）导游服务费

5名导游×300元/人÷228人=6.58元/人

（3）分类报价情况

①成人成本计价：

门票250元+车费46.49元+导游服务费6.58元+保险费10元+旅游帽3元+矿泉水2元=318.07元

②儿童成本计价：

门票175元+车费46.49元+导游服务费6.58元+保险费10元+旅游帽3元+矿泉水2元=243.07元

③婴儿成本计价：

车费46.49元+导游服务费6.58元+保险费10元+旅游帽3元+矿泉水2元=68.07元

（4）综合报价

综合评估旅行社的利润目标，建议对游客报价：成人338元/人，儿童268元/人，婴儿98元/人。

四、旅游产品定价的策略

（一）新产品定价策略

任何产品都有一定的生命周期，旅游企业应根据市场需求和旅游产品所处的生命周期，灵活制定价格。

1.撇脂定价策略

撇脂定价策略是一种高价策略，即产品刚刚投放市场时，将价格定位在较高水平，以尽快获得高额利润的策略。产品刚刚上市时，需求弹性较小，旅游者对产品价格的反应不敏感，竞争对手少，因此旅游企业可能在短期内获得最大的利润。

撇脂定价策略的优点是可以获得较高的利润，有利于尽快收回投资成本；高价位有利于树立高质量的产品形象，并给旅游企业留有一定的降价空间。然而，新产品定价太高不利于开拓市场，也会招来大批的竞争者，导致旅游企业利润下降。所以，撇脂定价策略是一种短期的定价策略，旅游企业若想长期使用这种策略，必须不断进行产品创新。例如，最初大陆每个省份只有指定的几家旅行社可以组团到台湾旅游，市场上台湾团的价格普遍偏高，旅行社的利润较丰厚，这就是撇脂定价。随着取得台湾游组团资格的旅行社逐步增多，台湾团的价格就逐步降下来了。

2.渗透定价策略

渗透定价策略与撇脂定价策略刚好相反，是一种低价策略，即将新产品以低价投入市场，以便尽快扩大产品的销售量，占有较高的市场份额。

渗透定价策略的优点是有利于新产品迅速占领市场，打开销路，从而获得长期收益；微利阻止了竞争者进入，提高了企业的竞争能力。其缺点是旅游企业的利润偏低，资金回收期长，价格变动余地小，不可能再降低价格吸引更多的旅游者。

3.满意定价策略

满意定价策略是介于撇脂定价策略和渗透定价策略之间的一种定价策略。它吸取了以上两种定价策略的优点，既能保证旅游企业在一定时期内获取利润，又使旅游者容易接受。

（二）心理定价策略

心理定价策略是指根据旅游者对旅游产品价格的不同心理反应，对旅游产品价格进行调整的策略。心理定价策略主要包括：尾数定价策略、声望定价策略、招徕定价策略、系列定价策略。

1.尾数定价策略

尾数定价策略又叫零头定价策略，是指旅游产品的价格以零头为尾数的策略。例如，将定价为 1 000 元的产品调整为 998 元，虽然价格只差 2 元，却能够给旅游者一种货真价实和价格低廉的感觉。

2.声望定价策略

声望定价策略也称整数定价策略，是指用高价位或整数价来显示产品的高品质形象的策略。在旅游者心中信誉较高的旅行社或知名的旅游产品，才可以采用这种定价策略。购买这类旅游产品的旅游者最关心的是旅游产品能否显示其身份和地位。

3.招徕定价策略

招徕定价策略是指用低价、减价等方法来吸引旅游者购买的策略。这种策略主要是为了迎合旅游者求廉价的心理，以吸引旅游者，扩大销售。

4.系列定价策略

系列定价策略又称分级定价策略，是指将所有产品分为豪华、标准、经济等档次，再对各个档次分别定价，形成一系列价格档次的策略。系列定价策略可使旅游者按照需求购买，容易使旅游者对产品质量产生信任，还可以提高旅游企业的管理效率。

（三）折扣定价策略

折扣定价策略是指直接或间接降低价格，给予旅游者或中间商一定折扣的策略。折扣的形式多样，主要有：

1.数量折扣

数量折扣是指按购买数量的多少，分别给予不同的折扣。数量折扣又分为累计数量折扣和非累计数量折扣。累计数量折扣是指在一定的时期内，按照购买的总数量或总金额给予一定折扣；非累计数量折扣是指根据一次性购买的数量或金额给予一定折扣。数量折扣可以鼓励旅游者多次购买本旅行社的产品。

2.现金折扣

现金折扣是指对在规定时间内提前付款或用现金付款的旅游者，给予一定比例的价格优惠。这种折扣可以加速旅游企业的资金周转，降低销售费用，减少坏账损失。由于旅行社发生过无法收回团款的现象，因此现在很多旅行社都要求提前支付团款。

3.功能折扣

功能折扣是指旅游企业对提供某些宣传、销售等营销功能的中间商，给予一定的价格折扣。旅游企业采用这种策略，可减少营销费用，节省成本。

4.季节折扣

季节折扣是指旅游企业为吸引、鼓励旅游者在淡季购买旅游产品而给予的价格优惠。这种策略可使旅游产品的销售保持相对稳定，避免淡季时设施与人员的闲置。

❂ 课堂活动3-6

（1）请根据行业情况，尝试对广州—北京双飞6日游（16人成团）进行行程设计与报价。

（2）有一个20人的越南团，从深圳罗湖口岸入境，要去珠海、广州，共计5晚6天，从广州坐飞机离境。请根据行业情况，编排行程并报价。

（3）有一个15人的中国旅游团去英国旅游8天，英国地接社给出的报价是90英镑/（人·天）（含车费、餐费、住宿费、导游费），景点门票另计。请根据行业情况，编排行程并核算总成本。

（4）请根据以下案例材料进行分析。

某组团社询问成都一地接社的报价，要求游览武侯祠、杜甫草堂、成都大熊猫繁育研究基地三个景点，人数为30人，住宿为三星级酒店，市内交通为空调旅游车，派优秀地陪导游员。其计价方式和内容如下：

门票：武侯祠（60元）+杜甫草堂（50元）+成都大熊猫繁育研究基地（55元）=165元/人

住宿费：100元/（人·天）。

餐费：75元/（人·天），含1早2正。

交通费：市内40元/人；接机30元/人。

导游服务费：10元/人。

合计：420元/人。

地接社的利润核算如下（以旅行社订团队门票优惠20%核算）：

门票：武侯祠（60元）×20%+杜甫草堂（50元）×20%+成都大熊猫繁育研究基地（55元）×20%=33元/人

住宿费：10元/人。

餐费：无。

交通费：市内 10 元/人。

接飞机费：无。

导游服务费：10 元/人×30 人－180 元（导游 1 天的带团津贴）=120 元/团

该团的利润是：（33 元/人+10 元/人+10 元/人）×30 人+120 元/团=1 710 元/团

请问：该旅行社的定价方式是否合理？这样的报价组团社是否会接受？为什么？

特别提示：

①计调人员应熟悉行程中各项产品及服务的成本价格，这样报价才会既快速又准确。

②计调在对外报价时，不能只考虑要保持多少利润，还应考虑市场价格、竞争是否激烈等多方面因素。

③计调做的行程报价宣传单要美观、特色突出、能够吸引游客。

项目小结

本项目介绍了旅游服务采购的内容、旅游线路的类型及特点、旅游产品价格的组成要素、旅游产品定价的方法和策略等内容。准确计算、合理报价，是每个计调人员都必须掌握的技巧。

拓展空间

人文交流增信心　文旅交融促发展
——第五届中国国际进口博览会文化和旅游亮点突出

2022 年 11 月 5 日至 10 日，第五届中国国际进口博览会（以下简称"进博会"）在国家会展中心（上海）举行。"四叶草"又一次敞开怀抱，欢迎五洲宾客，共谋合作共赢。

作为世界上第一个以进口为主题的国家级展会，进博会自 2018 年诞生以来，便带着"向世界开放市场"的满满诚意，始终坚定"开放是人类文明进步的重要动力，是世界繁荣发展的必由之路"这一主张，与世界共享中国发展机遇。

本届进博会是党的二十大召开后举办的首个以中国为主场的重量级国际展会，是世界进一步观察了解中国式现代化发展理念、发展方向的重要窗口。

党的二十大报告提出，"坚持以文塑旅、以旅彰文，推进文化和旅游深度融合发展"。本届进博会，"多彩贵州""壮美广西""大美青海"……一张张亮丽的文旅名片在这里集结，一个个振奋人心的文旅发展故事在这里缓缓展开。

先进的数字技术也让越来越多人足不出户便可"畅游"进博会。继 2021 年首次举办线上国家展后，本届进博会继续邀请各国"云端"参展，并首设"数字进博"平台。文化和旅游已经成为进博会的重要内容，将为国际交流、人文交往、企业合作等贡献更大力量，推动世界经济走向更加美好的明天。

资料来源：王洋.人文交流增信心，文旅交融促发展——第五届中国国际进口博览会文化和旅游亮点突出［N］.中国旅游报，2022-11-10（1）.

4

项目导言

旅游行程安排是旅行社计调工作的主线，旅行社计调应该遵循顺序科学、点间距离适中、服务设施有保障、购物安排合适等原则，尽量确保旅游者的旅途愉快。单项委托服务是旅行社为散客提供的各种按单项计价的可供选择的服务，其内容可涵盖接送服务、行李提取和托运、代订酒店、代租汽车、代订交通票据、代办旅游签证、提供导游服务等方面。

交互式课件
4-1

旅游行程安
排及单项委
托服务

学习要求

项目目标
- 掌握订房、订车、订餐、订票的方法。
- 掌握地接计调及组团计调的工作流程。
- 掌握旅行社应提供的单项委托服务项目。

思政目标
- 围绕旅游行程安排，引导学生树立标准意识、创新意识。
- 结合"成都将全面启动旅行社诚信等级评定与复核"案例进行研讨，培养学生诚信经营、学法守法的意识。

任务1 旅游行程安排

◎ **互动导入**

旅行社的"调度员"

下午五点多，快到下班时间了，小唐仍在不停地打着电话。因为第二天就是清明小长假，团队和散客都很多，作为深圳市某旅行社国内游部的计调员，小唐必须在下班前与地接社一一联系，确认地接社是否已经给每位游客发了有关行程安排及导游员联系方式的短信。

"正常下班时间是下午五点半，估计今晚又得加班了。"在小唐看来，加班对计调来说是一件很平常的事。此时，小唐所在的办公室里，电话铃声、传真机声、打字声、讲话声不绝于耳，大家忙得热火朝天，似乎都没有下班的意思。

"行程安排短信，让地接社发给游客就好了，还需要逐个追踪确认吗？"笔者问。

"当然要。"小唐肯定地答道，"最近我们已经有过一次教训了。一位游客报名珠海一日游，我们已提前告知行程，游客也准时赶到出发地点，但由于地接社未与游客直接联系，导致游客错过了旅游大巴，最后游客投诉了我们公司。对于这件事，计调负有一定的责任。"

"计调就是旅行社的调度员，哪个团队该出发了，哪个团队该订票了，哪个团队该返程了……计调都要心中有数。"小唐说。

笔者从旅行社的《计调员培训手册》中看到，控制成本和保证质量是考核计调工作的两大内容。一名优秀的计调应做到：在控制成本的前提下，尽可能地争取到最好的酒店、最好的餐馆；在旅游旺季时，顺利调配旅游车、安排导游；在出现旅游纠纷时，迅速安抚游客情绪，调解游客与导游或其他旅游企业之间的争端，降低旅行社的运营风险。

"有人说，计调如神仙，上能调动飞机，下能调动火车、汽车和轮船。事实上，计调的作用更多地体现在沟通协调上。"小唐说。

下班时间到了，小唐办公桌上的电话依然响个不停，QQ也在不断地闪动着。

这一天，小唐手头还有很多事需要跟进："云南六天双飞团"在打特价，咨询电话很多；从深圳出发到湖南莽山的旅游团已是第三次报价，线路仍在调整；从深圳发往广西的旅游团需要落实酒店、景区，要开始订票了；清明小长假，电话咨询桂林、厦门、武汉等线路的游客比较多；云南、华东线的旅游团在等待设计线路。同时，她还要付出更大的耐心来接听和回复各类投诉电话。

国内游计调的工作如此烦琐，小唐不得不将工作按紧急程度分为四个等级，并一一写到纸上。笔者看到，"重要又紧急事务"那栏已经写满了。

作为计调，小唐几乎每天都会经历"退单"。不久前，小唐给一个"阳朔三天休闲游"团队报线路和价格，前后六天给客人报了八份行程，最终客人还是选择了其他旅行社。这让小唐感到一丝失落，"毕竟跟了这么久"。小唐再次拿起电话，向客人了解选择其他旅行社的原因。小唐做计调两年多，资历不算深，每次学习和提升的机会她都不想放过。

如今，对于"退单"，小唐已经能够坦然面对了。她说："咨询线路和价格，不一定代表客人最终就会选择你，所以计调必须懂得整合手中的资源，尽可能地把旅游团促成。"现在，小唐平均每天能接五六个散客单，每周能接三四个团队单。她笑着说："我不算厉害的。"

这一天，小唐一直忙到晚上九点才下班。

资料来源：郭光明.旅行社的"调度员"［N］.中国旅游报，2012-04-09.

请大家根据以上资讯，思考以下问题：

（1）你认为计调应如何面对几乎每天都要经历的"退单"？

（2）为什么说计调的工作更多地体现在沟通协调方面？

一、订房、订车、订餐、订票的方法

旅游行程安排的核心工作是订房、订车、订餐、订票，具体方法如下：

（一）订房

根据团队人数、要求，以传真方式向协议酒店或指定酒店发送订房计划书，并要求对方书面确认。如遇变更，应及时拟写更改说明，以传真方式向协议酒店或指定酒店发送，并要求对方书面确认；如遇酒店无法接待，应及时通知组团社，经同意后调整至同级酒店。

（二）订车

根据团队人数、要求安排用车，以传真方式向协议车队发送旅游汽车租用确认书（见表4-1），并要求对方书面确认。如遇变更，应及时拟写更改说明，以传真方式向协议车队发送，并要求对方书面确认。

表4-1　　　　　　　　　　旅游汽车租用确认书

租车时间：	去程：月　日　时　分	返程：月　日　时　分
行车路线：		
租车费用：　元（全程费用）		
车牌号码：	司机(姓名、身份证号)：	
旅行社导游：		
租车单位：(盖章)	法人代表：(签名)	年　月　日
承租单位：(盖章)	法人代表：(签名)	年　月　日
备注：		

（三）订餐

根据团队人数、要求，以传真或电话方式向协议餐厅发送订餐单（见表 4-2）。如遇变更，应及时拟写更改说明，以传真方式向协议餐厅发送，并要求对方书面确认。

表 4-2　　　　　　　　　　　　　订餐单

发送到：　　联系人：		发送者：　　联系人：	
电话：　　传真：		电话：　　　传真：	
旅行社名称：		团号：	
用餐日期：		用餐时间：□早餐　□午餐　□晚餐（选择项打"√"）	
用餐人数：　　司陪人数：		餐标：　　　餐型：	
菜单：			
旅行社导游：		导游联系电话：	
订餐单位：(盖章)		法人代表：(签名)　年　月　日	
承接餐厅：(盖章)		法人代表：(签名)　年　月　日	
备注：			

（四）订票

仔细落实并核对计划，向票务人员下达订票通知单，注明团号、人数、航班（车次）、用票时间、票别、票量，并由经手人签字。如遇变更，应及时通知票务人员。

二、地接计调的工作流程

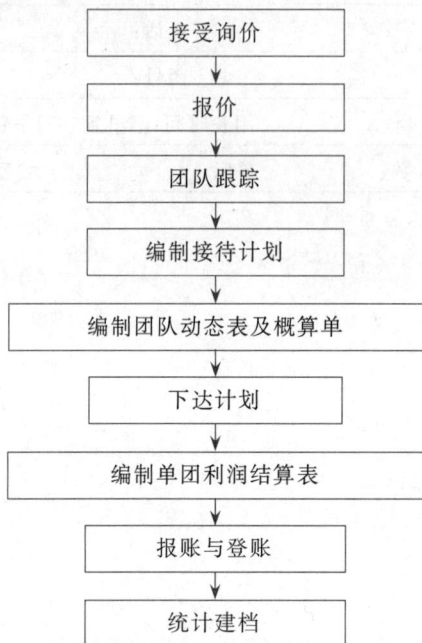

地接计调工作流程如图4-1所示。

动画4-1

地接计调的
工作流程

图4-1 地接计调工作流程

（一）接受询价

（1）接听客户电话时，应做到电话响三声时必须接起，说话时声音洪亮、吐字清晰，并使用礼貌用语，如"你好""谢谢""再见""请多关照""马上办""请放心""感谢您的支持"等。

（2）问清对方单位、姓名、电话、传真、所需旅游产品（行程线路）、等级标准、团队大概人数、出行日期、有无特殊要求（如风味餐、禁忌等），并在计调工作台账上做好详细记录。

（二）报价

（1）在资料库或旅行社管理系统中找出客户所需产品，或按客户要求为客户设计行程并报价。如果常规要走的景点有政策性变化，应提前告知客户，以方便客户及时调整行程。对待客户的咨询要有耐心，应本着"合理而可能"的原则给予回应，不得虚假承诺，不得夸大事实，不得隐瞒可能出现的问题。

（2）应充分认识到，在获取合理利润的前提下，提高市场占有率是企业的首要任务，所以对外报价时应注意：合理报价，不要过分追求高利润，合作的客户多了，年终总利润自然就会高。

（3）使用企业制作的标准报价模板，如果遇到报价模板中没有的线路，则应按照模板的格式重新制作，并及时将其补充到资料库中。报价时，应同时注明相关业务人员和报价人的姓名。

（4）报价制作完成后，必须仔细检查，确定无误后方可传真给客户。报价回复应高效、准确。客户有明确时限要求的，应在要求时限内回复；客户没有明确时限要求的，原则上应在1小时内回复。报价回复后，必须将报价成本写在背面，以便团队跟踪过程中更好地把握团队情况。

（三）团队跟踪

报价后要及时跟踪团队，在不亏本和保证质量的前提下，可以根据实际情况灵活调整价格和供应标准，以提高报价的成功率。在进行团队跟踪时，必须在报价单顶端注明团队跟踪情况、时间及跟踪人姓名。

认真评估报价后客户的反应，如果有较大成功把握，或是为了遏制竞争对手，应马上行动：

①及时将该团情况客观、准确地通知票务部，做控票预订。

②在旺季的时候做控房预订。

③预控稀缺资源或指定资源，如高铁票、48座大巴车、37座大巴车等。

（四）编制接待计划

团队接受报价后，应编制接待计划。接待计划是旅游团活动的文字凭证，是旅行社了解旅游团基本情况和安排日程的主要依据。计调应仔细查阅有关旅游团的所有资料并进行确认，包括传真、邮件、电话记录等，避免因疏忽导致接待计划的制订不周全。

1.接待计划的内容

（1）旅游团的基本情况和要求。团号、团名、组团社名称；团队人数（应注明成人和儿童人数）；团队类别（如考察团、疗养团、会议团、观光团等）；旅游团要求的服务等级（如豪华团、标准团、经济团等）；旅游线路及所访问的城市；用餐要求，应特别注明是否有素食者或者其他特殊要求；导游要求（全陪或地陪的语种、级别及性格等要求）；组团社的责任人及接待各方联系人的姓名和联络方式；团队费用结算方式。

（2）日程安排。游览日期；各城市间的交通工具（飞机、轮船、火车等）及离抵时间；在各地安排的主要游览参观项目、餐饮、文娱活动及其他特殊要求；住宿情况。

（3）成员名单。成员名单的内容包括旅游者的姓名、性别、年龄、身份证或者护照号码，以及有无特殊要求。若为重点团队，还要注明客户身份。

2.接待计划的制订

接待计划的制订一般包括以下步骤：

（1）落实各地的交通。旅游团从发出预报到真正成行需要数月，甚至更长时间。在此期间，航空公司、铁路等部门的航班、车次等都会有所变化，因此在制订接待计划时，必须随时关注相关情况，如果发现对客户承诺的情况有变，应及时通知客户。

（2）落实接待项目。在制订接待计划时，应多次确认旅游团的人数、特殊要求等情况，并落实参观游览项目、餐饮、住宿等，对待重点团队尤其要注意。

（3）落实导游的委派。对于导游的委派，旅行社应考虑旅游团是否有特殊要求。委派的导游必须持有导游证。如果需要聘请兼职导游，还需要完备相关手续。

（五）编制团队动态表及概算单

1.团队动态表

团队动态表的内容包括：团队人数及组成、年龄特征、陪同人数、抵离航班、站点、时间、住宿酒店名称等。编制团队动态表的目的是看团和监控。

2.概算单

概算单是领取团队备用金的凭据，其内容主要包括费用项目、接待单位应付款项等。

（六）下达计划

（1）根据酒店预订、景点预订、餐厅预订、保险购买、交通安排等情况制作导游出团通知书。

（2）认真查阅原始资料，充分了解要求，落实接待项目，核实游客人数、名单、住房等，审议行程安排是否合理。

（3）选派接团导游，并通知其领取接待计划及出团物料领取清单（见表4-3）。需要领取的物料包括：结算单、相关票据、游客意见反馈表、游客名单、备用金、导游日志、旅行包、导游旗、车前标识纸等。

表4-3　　　　　　　　　　　出团物料领取清单

序号	物件/数量	团号	日期	确认签名

（七）编制单团利润结算表

编制单团利润结算表（见表4-4），核算固定成本及每个团的平均支出。

表4-4　　　　　　　　　　　单团利润结算表

团号	人数	单团收入	单团支出	单团利润

（八）报账与登账

团队行程结束后，通知导游凭接待计划、陪同报告书、质量反馈单、原始票据等及时向计调人员报账。计调人员应详细审核导游填写的陪同报告书，并以此为依据填制该团的费用小结单及决算单，依次交部门经理审核签字、交财务部并由财务部经理审核签字、交总经理签字，最后向财务部报账。同时，将涉及该团的协议单位的相关款项及时录入团队费用往来明细表中，以便核对。

（九）统计建档

1.团队及合作单位情况统计

做好团队情况统计，及时发现问题，争取更多客源；做好合作单位情况统计，为争取深入合作和获得价格优势做好分析。

2.建立档案

每份档案必须包括以下内容：

①团队接待计划；

②出团通知书；

③各单位预订单；

④概算单；

⑤游客名单；

⑥游客意见反馈表；

⑦导游带团日志；

⑧突发事件相关材料。

三、组团计调的工作流程

组团计调的工作流程如图4-2所示。

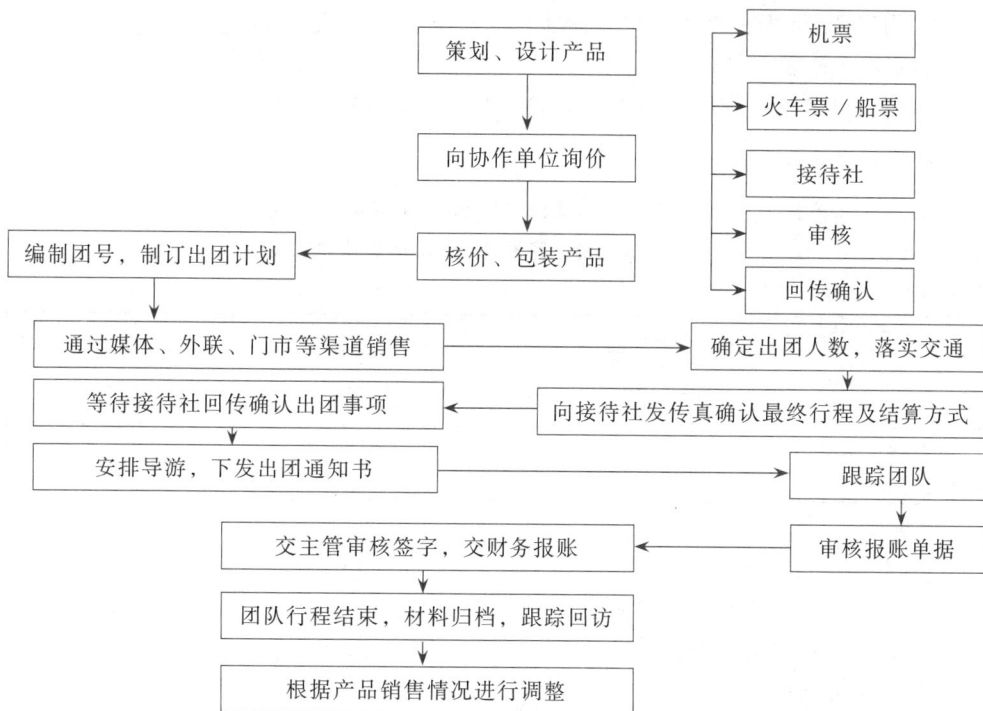

微课4-1

旅游行程
安排

图4-2　组团计调的工作流程

（一）建立团队档案

1.编制团号

团号的种类包括既定团号、成行团号、转接团号、中国特色团号等。

（1）既定团号。这是给未成行的团队编制的团号，常用于散客组成的团队。

例如，某出境旅游团的团号为"CEF220910TSMH12VIPA"，其中：

"CEF"：旅游团的英文缩写，意思是"中国家庭旅游团"。

"220910"：代表旅游团的预计出发日期为2022年9月10日。

"TSMH"：旅游目的地的缩写，四个字母分别代表泰国、新加坡、马来西亚和中国香港。

"12"：代表旅游团出游的天数为12天。

"VIP"：代表贵宾团。

"A"或"B"：如果前几项不变，而在最后出现A或B，说明该旅行社有两个以上的旅游团。

（2）成行团号。这是给临时性、突发性的团队编制的团号。例如，对于临时洽谈成的一个团队，计调应即刻按顺序编号。成行团号常用于独立团。

（3）转接团号。对于委托第三方旅行社接待的旅游团，以接待社的团号为序，加上组团社的简约代码，即可组成转接团号。

（4）中国特色团号。例如，用2F/1F/2W等表示旅游团前往旅游目的地的交通方式；用贵/豪/标表示该团的执行标准。

2.编制出团表

编制每月各类团体的出团表，形成年度出团基本资料。

⟳ **课堂活动4-1**

按照下述线路范例（出发日期自拟），编制一份团号表（见表4-5），并进行研讨。

表4-5 省内游、国内游、出境游线路团号表

所属旅行社： 日期：

类别	线路	出发日期	团号
省内游			
国内游			
出境游			

备注：

经手人：

团号练习1：省内游（以广东为例）

范例：长隆欢乐世界一日游的团号为"GZ220408-01-01P"。

（1）德庆、连滩一日游。

（2）东升渔村一日游。

（3）番禺莲花山、长隆野生动物世界一日游。

（4）番禺莲花山、宝墨园一日游。

（5）惠州罗浮山观光一日游。

（6）刺激惊险老虎沟探险、客家围屋一日游。

（7）龙花洞拓展旅游一日品质团。

（8）古寨迎春、农家喜宴、天子贺岁一日游。

（9）清远新银盏温泉、北江小三峡一日游。

（10）燕子岩一日游。

团号练习2：国内游

范例：北京、天安门双飞六天豪华团的团号为"京安早2F六豪0206"。

（1）三峡大坝、长江三峡、重庆五日游。

（2）黄山、翡翠谷、黟县古民居四天双飞团。

（3）黄山、九华山五天双飞团。

（4）黄山、九龙瀑、花山迷窟、宏村五天双飞团。

（5）天柱山五日双卧团。

（6）北京、承德七天双飞团。

（7）武夷山三天双飞团。

（8）闽西龙岩、古田、冠豸山、培田古民居四天火车团。

（9）武夷山五天双卧团。

团号练习3：出境游

范例：中国家庭旅游团新马泰十日贵宾团的团号为"CEF220610SMT10VIPA"。

（1）澳大利亚大堡礁九天游。

（2）新马泰十天游。

（3）泰国五天精华游。

（4）新加坡、马来西亚五天游。

（二）编制预报计划

预报计划应该包括以下内容：

1.团号

2.团队人数及人员构成

这主要包括团队总人数，以及团队成员的性别、年龄、民族等，特别应注明有无特殊客人。

3.行程安排

行程安排应具体、详细。

4.到达日期

到达日期应精确到日、小时、分钟。

5.离开日期

离开日期应精确到日、小时、分钟。

6.食宿要求

说明团队成员中是否有不同的宗教信仰、对饮食有何禁忌、对哪些食物有过敏反应，以及是否需要安排单人房间等。

7.交通工具要求

说明抵离的交通工具、车次、航班等，并请地接社确认行程及价格。

（三）书面确认

组团社发出初步行程之后，一般要求地接社在3～5天内给予书面答复（见表4-6），目的是对各项内容逐一确认，同时落实机票、船票、火车票和酒店房间的预订情况。当确认的时间距离发团日期很远时，如果中途出现变化，必须及时更正，并发传真给地接社，以最后发送的传真内容为准。

表4-6　　　　　　　　　　　　团队预报计划回执

北京××旅行社： 　　贵社发来的BJ-20220910P团计划收悉，我社将按贵社计划接待此团。 　　此致 敬礼！ 　　　　　　　　　　　　　　　　　　　　　　　　　　　　　　　　××旅行社 　　　　　　　　　　　　　　　　　　　　　　　　　　　　　××××年××月××日

（四）发送正式计划

收到地接社发来的回执后，组团社就可以制订正式计划了。正式计划的内容一般包括：发团确认书、团队行程、各项服务的标准及特殊要求、团队游客资料、各接待社名称、接待社联系人及联系电话、旅游团委托协议书等。

正式计划既是接团计划，也是地接社结算收款的依据，应力求准确。正式计划打印好以后应加盖公章，每地发出两份以上。正式计划后应附上回执，以便地接社寄回，确认收到无误。一般而言，正式计划发出以后，不应再有较大变更。

另外，正式计划还应发至本社有关部门，如导游部、财务部、票务部等。国内旅游团计划书见表4-7。

表4-7　　　　　　　　　　　　国内旅游团计划书

北京××旅行社国内部及本社导游、财务、票务各部： 　　现将我社组织的BJ-20220910P贵宾团一行30+2人计划发给贵社，请贵社接计划后按约定以贵宾团标准接待，订好车（船）票，按计划内容安排浏览，并做好上、下站联络。如有更改，请及时通知我社及下站接待社。团款按约定预付80%，差额部分由全陪结清。此团是重点团，请各社予以关照，谢谢！ 　　祝 合作成功！ 　　　　　　　　　　　　　　　　　　　　　　　　　　　　　　　　××旅行社 　　　　　　　　　　　　　　　　　　　　　　　　　　　　　××××年××月××日

（五）发团过程中的监督控制

选择好地接社以后，并不代表万事大吉，可以高枕无忧了。此时，组团社应密切关注旅游团的动向，对旅游团进行监督控制，并与地接社密切联系，要求地接社严格按照合同中的各项旅游活动安排执行，保证服务质量，从而使旅游者的各项权益得到保障。发团过程中的监督控制主要包括两个方面：一是选派全程陪同导游人员；二是安排专门的工作人员。

（六）旅游活动结束后的服务

旅游活动结束后，发团管理工作并未马上结束，还有一系列工作需要完成。

1.厘清账务问题

旅游活动结束后，各地的接待社（除个别现付外）会很快传来收款账单。组团社的工作人员应根据计划认真审核、纠正差错，并请财务按协议准时付款。同时，还有全陪的报账、应收款统计等工作。

2.处理游客遗留问题

旅游活动结束后，游客可能会因为对某些方面不满而进行投诉，也可能会因为对导游的优质服务感到满意而提出表扬。此外，购物协助、归还遗忘物品等工作也需要在旅游活动结束之后进行处理。

3.总结工作

旅游活动结束后，全陪应对本次带团过程进行总结，特别应对旅途中发生的紧急事件、矛盾纠纷等进行总结，得出经验，吸取教训，并填写全陪日志，汇总游客意见，从而为日后改进工作、提高服务质量做准备。

4.售后服务

游客离团回家后，组团社的工作人员还需要对游客进行电话回访，并建立客户档案，以便在游客下次出游时做好服务工作。

知识链接4-1　　　　　　　　　　地接社的选择标准

任何一家旅行社业务的开展，都离不开地接社的合作与支持。从某种意义上来讲，地接社的工作质量直接影响和代表了整个旅游活动的质量，游客的满意度在很大程度上也取决于地接社的接待质量。因此，选择一家服务质量好、讲究信誉的地接社至关重要。

那么，如何选择一家符合要求的地接社呢？我们可以从以下几个方面进行考察：

第一，考察地接社是否合法。

地接社是否合法是组团社首先要考虑的因素。地接社应该有国家核发的旅行社业务经营许可证，通过了企业年审，足额缴纳了旅行社质量保证金，经营业务范围与旅行社业务经营许可证的内容吻合，有相对稳定的持证导游队伍，这也是组团社声誉和旅游者利益的基本保障。

第二，考察地接社的规模和经营管理水平。

规模大且实力雄厚的旅行社是首选的合作伙伴，对于经营状况不理想或私人挂靠承包的门市部应该避而远之。

第三，考察地接社的声誉。

声誉不好的地接社会给组团社带来很大的负面影响。一家声誉好的地接社应该管理有序、操作规范，在业界有良好的口碑，很少发生恶性投诉事件或债务纠纷。

第四，考察地接社的业务能力。

这包括考察地接社的主营线路、接团经验、服务质量、游客评价、年接团量等情况，重点应考察地接社的主营线路是否与组团社推出的线路一致，是否具备较强的接待能力。

第五，考察地接社的报价是否合理。

报价直接关系到组团社的产品成本和经济效益。对报价的考察，不能仅仅以高或低作为标准，而要看其价格是否合理，即是否价质相符，同时要兼顾市场情况、旅游淡旺季、团队特殊性以及双方旅行社合理的收益等因素，从中选择性价比高的报价方开展合作。因此，是否质优价廉往往是组团社选择地接社的一个重要标准。

第六，考察地接社的发展潜力。

这包括考察地接社的文化理念、组织结构、管理思路与发展规划。

❖ 课堂活动 4-2

请根据给定的桂林双飞四天游的行程内容，为 A 旅行社拟写一份国内游团队确认单（见表 4-8），发送给桂林 B 旅行社，并请对方确认回复。

表 4-8　　　　　　　　　　　　国内游团队确认单

收件单位			发件单位		
收件人			发件人		
QQ			QQ		
联系电话		传真	联系电话		传真
日期	行程			餐饮	酒店
				早餐 中餐 晚餐	
				早餐 中餐 晚餐	
				早餐 中餐 晚餐	

续表

		早餐 中餐 晚餐	
旅游费用			
费用包括		费用不含	
经办人签字： 旅行社(组团)(盖章) 　　　　　年　月　日		经办人签字： 旅行社(地接)(盖章) 　　　　　年　月　日	

任务 2　　单项委托服务

◎ **互动导入**

张先生的自助游

张先生是某艺术院校的一位年轻教师，他非常喜欢美术与摄影。"五一"小长假快到了，他想与几位美术与摄影爱好者一同来个自助游，收集一些艺术素材，同时也享受一下大自然的美好风光。

从 4 月下旬开始，张先生和几位准备一同出游的朋友就分头通过互联网、报纸，以及身边旅游经验丰富的同事了解旅游信息，初步商定从武夷山、泰山、黄山中选择一处作为旅游目的地。

在对自身经济实力、出游时间、距离远近等因素进行全面权衡并与朋友反复探讨后，张先生及其朋友最终决定将黄山作为旅游目的地，并通过网络预订了酒店、景区门票。"五一"的前一天，张先生一行带足干粮、租了一辆商务车便上路了。前往黄山的沿途风景美不胜收，张先生及其朋友白天吃干粮、拍照片，晚上或露营在山头，或在宽敞的旅游车里凑合一晚，艺术人生好不自在！

请大家根据以上案例，思考以下问题：

1.张先生一行的哪些行为属于旅行社可以提供的单项委托服务？

2.除此之外，单项委托服务还包括哪些项目？

一、单项委托服务概述

单项委托服务是旅行社根据旅游者的具体需求而提供的各种非综合性的有偿服务。旅游需求的多样性，决定了旅行社提供单项委托服务的可能性。

传统的单项委托服务主要包括接送服务、代订酒店和交通票据服务、导游服务、代办签证和代购旅游保险等。当然，包价旅游团体中个别旅游者的特殊要求也

微课 4-2

单项委托
服务

应该视为单项委托服务。

在现代社会，单项委托服务的内容更加丰富。例如，流行于日本、西欧一些国家的 homestay（家庭寄宿）形式，即学生在假期到其他国家的同龄学生家中吃、住、学习，家长一般都会委托旅行社办理。更加个性化、人性化和国际化的单项委托服务已经成为旅行社经营的一个亮点，并且日益受到重视。为此，许多旅行社还成立了散客部或综合业务部，专门提供单项委托服务。

单项委托服务的操作流程如图4-3所示。

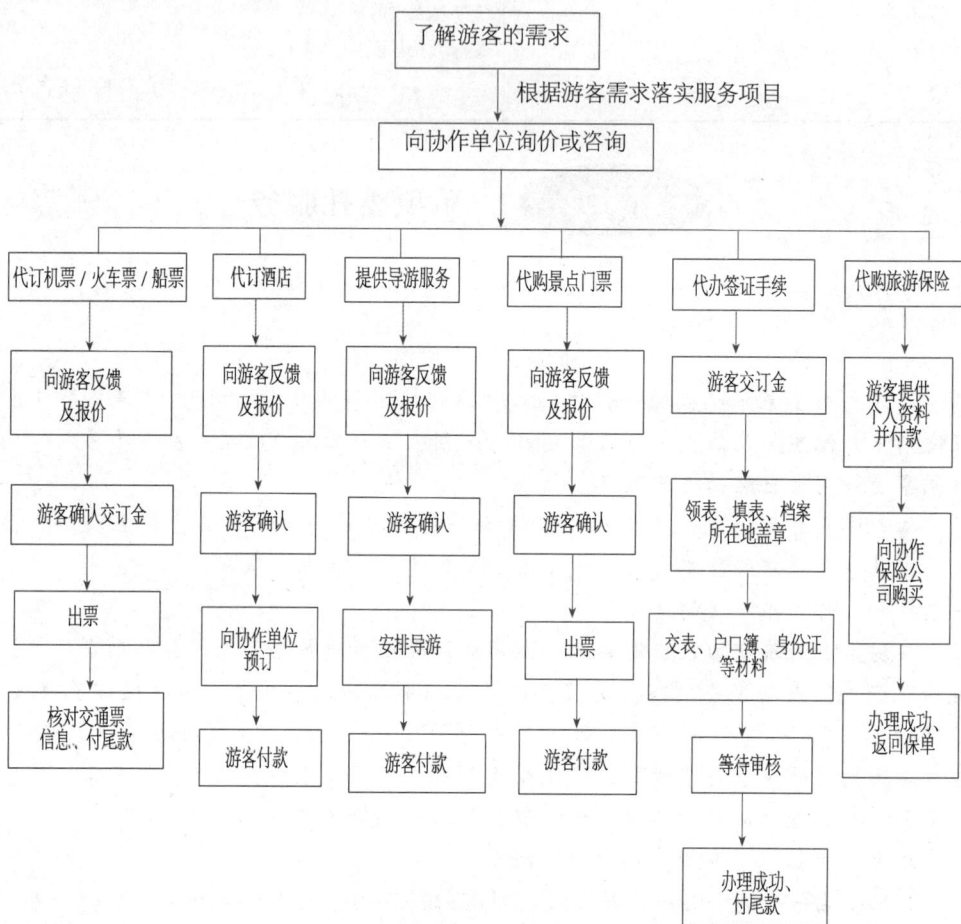

图 4-3 单项委托服务的操作流程

二、单项委托服务介绍

（一）接送服务

旅行社安排的接送车型一般为9座商务车，以保证舒适、安全。接送车应证件齐全，并购买商业保险。接送单见表4-9。

表 4-9　　　　　　　　　　　　　　　　　接送单

单号：_____　接送日期：_____　去/回：○去程　○回程

接客地点：_____　接站班次和时间：_____

送客地点：_____　送站班次和时间：_____

币种：_____　付款方式：_____　收费标准/人：_____

安排详情：_____

客户类型	姓名	性别	身份证/护照号码	电话	备注

（二）代订酒店服务

代订酒店服务一方面可以满足游客的要求，向游客提供事先承诺的酒店房间；另一方面可以使旅行社获利。

代订酒店服务的程序如下：

第一，认真分析游客的住宿要求。

第二，根据游客的住宿要求，在已签订协议的合作酒店中选择符合要求的酒店。

第三，电话联系该酒店营销部，发送订房通知。

第四，查收酒店的回传。

第五，登记存档。

此外，旅行社在提供代订酒店服务时，经常会遇到以下问题：酒店无房，无法确认预订；无法拿到理想的房价；在游客前往的旅游目的地，旅行社无协议酒店；游客因故临时增加或减少甚至取消订房。为了避免以上问题的出现，旅行社应尽可能早地与游客、酒店确认各方面信息，同时应尽可能留有一定余地，并根据实际情况填写酒店预订单（见表 4-10）。

表 4-10　　　　　　　　　　　　　　　　酒店预订单

发送到：_____　　发送者：_____

联系人：_____　　联系人：_____

电话：_____　　电话：_____

传真：_____　　传真：_____

订单号	订单日期	订单内容	应收	已收	尚欠
合计					

（三）代订景点门票服务

代订景点门票时，计调需要填写门票预订单，然后进行预订。

课堂活动 4-3

（1）代办机票、火车票、船票等交通票据服务的程序是什么？

（2）单项委托服务中通常会出现什么问题？应该怎样处理？

（3）在旅行社管理软件中完成单项委托服务任务单的填写，并导出、打印任务单。

思政探索 4-1　成都全面启动旅行社诚信等级评定与复核

自 2021 年 9 月起，成都开始全面启动旅行社诚信等级评定与复核工作，对旅行社的诚信等级评定星级，5 星代表诚信等级最高，游客可据此来挑选诚信可靠的旅行社报团出游。

记者从 2021 年旅行社诚信等级评定与复核工作视频动员大会上获悉，成都市文化广电旅游局将组织全市旅行社参与，其中计划 2021 年新参评诚信等级旅行社 50 家（含）以上、复核诚信等级旅行社 99 家，这也意味着成都将有 149 家"星级"旅行社。

"星级"旅行社具体怎么评？根据《成都市旅行社诚信等级划分与评定》地方标准，成都市的旅行社将被分为三个等级：3A、4A、5A。从评分上看，主要分为基本条件、经营管理、服务质量管理、安全管理、商业信用与社会责任五个方面，总分为 300 分。其中，服务质量管理、商业信用与社会责任两项就占到了 133 分，几乎是总分的一半。

值得一提的是，旅行社获得的等级并非"终身制"。在抽查或复核时，对于有严重偷税漏税造成国家经济损失和较大社会影响、被地方政府或有关行政机关通报批评或限期整顿、发生重特大安全责任事故等五种情况之一的旅游企业，将采取"一票否决制"，所属诚信等级将立即被取消，相应等级标识不再使用。

资料来源：李彦琴.选旅行社　先看它有几颗星［N］.成都商报，2021-09-02（1）.

研讨训练：

（1）以小组为单位组织交流、研讨。

（2）每个小组推荐 1 名成员做主题发言，各组针对以上资讯，查询《成都市旅行社诚信等级划分与评定》（DB510100/T 140—2014），谈谈对成都全面启动旅行社诚信等级评定与复核的看法。

（3）从小组互评与教师评价两个方面进行评分，见表 4-11。

表4-11 **"成都全面启动旅行社诚信等级评定与复核"研讨训练项目评价表**

项目主题 （分值）	评价指标 （分值）	标 准	小组互评 （20%）	教师评价 （80%）	综合得分 （100%）
成都全面启动旅行社诚信等级评定与复核（100分）	课堂研讨表现（40分）	小组研讨组织得当，全员参与，查询《成都市旅行社诚信等级划分与评定》（DB510100/T 140—2014）到位，研讨运用知识、方法、资讯等正确			
	主题阐述（60分）	阐述的内容丰富，效果良好，观点新颖、独特，能围绕诚信经营、遵纪守法等方面阐述认知			

（4）教师与学生依据综合得分情况，确定最优陈述小组。

👆 项目小结

本项目介绍了订房、订车、订餐、订票的方法，地接计调及组团计调的工作流程，以及单项委托服务的内容，这些都是计调工作的重点。

🎯 拓展空间

文旅部严禁 OTA擅自删"差评"

2020年8月20日，文化和旅游部发布了《在线旅游经营服务管理暂行规定》（以下简称《规定》），自2020年10月1日起施行。

"近年来，我国在线旅游市场快速增长，在线旅游企业和平台的数量不断增多，方便了广大人民群众出游，促进了旅游消费，带动了行业发展。但同时，一些在线旅游经营者上线不合规旅游产品，扰乱市场秩序，侵害游客合法权益，给行业健康有序发展带来了负面影响。"文化和旅游部相关负责人表示。随着《中华人民共和国旅游法》《中华人民共和国网络安全法》《中华人民共和国电子商务法》等法律的颁布实施，出台《规定》的上位法基础初步完备，立法时机基本成熟。

具体来看，《规定》明确，在线旅游经营者应当保障旅游者的正当评价权，不得擅自屏蔽、删除旅游者对其产品和服务的评价，不得误导、引诱、替代或者强制旅游者做出评价，对旅游者做出的评价应当保存并向社会公开。在线旅游经营者应当保护旅游者个人信息等数据安全，在收集旅游者信息时事先明示收集旅游者个人信息的目的、方式和范围，并经旅游者同意。

与此同时，对于此前备受社会热议的大数据"杀熟"问题，《规定》提出，在线旅游经营者不得滥用大数据分析等技术手段，基于旅游者消费记录、旅游偏好等设置不公平的交易条件，侵犯旅游者合法权益。

值得注意的是，《规定》相较于征求意见稿，还增加了助力复工复产、促进行业健康发展的条文，提出进一步发挥在线旅游经营者在旅游目的地推广、景区门票预约和流量控制等方面的积极作用，强调旅游者对国家应对重大突发事件暂时限制旅游活动等措施的配合义务。

政策出台后，多家OTA纷纷表示，《规定》的出台，将更好地维持市场秩序，规范在线服务消费环节。同程研究院首席研究员程超功提出："《规定》首次以规章的形式明确了一些要求和倡议，细化了一些政策要求，更加便于业内遵照执行。"去哪儿网相关负责人表示，《规定》除了指导在线旅游经营者的经营行为外，还对未来的工作方向设定了原则，提出了要求，这将为国内旅游行业的整体复苏提供法律支撑，也为在线旅游经营者合法经营、稳定发展提供了坚实后盾。

资料来源：蒋梦惟.文旅部严禁OTA擅自删"差评"［N］.北京商报，2020-09-01（4）.

5

项目导言

导游派遣是指旅行社依据旅游团队的需求，对导游人员进行劳务派出与管理的行为。旅行社计调对导游的派遣与管理，有利于品牌导游的产生。

交互式课件
5-1

导游派遣与
管理

学习要求

项目目标 | • 了解导游派遣的操作程序。
| • 掌握导游的培训与考核方法。

思政目标 | • 围绕导游派遣与培训，引导学生树立自主向上意识、勤奋务实的职业品德。
| • 结合"导游眼中的旅游""山西省导游管理中心建立导游电子诚信档案""以游客评价为导向，重塑导游行业生态"等案例进行研讨，培养学生敬业乐业、诚信守法的意识。

任务1　导游派遣

◎ **互动导入**

树立行业榜样　振奋行业精神

——旅游业界广泛认可全国特级导游考评工作

2022年5月25日，全国导游人员等级考评委员会办公室发布2021年全国特级导游考评结果，16名导游获评全国特级导游。这是时隔20余年，我国重启全国特级导游考评之后，评选出的新一批全国特级导游。

全国特级导游考评工作对参评者的知识储备、专业能力等方面有着严格的要求，导游需要具备深厚的旅游知识、广博的文化知识、高超的导游艺术、独特的导游风格，还要对旅游领域有深入的研究和独到的见解。

收获荣誉　备受鼓舞

"获评特级导游，离不开平时的日积月累。"新晋全国特级导游、常州旅游商贸高等职业技术学校旅游管理系主任、旅游管理专业教师史剑锋坦言，从2001年开始从事导游工作起，他就给自己定下了规矩：带好每个旅游团，服务好每位游客。经过多年的磨练，史剑锋最终形成了独特的带团风格，深受广大游客喜爱。

提振士气　强化队伍

业界对全国特级导游考评工作的期盼由来已久。2021年10月，全国特级导游考评工作一经启动，便引发了社会各界的广泛关注。业界纷纷表示，这对提振当前文旅行业士气、振奋行业精神具有重要意义，不仅树立了新时代的行业标杆，也为导游队伍建设注入了新活力。

"文旅行业的核心在于人，而导游的综合素质和能力水平是旅游服务的重要体现。重启全国特级导游考评工作，有助于在文旅行业大力弘扬工匠精神，树立行业新风，奠定文旅行业发展的人才基础。"北京第二外国语学院旅游科学学院学术委员会主任谷慧敏说。

加强宣传　推动发展

以全国特级导游评定为契机，各地积极推动导游队伍结构优化，推动导游职业高质量发展。例如，广西将加强导游队伍建设，创立"特级导游工作室"，创新导游带团模式；通过"特级导游工作室"传帮带引，孵化下一批特级导游；指导行业协会建立全区导游"金话筒"服务品牌，打造一支高水平、高质量的导游队伍，服务全区重大文旅活动；指导特级导游组织编撰《广西导游词》——以必游打卡点为关键，以全区经典路线为牵引的导游实用型工具书。

资料来源：魏彪. 树立行业榜样　振奋行业精神——旅游业界广泛认可全国特级导游考评工作［N］. 中国旅游报，2022-06-03（1）.

请大家根据以上资讯，思考以下问题：

如何以全国特级导游考评为契机，持续提升导游综合素养和服务能力？

一、准备阶段

（一）安排合适的导游人员

旅行社应根据旅游者的国籍、年龄、特殊要求等，安排合适的导游人员。若安排不当，则可能造成接待中的失误。因此，旅行社必须全面了解导游人员的性格、能力、外语水平、身体状况等。如果接待学术团，则应选择在相关领域有一定知识储备、经验丰富的导游人员，使导游人员与旅游者有更多共同的话题，这样旅游者在旅游过程中才会更加轻松愉快。如果接待重点团队，则应选派接待经验丰富的导游人员。对于特别重要的团队，除了选派优秀的导游人员外，旅行社各级主管还可直接参与接待。选派符合旅游者需求的导游人员，有利于更好地为旅游者提供服务。

各类导游人员的概念及选派要求见表 5-1。

表 5-1　　　　　　　　　　各类导游人员的概念及选派要求

导游类别	全陪导游	地陪导游	海外领队
导游概念	受组团社委派，作为组团社的代表，在领队和地方陪同导游人员的配合下实施接待计划，为旅游团（者）提供全程陪同服务的工作人员	受接待社委派，代表接待社实施接待计划，为旅游团（者）提供当地旅游活动的安排、讲解、翻译等服务的工作人员	受经国家旅游行政主管部门批准可以经营出境旅游业务的旅行社委派，全权代表该旅行社带领旅游团从事旅游活动的工作人员
选派要求	√取得导游证 √熟悉业务、知识丰富 √爱岗敬业、责任心强 √工作能力强	√取得导游证 √导游综合素质优秀 √导游业务技能优秀 √符合团队特点	√取得导游证 √熟悉出境游线路产品 √了解目的地国家的出入境管理法规、程序 √了解目的地国家的风俗、语言、习惯 √具备良好的职业道德、认真的工作态度以及处理突发事件的能力

1.选派全程陪同导游人员

全程陪同导游人员（简称全陪）是指受组团社委派，作为组团社的代表，在领队和地方陪同导游人员的配合下实施接待计划，为旅游团（者）提供全程陪同服务的工作人员。旅行社计调部门选派全陪时应重点考虑以下三个因素：

（1）熟悉业务、知识丰富。一个旅游团从建立到结束旅程，涉及的业务部门繁多，各方面关系都需要协调，各种情况都有可能发生，熟悉业务、知识丰富的全陪善于处理各种关系，善于预测可能发生的各种变故，并能采取恰当的应对措施，使游客满意，让旅行社放心。

（2）爱岗敬业、责任心强。全陪是旅游者合法利益的维护者，是保证旅游行程圆满结束的责任人。全陪的工作十分辛苦，且不能出一点差错。只有爱岗敬业、责任心强的导游，才能胜任全陪工作。

（3）工作能力强。全陪必须具有较强的语言表达能力，能与游客充分沟通交流；同时，全陪必须能够熟练处理各种突发事件，独立完成各项工作。

2.选派地方陪同导游人员

地方陪同导游人员（简称地陪）是指受接待社委派，代表接待社实施接待计划，为旅游团（者）提供当地旅游活动的安排、讲解、翻译等服务的工作人员。地接社计调部门应本着高度负责的态度，认真选拔地陪，具体要求包括：

（1）必须选派已经取得导游证的正式导游。

（2）必须掌握导游的基本情况（包括带团年限、证书编号、导游等级、投诉及表扬记录、仪容仪表、身体健康状况、个性品质等），选派有良好职业道德、语言对口、等级高、无不良投诉的优秀导游。

（3）必须考察导游的业务技能，择优选用。要考察的业务技能包括知识储备、服务技能、语言能力、应变能力等。

（4）必须根据团队特点选派导游。例如，对于老年团，适合选派稳重大方的导游；对于儿童团，适合选派活泼、有亲和力的导游。

3.选派海外领队

海外领队是指受取得出境旅游业务经营许可的旅行社的委派，全权代表该旅行社带领旅游团从事旅游活动的工作人员。旅行社计调应从以下几个方面选择海外领队：

（1）取得导游证。

（2）熟悉出境游线路产品。

（3）了解目的地国家的出入境管理法规、程序。

（4）了解目的地国家的风俗、语言、习惯。

（5）具备良好的职业道德、认真的工作态度以及处理突发事件的能力。

海外领队是经营出境旅游业务的旅行社在国外的代表，旅游过程中的很多突发问题都需要海外领队直接处理，所以选派合适的海外领队非常重要。

（二）适时检查与监督导游人员

对于准备工作做得不充分、经验不足的导游人员，旅行社计调部门应进行督促与指导，以利于接团工作的顺利进行。

计调需要制作导游出团通知书，将团队抵、离的时间及地点，旅游线路，团队成员的背景资料、宗教信仰、饮食有无禁忌，与协作单位落实好的接待计划等悉数写明；同时告知导游人员该旅游团的性质（购物团、纯玩团），是否需要交费用及签单等，并做好导游出团通知书、游客意见反馈表、全陪日志（见表5-2）、游客名单、景点门票签单、餐厅签单、导游旗、应付酒店房费支票等资料及物品的交接工作。

表5-2 全陪日志

团号：_____ 单位：_____

实到人数：_____ 车型、车牌号码：_____

地陪：_____ 您对地陪的评价、意见：_____

车辆承租单位：_____ 车辆情况、司机服务态度：_____

日期	行车时间	行程注意事项	餐厅	酒店	购物
			餐厅名称：	酒店名称：	
			用餐情况：	住宿情况：	
			餐厅名称：	酒店名称：	
			用餐情况：	住宿情况：	
			餐厅名称：	酒店名称：	
			用餐情况：	住宿情况：	
			餐厅名称：	酒店名称：	
			用餐情况：	住宿情况：	
			餐厅名称：	酒店名称：	
			用餐情况：	住宿情况：	
备注：					

全陪导游签名：

（三）导游人员的准备工作

1.领取相关表单

相关表单包括接待计划书（见表5-3）；签单纸（如月结纸，不用付现金，签单纸一联归签单单位，一联拿回旅行社）；游客意见反馈表（建议游客填表后，由全陪签名确认）。

表5-3 接待计划书（示例）

旅行社名称：

订单编号		用车单位	
团号		团队人数	
客源地		客源国别	
由何地出发		行程摘要	
起始时间		终止时间	
导游姓名(证号)		导游电话	
计调员		联系电话	
备注			
车属单位		车牌号	
驾驶员姓名		上岗证号	
起点		终点	
总里程		车行天数	
途经点		租车费	
建立日期		修改日期	

旅游行程（旅行社盖章）					
序号	行程日期	所在地区	行程内容	购物地点	用餐地点	住宿地点
1						
2						
⋮						
安全是旅游的生命线　诚信是服务质量的保证						

2.物质准备

准备导游证、导游旗、环保袋等。

3.形象准备

导游人员的着装应符合导游人员的身份，佩戴首饰要适度，不得浓妆艳抹。

4.知识准备

掌握主要参观游览的项目，根据旅游团的特点和要求，准备好讲解内容（包括欢迎词、本地或目的地概况、沿途景点、游览项目）及常见问题的解答。

5.心理准备

导游工作辛苦复杂，因此导游人员应做好被投诉和面临突发事件的心理准备。

6.做好提前联系工作

全陪应提前联系旅游者，确认出发时间、接团时间、具体地点。地陪应提前联系全陪或旅游者，了解其已至何处，落实抵达时间、车牌号码、接团地点等。

二、接团阶段

由于导游人员独自在外带团，因此旅行社很难对接团质量加以有效控制，一些问题与事故也往往在这一阶段出现。所以，旅行社应加强对接团阶段工作的管理，其主要内容包括：

（一）建立请示汇报制度

接团工作独立性强，导游人员尤其是对业务不熟悉的新导游，在遇到计划变更或发生事故等情况时，应及时向旅行社请示汇报。旅行社应制定请示汇报制度，既给导游人员一定的权力，保证工作及时完成，又要有一定的限制，以免因个人能力所限导致问题处理不当。

（二）监督接团计划的落实情况

旅行社管理人员可以随时与导游人员或者景点、酒店联系，了解接团工作的进展情况，以保证服务质量；还可亲自到旅游景点、酒店等地检查导游人员的接团情况，向旅游者了解接团质量，以获取各种反馈信息。

（三）及时处理出现的问题和事故

在接团过程中，由于种种原因，经常会出现一些责任性或非责任性事故，如漏接、错接、误机，旅游者丢失证件或财物、走失或患病、死亡等。旅行社一方面要制定标准化的服务规定，避免事故发生；另一方面，事故发生后要帮助导游人员妥善处理，涉及计划变更的，要做好退订等工作，并及时通知下一站接待社，以维护旅游者的利益，尽可能减少损失。

三、结束阶段

结束阶段的工作主要是对接团的经验和教训加以总结，以提高工作效率和服务水平。

（一）建立健全接团总结制度

为了提高今后工作的服务质量，旅行社应建立完善的接团总结制度，如要求导游人员写出接团工作汇报，内容包括团队基本情况、旅游者的特点及表现、接团中发生问题的原因及处理、工作中的收获及经验教训、待解决的问题等。如果发生重大事故，应将有关事故的全部调查材料及善后处理措施、意见等整理成文并归档，以备查询。

（二）及时收集反馈信息

旅游活动结束后，导游人员应及时收回游客填写的游客意见反馈表（见表5-4），以收集游客对旅途中行、游、住、食等活动的意见和建议，了解游客对导游服务质量的直接感受以及是否存在其他旅游需求，从而改进旅行社的接待计划及服务水平。

表5-4   游客意见反馈表

尊敬的贵宾：

欢迎您参加××旅行社旅游团，祝您开心度过每一天。为了提高服务水平和质量，维护您的利益，请您认真填写本表后交给本公司导游，我们将真诚接受您的意见。谢谢您的支持！

团号：_____ 导游姓名：_____ 旅游目的地：_____

您的姓名：_____ 旅游时间：_____

电话：_____ 地址：_____

（请留下您的联系方式，以便我们做好售后服务，我们承诺保证您的通信隐私！）

行程内容	导游服务			餐饮安排			住宿安排			交通安排		
	好	一般	差	好	一般	差	好	一般	差	好	一般	差

导游是否有下列行为：迟到□   强行加点□   不负责任□   态度不好□

您对本次旅程的总体评价：很满意□   满意□   一般□   不满意□

您下次的旅游意向：

_____

_____

您对本次旅程的宝贵意见：

_____

_____

（三）处理游客的表扬与投诉

表扬体现了游客对导游人员工作的肯定，旅行社可以对优秀导游人员及其事迹进行宣扬，在员工中树立榜样，促进员工素质的提高。

投诉意味着游客对服务质量表示不满，正确处理投诉，不仅可以补救失误，取得游客的谅解，而且可以教育导游人员。对于犯有严重错误的导游人员，旅行社还应做出必要的处罚。

课堂活动 5-1

根据团队情况，以班内同学为例，编制一份导游监控表（见表5-5），包括导游姓名、导游证号、性别、线路及团号、出团日期、游览天数、游客人数等内容，排版应美观。

表5-5   导游监控表

导游姓名	导游证号码	性别	线路及团号	出团日期	游览天数	游客人数

编制人：

任务2 导游管理

◎ **互动导入**

山西省导游管理中心建立导游电子诚信档案

记者从山西省导游管理中心了解到，为了进一步加强对山西省导游管理中心注册导游的管理、跟踪导游从业过程中的服务质量，进而促进导游整体素质和服务意识的提升，该中心将在原有纸质档案的基础上建立导游电子诚信档案，以便动态反映导游从业情况。

山西省导游管理中心根据导游所服务旅行社提供的意见反馈单，结合电话、网络或上门等回访形式，从服务态度、讲解水平、普通话水平、与游客配合情况、组织活动情况、是否有"导购"现象等方面，对导游的服务水平进行综合评价。依照回访记录，将导游带团的质量按非常满意、满意、一般、差四种情况进行分类，给每位导游建立电子诚信档案。

据悉，导游电子诚信档案的建立，对下一步导游的分类管理、优秀导游的选拔、从业导游整体素质及服务水平的提高将起到极大的促进作用。

资料来源：栗美霞.山西省导游管理中心建立导游电子诚信档案［N］.山西经济日报，2012-07-25.

请大家根据以上资讯，思考以下问题：

（1）导游应具备哪些基本的职业道德？

（2）建立导游电子诚信档案对导游的管理有什么作用？

导游是旅游接待工作的主体，在旅游活动中起着主导作用。因此，旅行社计调应该协助导游部，根据《导游管理办法》的要求及企业实际情况，对导游进行培训、考核等方面的管理。

微课 5-2

导游管理

一、导游人员的培训

（一）了解培训需求

了解培训需求是培训活动的首要环节，也是制订培训计划、实施培训活动的基础。培训部门应准确掌握现有导游人员的年龄结构、性别比例、从业经历、受教育程度、业务水平及其在工作中的表现等情况，以确定导游人员是否需要培训以及如何培训。

（二）制订培训计划

培训计划应包括培训目标、培训内容、培训形式、培训时间、培训师资以及经费预算与来源等，下面着重介绍培训目标与培训内容。

1.培训目标

任何一项工作都有目标，目标规定并指出了工作的方向、目的与标准。科学、合理的目标会对向这一目标努力的人产生激励。

导游人员培训的总体目标是提高导游人员的整体素质，以提供高质量的导游服务，让旅游者满意。需要注意的是，旅行社应根据培训对象的不同需求，分别制定不同性质的目标，以保证重点目标重点落实。

2.培训内容

（1）职业道德培训。职业道德培训的内容主要包括三个方面：

①马克思主义"三观"教育（世界观、人生观和价值观）。

②社会主义"三德"教育（社会公德、职业道德和家庭美德）。

③旅游行业职业道德"三意识"教育（政治意识、服务意识和敬业意识）。

（2）服务技能培训。导游人员服务技能的高低，一方面取决于导游人员的受教育程度，另一方面取决于导游人员对实践经验的总结与思考。服务技能培训的内容包括以下三个方面：

①专业技术能力。专业技术能力即导游人员的业务操作能力，如清点游客人数、办理出入境手续、办理住宿手续、使用团旗和喇叭、团费结算等。

②组织协调能力。导游服务过程中需要协调的关系主要有导游人员之间的关系，导游人员与景点、酒店、交通、餐馆、购物商店等的关系，导游人员与游客之间的关系。

③语言运用能力。语言运用能力主要包括听、说、读、写等方面的技能以及对这些技能的综合运用。具体培训内容有发音、用词、语速、语气、态度、姿势等。

（3）基础知识培训。导游人员角色的特殊性要求其必须掌握多方面的知识。导游人员可以不是专家，但必须是"杂家"，必须博学、多识。基础知识培训的内容可以结合旅行社的性质、经营范围和导游类别来确定。

（三）培训计划呈报

培训计划交给旅行社总经理批准后，付诸实施。

二、导游人员的考核

导游人员考核的特点如下：一方面，由于导游工作强调实践性，因此导游人员的考核不能单纯通过考试来完成。导游人员的考核一般包括三个方面：笔试、口试以及工作能力测试。另一方面，导游人员的考核不是一次性完成的，而是长期性的。旅行社必须经常考核导游人员，以适应旅游业日新月异的变化。

国外不少旅行社在考核导游人员时，采用 ASK 原则。"A"即考核导游人员的工作态度（attitude），"S"即考核导游人员的工作技巧和能力（skill），"K"即考核导游人员的知识水平（knowledge）。

三、旅行社对导游人员的管理

（一）建立档案

旅行社的导游部应将所有导游人员的个人资料归档，以便全面了解导游人员对工作的胜任情况。

（二）订立合同

与导游人员订立合同是促使导游人员提高工作责任心和服务质量的重要措施。

（三）导游例会

定期召开导游例会可以使导游人员互通信息，增进了解，增强凝聚力。

（四）组织培训

专职导游、兼职导游都需要定期接受培训，以提高导游人员的素质和服务质量。

（五）导游员星级评定

旅行社可以参考全国旅游监管服务平台的做法，对社内导游进行星级评定，以保证导游队伍的质量。导游员星级分为五个级别，即一星级、二星级、三星级、四星级、五星级。最低级别为一星级，最高级别为五星级。星级越高，表示导游员的等级越高。导游员星级评定的总分数为150分，其中基本条件评分满分为30分，服务质量评分满分为70分，奖励加分满分为50分。最低得分线为：五星级105分，四星级90分，三星级80分。

思政探索 5-1　　　　以游客评价为导向　重塑导游行业生态

2021年6月，文化和旅游部研究制定了《加强导游队伍建设和管理工作行动方案（2021—2023年）》（以下简称《方案》），明确提出要建立以游客评价为导向的导游服务质量综合评价体系，这个方案反映的动向备受各界关注。

导游服务是旅游业的重要一环，近年来这一环节却屡受消费者质疑。一些旅游城市因"恶导游"引发的负面舆情时有发生，甚至让导游这一职业受到一定程度的误解。不买东西不让走，不然轻则言语辱骂、精神施压，重则威胁恐吓甚至伤害游客。这样的导游行业生态，无论如何也撑不起旅游业高质量发展的蓝图。因此，《方案》的制定和施行能否终结个别导游的这一现象，是人们关注的焦点。

　　以往出现上述情况时，地方行政部门和旅游管理部门为维护旅游市场秩序和城市声誉，往往会出面协调解决；对个别性质恶劣的事件，也多采取联合调查组的方式，在查实情况后对恶导游做出吊销导游证的处罚，对涉事旅行社做出责令停业整顿甚至吊销营业执照的处罚，对相关责任人进行罚款，举措不可谓不严。然而，这些措施不但没能使"恶导游"绝迹，有些城市的此类事件甚至一波未平一波又起。其症结在于，这些举措背后是"点对点"的危机公关思维，若想从根本上解决问题，必须通过系统性的制度机制创新，构建全新的导游行业生态。

　　建立导游服务质量综合评价体系，就是一种系统化解决问题的尝试。导游服务也属于服务业，服务业的商品就是服务本身。赋予游客评价导游的权利，并将此评价结果作为衡量旅行社管理和服务水平，以及影响导游收入水平的重要因素，可以在制度设计上激励那些讲解耐心、服务贴心的导游，敦促全行业从业者在服务过程中规范行为、改善服务，从而营造积极健康的行业生态。

　　其实，引入消费者评价机制，改善整个行业生态，这在互联网平台经济领域早有成功经验。从早期的电子商务，到互联网平台开展的外卖、出行、住宿服务，再到直播带货，无不赋予用户（消费者）评价的权利。这既保障了消费者的知情权、公平交易权，也使得整个行业生态更加完善，让市场竞争中的领先者能够脱颖而出。

　　特别需要指出的是，这项改革应以解决行业基础性问题为前提。早有人指出，国内"恶导游"背后的症结是"饿导游"，即导游自身收入极不稳定。一方面，导游的固定薪资很低；另一方面，少数善用威胁恐吓手段的"恶导游"从强迫游客购物中得到的利润分成可观。在这种畸形的市场生态下，导游与游客形成了一种"零和博弈"，这就不难理解个别导游"鹭鸶腿上劈精肉"的宰客行为为什么屡禁不止了。

　　有数据显示，目前我国持证导游有约80万人，他们忙碌在旅游业一线和服务业前端。要想让"恶导游"在这个群体中绝迹，必须设身处地地考虑这个群体的从业环境。因此，《方案》提出了优化就业环境、保障合法权益，完善激励机制、增进职业认同等一系列重点任务，推动劳动报酬指导性标准与服务质量评价相衔接。这样导游服务质量综合评价体系才可能如愿发挥激励和敦促的作用，整个行业的规范发展才会更好实现。

　　资料来源：钟超.以游客评价为导向　重塑导游行业生态［N］.光明日报，2021-06-22（2）.

　　研讨训练：

　　（1）以小组为单位组织交流、研讨。

　　（2）每个小组推荐1名成员做主题发言，各组针对以上资讯，查询《加强导游队伍建设和管理工作行动方案（2021—2023年）》，谈谈对"以游客评价为导向重塑导游行业生态"的看法。

　　（3）从小组互评与教师评价两个方面进行评分，见表5-6。

表5-6   "以游客评价为导向 重塑导游行业生态"研讨训练项目评价表

项目主题 （分值）	评价指标 （分值）	标　准	小组互评 （20%）	教师评价 （80%）	综合得分 （100%）
以游客评价为导向 重塑导游行业生态（100分）	课堂研讨表现（40分）	小组研讨组织得当，全员参与，查询《加强导游队伍建设和管理工作行动方案（2021—2023年）》到位，研讨运用知识、方法、资讯等正确			
	主题阐述（60分）	阐述的内容丰富，效果良好，观点全面，能围绕导游群体的从业环境、推动劳动报酬指导性标准与服务质量评价相衔接等方面阐述认知			

（4）教师与学生依据综合得分情况，确定最优陈述小组。

四、国家加强对导游人员管理的措施

（一）制定导游服务国家标准

从1994年开始，我国就将导游服务质量标准纳入国家标准制订项目计划，以期建立一个适用于各类旅行社的导游服务质量标准。1996年6月，我国正式施行《导游服务质量》国家标准，2011年又根据导游服务发展的新趋势实施了《导游服务规范》国家标准。该标准是将国际上导游服务的通行做法与我国导游队伍的实际情况相结合，并在充分吸收旅游主管部门和国内各主要旅游企业多年来对导游服务质量管理经验的基础上制定的，具有较强的可操作性。该标准根据导游工作流程，明确规定了导游服务的具体内容、顺序与标准，从而使导游服务有据可依。2013年颁布的《中华人民共和国旅游法》进一步健全了旅游服务标准和市场规则。

（二）建立和完善旅游服务质量四级监督管理体系

在旅游服务质量四级监督管理体系中，旅行社的质量管理部门是旅游服务质量管理的最基本单位，也是目前最需要加强和完善的单位。各级文化和旅游行政部门及相关部门通过检查、年审、旅行社质量保证金等制度对导游服务质量进行监控。

🔄 **课堂活动5-2**

（1）导游擅自离团应如何解决？如何预防这种情况的发生？

（2）旅行社对导游的培训内容包括哪几个方面？

👆 项目小结

本项目介绍了导游派遣与管理的方法,计调应做好导游派遣工作,协助旅行社对导游进行管理。

🎯 拓展空间

导游自由执业实现多方共赢

我国从2016年5月起正式启动在江浙沪三省市、广东省的线上导游自由执业试点工作,以及在吉林长白山、湖南长沙和张家界、广西桂林、海南三亚、四川成都的线上线下导游自由执业试点工作。导游自由执业终于开启了"脚踏实地"的节奏,赢得了社会各界的普遍关注。

导游自由执业包括线上和线下两种方式。线上导游自由执业是指导游向通过网络平台预约其服务的消费者提供单项讲解或向导服务,并通过第三方支付平台收取导游服务费的执业方式。线下导游自由执业是指导游向通过旅游集散中心、旅游咨询中心、A级景区游客服务中心等机构预约其服务的消费者提供单项讲解或向导服务,并通过第三方支付平台收取导游服务费的执业方式。

而在此前,不少媒体也关注了携程旅行网的"互联网+导游领队"举措。网上报名携程自营出境游产品,跟团游客可以在网上提前看到领队怎么样、客人点评、人气值、个人游记等。虽然携程旅行网的导游领队点评系统目前仅应用于团队旅游,但其技术探索可以迅速使其转化为导游执业的线上交易平台。

长期以来,我国对导游行业的管理沿袭了计划经济时期的管理思路。在旅游产业化之前,旅游者对导游(古时称"向导")服务的需求是零星的、少量的,几乎可以忽略不计。但是随着旅游产业化进程的加快,旅行社成为组织旅游活动的主要载体,导游服务成为团队旅途中的关键环节。可以说,导游和旅行社之间是相互依赖的关系。同时,为了便于对导游的管理,我国法律规定导游必须接受旅行社委派才能为旅游者提供服务。

一段时间以来,由于旅行社行业供过于求,市场竞争激烈,加上相当多的旅游者贪图低价,因此零负团费模式泛滥成灾。导游由于不能自由执业,高度依赖旅行社,因此常常被裹挟其中,不仅导游服务的价值客观上得不到承认,而且由于异化为"导购"而时常成为消费冲突的焦点。

与此同时,随着大众旅游时代的到来,个性化的自助游、自驾游正大行其道,其中也孕育了大量对导游服务的需求,但受制于现有导游管理体制,旅游者如果不通过旅行社,则根本不能合法购买到导游服务。

导游服务本身是一种劳动力商品,其价格必然由供求关系决定,但前提是这种供求关系应该以信息对称、真实反映导游服务与游客需求的市场化配置状态为基础。比如,小费合法化的尝试是一项有益的探索,如果以导游自由执业为基础,就会顺利得多。

我们都知道，导游提供的服务本身是有价值的，只是付费方式不同。目前，一种是纯玩团模式，把导游服务费直接包含在团费中先行收取；另一种是零负团费模式，不仅没收导游服务费，甚至团费本身都是低于成本的，这时导游就需要通过自费项目把钱变相收回来。对前一种模式来说，导游服务好坏都一样，很难建立起服务与导游收入之间的正相关关系；后一种模式则是"羊毛出在羊身上"，游客的主观体验往往不好，甚至会导致强制交易、坑蒙拐骗等恶性事件的发生。

由于导游服务是"单兵作战"，远离领导、旅行社的监督，只有游客能够评判导游服务水平的高低、好坏。如果让游客在旅行结束后给导游打分，再由旅行社根据打分机制给导游钱，这个评价机制往往会失灵。因此，最直接的评价机制还是通过小费来体现。

如果真正将小费合法化，市场就会出现多元形式，旅行社可以推出一种介于纯玩团模式和零负团费模式之间的新型商业模式和产品组合，这样导游就有了正常的获取劳动收入的途径。另外，回扣属于暗箱操作，大多数游客不知道水有多深，这对游客来说不公平；小费方式健康、透明，游客可以根据导游的表现支付，游客和导游对此都能明确预期——服务了，就有小费；服务得好，小费就多。小费不仅是对导游劳动的尊重，也使导游行为得到了监督，游客对导游服务具有评判权。

有人认为，小费是舶来品，不符合国情。其实，小费从本质上看就是我国古代的"打赏"，只是名称不同而已。现在要让人们重新接受小费文化，确实需要一定的过程，也需要营造与之相配套的环境，这无疑是旅游市场走向成熟的必经之路。当然，我们也要明确，给小费一个合法地位，并不是要强制游客付小费。小费终究还是要建立在自愿支付的基础上，由游客来决定。

因此，给导游松绑，凸显导游服务的独立价值，实行导游自由执业是必由之路。导游自由执业有利于一大批品牌导游的产生，游客和旅行社也更容易购买到优质的导游服务。

上有国家相关部门推动的政策试点，下有携程等在线旅游企业的平台技术探索，"政策+平台技术"珠联璧合，导游自由执业看起来已经水到渠成、蓄势待发，导游、旅游者、旅行社和交易平台多方共赢的局面必将出现。

资料来源：刘思敏. 导游自由执业实现多方共赢［EB/OL］.［2016-05-26］. https://opinion. huanqiu.com/article/9CaKrnJ VF5k.

6

项目导言

　　旅行社计调除了应细心周到地安排团队行程外，还应对团队的行程进行质量监控，对旅游过程中的突发事件也要灵活应变、合理处置。

交互式课件
6-1

团队质量监控与突发事件处理

学习要求

项目目标 ● 掌握团队质量监控的基本方法。
● 了解旅行社突发事件的处理方法。

思政目标 ● 围绕团队质量监控、突发事件处理等知识，引导学生树立质量意识、标准意识。
● 结合"海南旅游突发公共事故责任保险项目"案例进行研讨，培养学生守正创新、敬业专业的意识。

| 任务1 | 团队质量监控 |

◎ **互动导入**

　　小赵是某旅行社入境团的计调。一天，小赵接到云南某地接社的电话，说已经接到小赵的通知，2天后飞桂林的团队人数由19人变更为21人，但是其收到票代购买的团队机票只有19张。小赵马上打电话跟票代核对，这才发现原来团队人数变更时，变更计划只发给了地接社，没有发给票代，票代还是按以前的名单出的票。最后，小赵只好让票代买了2张散客票补上，以保证团队顺利出行。

　　请大家根据以上案例，思考以下问题：

　　(1) 计调出现失误的原因是什么？

　　(2) 为了避免出现这些问题，计调可采取什么措施？

一、团队质量监控的目的

　　团队质量监控是一种有目的的主动行为，其实质就是保持（或改变）事物的某种状态，使其达到预期目的。旅行社的接待计划不同于其他生产行业的指令性计划，它会受到旅游者个人、社会各行业，以及政治、经济、文化等因素的影响，因此可变性很大。甚至更改后的计划在实施过程中，又会因过多客观因素和主观因素的影响而不能按预期目标进行。

　　旅行社的接待计划多次反复变动，往往会造成各种差错，甚至造成严重的经济损失。因此，防止出现差错正是实行团队质量监控的目的。

微课6-1

团队质量
监控

二、团队的全过程质量监控

　　团队的全过程质量监控就是对旅游产品开发、使用和反馈的全过程实施系统管理，具体可以分为三个阶段，即游前阶段、游中阶段和游后阶段。

　　（一）游前阶段

　　在游前阶段，主要是对旅游产品的设计、宣传、销售工作进行质量监控。具体来说，就是在信息收集、经营决策、线路设计、操作实施和接待准备等环节实施质量控制，防止出现无吸引力和名不副实的旅游产品，以保证旅游产品的质量。

　　旅游接待部门应仔细检查重点团队及新手制订的接待计划，对某些不合理的安排应及时予以纠正；同时，应检查导游人员准备工作的落实情况，对准备工作做得不充分及经验不足的导游人员应进行督促与指导，若有困难应迅速帮助解决，以便接团工作的顺利进行。

　　（二）游中阶段

　　在游中阶段，主要是对旅游服务进行质量监控。

1.导游服务

导游服务质量监控主要是对导游的仪容仪表、服务态度、讲解水平、工作方式等方面进行监督控制。旅行社可以通过收集旅游者对导游服务质量的信息反馈，随时监控导游的服务质量。

2.协作单位的服务

旅行社对各协作单位，如酒店、餐厅和车队等的服务质量也应进行监控。旅行社必须选择服务好、信誉好的单位作为合作伙伴，并且有责任和义务监督各协作单位按约定为游客提供满意的服务。换句话说，只有在每个接待环节上都形成有效的质量保证体系，才能使游客得到物质和精神上的满足。

（三）游后阶段

在游后阶段，主要是做好旅游产品质量的检查和评估工作，提供售后服务与处理顾客投诉，总结接团的经验和教训，从而提高工作效率和服务水平。

旅行社计调应根据导游的反馈及相关资料，对团队各方面的情况进行总结。

1.食

计调应了解旅途中各餐厅的服务质量是否符合合同规定，游客的用餐过程是否顺利、餐具是否卫生，用餐后游客对餐厅的服务及旅行社的安排有什么意见。

2.住

计调应了解旅途中酒店是否按照约定安排了旅游团的住宿，旅游团在入住过程中是否与酒店发生过纠纷，酒店的服务质量如何。

3.行

计调应了解旅游车是否圆满完成任务，司机及导游在旅途中是否尽心尽力为游客提供服务，旅途中是否遇到交通难题，车况如何。

4.游

游览是旅游团出游的目的，是整个行程的核心。计调应了解导游是否按计划带领游客游览景点，游览过程中有无变更行程，导游的讲解情况如何、服务是否到位，游客对游览线路的安排有何意见。

5.购

购物是旅游活动中的调味剂，它丰富了整个行程，带动了经济的发展，传播了旅游地的文化。因此，在符合《中华人民共和国旅游法》相关规定的前提下，在行程中适当安排购物具有积极意义。计调应了解旅游过程中是否安排了购物，购物活动的安排是否符合法律规定，游客对安排的购物活动是否满意。

6.娱

计调应了解导游在旅途中是否安排了必要的娱乐活动，以及游客对安排的娱乐活动是否满意。

游前、游中、游后三个阶段是一个不可分割的完整过程，全过程质量监控要求旅行社形成一个综合性的质量体系，要树立预防为主、防检结合的思想。由于旅游产品具有直接性，即旅游产品一旦出现质量问题，事后是难以弥补的，因此质量监控工作的重点应从"事后把关"转移到"事先预防"上来，防患于未然。

三、团队质量监控的基本方法

由于旅行社服务工作本身的特殊性和旅游过程中不可预见的因素十分复杂，因此对团队质量的监控应采取多种方法，这样才能收到较好的效果。

（一）制定质量标准及奖惩措施

对于能够直接控制的环节（如导游服务、旅游线路设计等），旅行社应制定质量标准及操作规程，并通过奖惩措施使之得以贯彻执行。

（二）签订合同

对于向旅游供应商采购的那部分产品的质量，往往不是旅行社能够直接控制的，但是这部分产品又是旅行社出售的旅游产品的重要组成部分，因此旅行社也必须采取一定的措施加以控制。旅行社在事前应严格筛选旅游供应商，通过签订合同约束旅游供应商，以保证旅游产品的质量。

（三）广泛征求游客意见

旅行社应广泛征求游客意见，从而不断改进服务质量。

游客的意见一般包括三个部分：一是对旅游线路、行程安排和节目内容的意见；二是对住宿、餐饮、交通等方面的意见；三是对旅行社接待工作和接待人员的意见。

◆ 课堂活动6-1

（1）讨论团队质量监控的最新方法。

（2）进行团队质量监控的目的是什么？

任务2　突发事件处理

◎ 互动导入

10月16日晚，旅游者张某与四川某国际旅行社（以下简称某国际社）签订了九寨沟、黄龙景区4日游的旅游合同，合同约定10月17日早晨出发。10月17日，旅游车行至都汶高速公路时遇到道路塌方（道路塌方发生于10月16日上午，当地新闻媒体在同日下午对此事件进行了报道），交警实施交通管制，原定行程无法正常进行。导游员游某在某国际社授权下变更行程，车辆绕道绵阳一线赴九寨沟，导致行程延误。张某因此提出异议，要求赔偿时间损失。

10月19日，导游员游某擅自取消了黄龙景区的游览，改为游览松潘古城，并将原定夜宿黄龙改为茂县，导致住宿费用增加了150元。游览松潘古城途中，游某还擅自增加购物项目，在游某安排的旅游购物点，张某花2 000元购买了一只玉镯，后经鉴定为假货。为此，张某向有关部门投诉，要求某国际社承担购买假货的赔偿责任，退还未游览黄龙景区的门票款，赔偿降低服务质量费用600元。

请大家根据以上案例，结合《中华人民共和国旅游法》的相关规定，思考以下问题：

（1）旅行社是否应该对旅游者的购物损失承担赔偿责任？

（2）旅行社计调应该如何对此团队实施监控与管理？

微课 6-2

突发事件处理（上）

微课 6-3

突发事件处理（下）

一、旅行社突发事件

（一）旅行社突发事件的定义

旅行社突发事件是指在旅行社安排的旅游活动中突然发生的，对游客、旅行社工作人员及其他相关人员的人身和财产安全可能造成或者已经造成严重危害，需要旅行社采取应急处置措施予以应对的各种事件。

（二）旅行社突发事件的分类

根据事件发生原因，旅行社突发事件通常可以分为四类：

第一，不可抗力所致突发事件；

第二，旅游活动组织者本身操作不当所致突发事件；

第三，旅游供应商原因所致突发事件；

第四，游客自身原因所致突发事件。

二、突发事件处理技巧

旅行社应遵循法律法规及其他相关规定，结合旅行社业务的实际情况，制定突发事件应急预案，并根据形势变化，及时修订应急预案。同时，旅行社应根据突发事件的性质、特点、危害，对突发事件进行等级细分，制定出相应的应急管理程序和制度。

计调应对旅行社突发事件一般流程如图 6-1 所示。

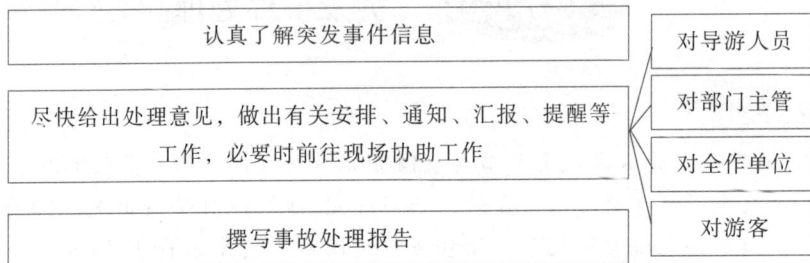

图6-1　计调应对旅行社突发事件一般流程

（一）不可抗力所致突发事件的处理

《中华人民共和国民法典》第一百八十条规定："不可抗力是不能预见、不能避免且不能克服的客观情况。"不可抗力一般有两种情况：一是自然原因导致的不可抗力，如洪水、台风、地震等；二是社会原因导致的不可抗力，如战争、罢工、政府禁令等。

第五百九十条规定："当事人一方因不可抗力不能履行合同的，根据不可抗力的影响，部分或者全部免除责任，但是法律另有规定的除外。因不可抗力不能履行合同的，应当及时通知对方，以减轻可能给对方造成的损失，并应当在合理期限内提供证明。当事人迟延履行后发生不可抗力的，不免除其违约责任。"

在旅游过程中，游客乘坐交通工具的时间并不少，受天气影响导致交通工具晚点对旅行社来说属于不可抗力所致突发事件，一般包括以下几种情况：

1.飞机晚点

飞机晚点即飞机不能按照计划正点起飞。如果导游、旅游团队或者散客到达机场之后才得知飞机晚点的消息（即使计调在导游、旅游团队或者散客到达机场之前就已接到飞机晚点的通知，一般情况下，也会按照接待计划和行程安排要求其赶往机场，因为机场很难在较短的时间内给予准确的起飞通知），则计调应叮嘱导游控制好自己的情绪，不要随便发表对机场不满的言论，应以飞机晚点属于不可抗力为核心理由向游客解释，同时要求导游尽快与机场方面取得联系，将晚点情况核实清楚。

2.车船晚点

由于火车受天气的影响很小，因此火车晚点的事故较少出现。旅游船受天气的影响较大，一旦出现恶劣天气，就可能会晚点。旅游车晚点的原因一般有两种：一是交通堵塞耽误了行车时间；二是天气恶劣影响了行车速度。车船晚点情况发生后，导游应尽快将晚点的具体情况汇报给旅行社计调，计调应针对晚点情况做出相应安排。如果晚点时间较长，计调应尽早通知餐厅、酒店等有关部门，尽量降低损失。虽然车船晚点不是旅行社的责任，但是导游接到游客后，一定要热情接待，解释晚点的原因，让游客从不满的情绪中走出来。

（二）人为原因所致突发事件的处理

人为原因所致突发事件主要有以下几种情况：

1.空接

空接是指导游按照旅行社计调提供的接待计划的要求，在规定的机场、码头或者车站没有按时接到应接的旅游团队或者散客。

空接事故一旦发生，导游一定要及时告知计调，计调在认真了解情况后，应尽快做出处理空接事故的意见。如果推迟到达时间不长，则导游可以留在迎接游客的地点继续等候。如果旅游团不能按照原计划旅游，或者推迟到达时间较长，则计调一方面应及时通知所有可能产生费用的餐厅、酒店、车队等合作单位，将损失降到最低；另一方面应对空接的导游做好安排。

2.漏接

漏接是指旅游团队或者散客到达旅游目的地的机场、码头或者车站后，没有导游迎接。漏接的原因主要有以下几种：

（1）导游没有预留充分的时间到达接客地点，导致游客未能准时见到导游。

（2）导游工作不认真，记错了接客时间，或者搞错了接客地点。

（3）计调忘记安排导游接游客。

（4）计调没有及时将旅游团队或者散客提前到达的信息通知导游。

漏接事故出现后，计调或者旅行社相关负责人应尽快安排导游前往接客地点，并委托导游向游客赔礼道歉。不管是什么原因造成的漏接，不管游客对导游如何发火、抱怨，导游都应礼貌对待游客。如果不能使游客满意，那么计调部经理或者更高层的领导应亲自向游客赔礼道歉，必要时还可给予游客适当的物质赔偿。

3.错接

错接是指计调委派的导游在机场（或者车站、码头）接到了不属于自己迎接的旅游团队或者散客。一般情况下，错接事故不会发生，一旦发生错接事故，将会给旅行社带来非常大的麻烦。

造成错接的原因主要有：

（1）旅行社计调向带团导游交代接待任务时不具体。

（2）导游工作马虎，没有认真阅读接待计划，接团时没有仔细核对全陪、领队的信息。

错接事故发生后，导游不能惊慌失措，应该立即请示旅行社计调，计调应安排导游以最合理的原因向游客解释，并要求导游按照游客的旅游计划提供完善的服务。同时，计调应立即查找导游应该迎接的旅游团队或者散客的去向，尽快安排好游客的旅游相关事宜，弄清楚错接的游客是否属于同一个旅行社。如果属于同一个旅行社，那么计调可以通知导游继续接待游客，为游客提供服务；如果不属于同一个旅行社，那么计调应设法尽快与错接游客的旅行社取得联系，尽早将游客交给所属接待社的导游。交接时，计调应叮嘱导游向游客表示歉意，以便取得游客的谅解，把损失降到最低。

4.游客走失

在旅游过程中，有时会发生游客走失事故。游客走失事故的发生主要有以下几种情况：

（1）在旅游景区参观游览时，游客没有记住旅游车的停车位置或者走错了景区的游览线路。

（2）游客在某处停留时间过长，从而脱离了团队和导游。

（3）游客在自由活动时走失。

游客走失事故发生后，地陪导游应该与全陪和领队商量寻找方法并立即开始寻找。若经过努力仍然找不到游客，导游应马上与景区派出所及有关部门取得联系，请求帮助，同时应向旅行社计调汇报；如果仍旧找不到走失的游客，地接计调和旅行社领导应出面协调解决，并向当地公安机关报案，请求帮助寻找。

找到游客后，如果是导游的责任造成走失事故，那么导游应该向游客赔礼道歉；如果是游客自身原因造成走失事故，那么计调应提醒导游不要指责和埋怨游客，应对游客进行安抚，讲清利害关系，提醒游客在后续行程中注意安全。

5.游客突然不能履行接待计划

受家庭或者工作的影响，游客在旅游过程中突然要求终止旅游活动，或者在旅游结束后要求延长在旅游地的停留时间或赶往另一地的事件偶有发生。

（1）游客突然要求终止旅游活动。这类事故的责任人是游客，由此产生的经济损失应由游客自己承担。遇到此类事件时，导游应该尊重游客的选择，理解游客的难处，并向计调汇报此事。计调应向旅行社领导汇报，在征得领导同意后，向游客说明此类事件的处理程序及有关注意事项，办理离团证明。离团证明示例如下：

××旅行社团友离团证明

本人因＿＿＿＿＿＿＿＿＿＿＿＿＿＿＿＿＿＿＿＿＿＿＿＿＿＿（原因），决定从年＿＿＿＿月＿＿＿＿日＿＿＿时至＿＿＿年＿＿＿月＿＿＿日＿＿＿时不参加原定的行程，自愿离团。未发生的费用按与旅行社签订的合同处理。离团后安全责任自负！

特此证明。

离团游客：
日　　期：

在满足游客终止旅游活动要求的同时，旅行社应帮助游客按照交通部门的有关规定办理退票手续，妥善解决返程的交通票据，产生的费用由游客自理。

需要注意的是，由于旅游活动终止，未产生的应该退还给游客的费用，应等到旅游活动结束后，地接社和组团社结算费用时由双方旅行社协商，而不是在游客终止旅游活动的同时结算应该退还的费用。

（2）游客要求延长在旅游地的停留时间或赶往另一地。旅游活动结束后，游客可能无法按照接待计划中规定的时间离开，而是脱离团队，在旅游地停留一段时间或者赶往另一地。遇到这种情况时，导游应马上向计调汇报，计调在征得旅行社领导的同意后处理此事。导游和计调应尊重游客的选择，但计调应该把此类事件的办理程序和注意事项告知游客，因退票而发生的额外费用应该由游客自己承担。

虽然游客在当地的旅游活动结束了，但是计调仍然要把自己的联系方式告诉游客，并且有责任帮助游客解决在当地停留期间的有关预订问题；如果游客继续到另外一地旅游，需要旅行社帮助联系，计调有责任帮助游客安排好下一站的旅游，但是所有注意事项和可能遇到的问题要一同跟游客讲清楚，必要时游客应出具书面材料并签字或者签订合同。

6.游客患病或伤亡

在旅游过程中，一旦发生游客患病、伤亡等事故，地陪导游、全陪导游及领队应全力处理，导游应及时向旅行社汇报，计调和旅行社领导应全力指导并配合前方导游的工作，直到导游将事故处理完毕。

如果事故不能在很短的时间内处理完毕，为了不耽误团队其他游客继续旅游，导游应带团继续进行游览活动。计调和旅行社领导应亲临事发现场，与团队有关人员一起工作，按照国家的有关规定处理事故，力求处理得及时、合法、合理，使游客及其家属都满意。同时，亲临现场的计调或者其他工作人员应把有关证明材料、收据、发票等收集整理好，实事求是地写出事故处理的详细报告，上交旅行社存档备查。

三、突发事件的预防

在旅游过程中遇到突发事件，不仅会给受害者带来损失和痛苦，而且会对旅行社的信誉和社会的秩序产生不良影响，因此在日常工作中，计调应当注意积累相关常识，积极准备，做好突发事件防范工作。

（1）在设计行程和报价时，要以"安全第一"和"行程顺利"为原则。一般情况下，常住地和旅游目的地的距离超过500千米时，游客会首选飞机，其次是火车、大巴车。行程的安排不能过于紧张，以免造成大巴车司机为赶行程而超速行驶的安全隐患。当道路通行条件较差时，应避免安排夜间行车，尽量安排中小型巴士。行程结束前一天不安排乘旅游大巴车的远途旅游活动，因为一旦遇到大雾天气、交通堵塞或其他不可预见的突发事件，将导致无法顺利返程。

（2）选择接待能力强、信誉良好、操作规范的地接旅行社进行合作。

（3）对地接社团费的合理性进行摸底。抵制零团费和负团费等恶性竞争行为，避免地接社因压缩采购成本而产生安全隐患。

（4）在旅游旺季，要提前了解酒店和交通的运转负荷情况及价格变化信息，避免出现已报价线路突然涨价，造成团队成本猛涨而不得不取消团队的情况；避免因旺季酒店、旅游巴士等供不应求，而采取"退而求其次"的处理办法。

（5）在团队出发前，应了解出发地和目的地的天气情况，如是否有大雾、暴风雪、台风等天气，以免对行程造成影响。

（6）对于非常规路线或线路首发团应谨慎操作，充分了解目的地的接待能力及提供安全服务的情况等，必要时旅行社应派人先行考察，确认没问题后方可安排团队出行。掌握不同线路产品的操作特点，提高防范意识，做好准备工作。

（7）对于大型旅游团队，由于人数较多，因此其对交通运力、景区和酒店的接待能力，以及旅行社的组织协调能力等方面的要求更高。旅行社应组成专门的小组，策划接待中的各个具体事项，并对接待中可能出现的各种问题编制应急处理预案。

（8）计调应坚持学习旅游相关法律法规及旅游业界对突发事件的处理程序，完善突发事件处理操作规范；同时，计调在向导游交代接待计划时，一定要认真仔细，导游在带团过程中也应尽心尽责，尽量在力所能及的范围内预防和避免突发事件的发生。

思政探索 6-1　　　　　海南启动旅游突发公共事故责任保险项目

2021年4月，由海南省旅游和文化广电体育厅主办的海南省旅游突发公共事故责任保险项目启动仪式暨诚信经营交流培训活动在海口举办。

据了解，该项目由海南省旅游和文化广电体育厅、海南银保监局联合江泰保险经纪股份有限公司推出，通过旅游企业自愿购买、政府给予30%补贴的方式，扶持海南旅游业、保险业的发展。项目适用于旅行社、旅游景区、酒店民宿、椰级乡村旅游点和涉及旅游商品、邮轮游艇、高尔夫旅游等经营业务的七类企业，主要保障范围包括因突发公共安全事件、第三者场所责任所产生的救助金、医疗费用、经济赔偿，以及救援、事故鉴定等费用。

"安全是旅游的生命线，诚信经营、文明待客更是旅游行业的立业之本。"海南省旅游和文化广电体育厅党组成员、副厅长敖力勇表示，活动旨在进一步提升海南旅游企业应对公共安全事件的能力，增强旅游企业安全生产及诚信经营的责任意识，加快推进海南自由贸易港和国际旅游消费中心建设。各市县文化和旅游部门、各涉旅行业协会、各旅游企业要牢固树立"人民至上，生命至上"安全理念，高度重视安全生产工作，严格落实安全工作各项措施，加强安全检查；同时，要切实抓好文明旅游、诚信旅游，高度重视、及时处理各类涉旅纠纷，努力塑造海南旅游企业诚实守信、热情待客的良好形象。

资料来源：林雯晶.海南启动旅游突发公共事故责任保险项目［EB/OL］．［2021-04-26］.http://www.ctnews.com.cn/news/content/2021-04/26/content_102687.html.

研讨训练：

（1）以小组为单位组织交流、研讨。

（2）每个小组推荐1名成员做主题发言，各组针对以上资讯，查询海南旅游突发公共事故责任保险项目资料，谈谈对设立旅游突发公共事故责任保险的看法。

（3）从小组互评与教师评价两个方面进行评分，见表6-1。

表6-1　　　　"海南启动旅游突发公共事故责任保险项目"研讨训练项目评价表

项目主题（分值）	评价指标（分值）	标　准	小组互评（20%）	教师评价（80%）	综合得分（100%）
海南启动旅游突发公共事故责任保险项目（100分）	课堂研讨表现（40分）	小组研讨组织得当，全员参与，查询海南旅游突发公共事故责任保险项目资料到位，研讨运用知识、方法、资讯等正确			
	主题阐述（60分）	阐述的内容丰富，效果良好，观点全面，能围绕突发事件的预防、守正创新等方面阐述认知			

（4）教师与学生依据综合得分情况，确定最优陈述小组。

课堂活动6-2

（1）根据国内旅游组团合同范本，与小组成员通过角色扮演，模拟合同签订的流程。

（2）旅游突发事件的预防措施有哪些？

（3）撰写一份旅行社团友离团证明。

（4）对当地旅行社进行实地考察，了解旅行社相关人员处理突发事件的方法及注意事项。

📌 项目小结

本项目介绍了旅游接待过程中的质量监控工作，以及突发事件的预防及处理技巧。计调在日常工作中，应当注意积累相关经验，防止出现差错，做好突发事件防范工作。

◎ 拓展空间

旅游接待计划变更的处理

旅游接待计划是按照旅游合同的内容编制的，一般不得轻易改动。然而，由于旅行社在产业链中的特殊位置，因此旅游接待计划极易受到相关因素及突发事件的影响，从而产生变更。计调部在旅行社中处于中枢位置，当突发事件发生时，计调人员应积极应对，立即拟出应急方案，并与旅行社相关部门及交通部门、酒店、地接社等迅速沟通，对旅游接待计划做出相应变更。

变更旅游接待计划应严格遵循以下原则：变更最小原则、宾客至上原则和同级变通原则。其中，同级变通原则是指旅游接待计划变更后，服务内容与最初的安排在级别、档次上应力求一致，尤其是在住宿、用餐方面。

一般来说，突发性旅游接待计划变更的处理方法包括：考虑包机，但要注意控制成本；若将飞机改为火车，应尽量利用晚间，且距离不宜过长；若铺位不足，可考虑加挂车厢；若加挂车厢不行，可考虑改为汽车；若酒店、餐厅出现问题，应选择附近同级别的酒店、餐厅，还可采取加菜、送小礼品等方式弥补因变更旅游接待计划而给游客带来的损失。

7

项目七 旅行社业务核算、结算与客户档案管理

项目导言

　　旅行社在开展旅游业务的过程中，必然与提供旅游产品的旅游供应商、招徕旅游者的客源地旅行社、接待旅游者的目的地旅行社等发生费用的核算与结算业务。旅行社的财会业务不是旅行社的一项经营性业务，而是一项管理性业务。一个旅行社经营状况的好坏，除了依赖其产品的销售和服务水平外，拥有良好的会计核算体系也非常重要。此外，计调还必须将旅游团队的原始资料归档收存，建立团队业务档案库，以便查阅。

交互式课件
7-1

旅行社业务
核算、结算
与客户档案
管理

学习要求

项目目标
- 理解旅行社业务核算与结算的程序及方法。
- 掌握客户档案管理与维护的方法。

思政目标
- 围绕核算及结算、客房档案管理等知识，引导学生树立标准意识。
- 结合"'小而精'旅游受青睐"案例进行研讨，培养学生敬业乐业的意识。

任务 1　旅行社业务核算

◎　**互动导入**

　　Jim 是某旅行社的外联兼计调，操作一个荷兰的系列团。系列团全年的标准及报价都是一样的，但是有时有些团队会临时要求升级一些安排。比如，从北京到西安，标准是硬卧，而有些团队要求升级为软卧，差价由领队收齐后直接交给 Jim。由于对接的财务人员不熟悉业务，不知道这个差价是现付结算，而业务主管出于对 Jim 的信任，也没有仔细核对账单。因此一年下来，好几个团队的火车票差价都没有上缴财务。直到业务主管偶然核对团队的款项时才发现问题，付给北京地接社的火车票有的团队是软卧的价格，有的团队是硬卧的价格，对荷兰地接社收取的火车票却都是硬卧的价格，Jim 将现收的差价中饱私囊了。

　　请大家根据以上案例，思考以下问题：

　　（1）在这件事情中，哪些环节存在问题？

　　（2）如果你是旅行社的管理人员，应如何杜绝这类事情的发生？

一、旅行社业务核算

　　旅行社的业务范围包括国内组团、出境组团、国内地接、入境地接等。因此，旅行社业务核算主要分为组团业务核算和接待业务核算两大类。

微课 7-1

旅行社业务
核算

二、组团业务核算

　　组团业务核算的内容包括报价的核算、组团收入的核算和组团成本的核算等。随着我国旅游业的蓬勃发展，组团业务在旅行社中的地位越来越重要。

　　（一）报价的核算

　　旅行社组团业务的报价是旅行社为游客提供服务的收费标准。由于旅游景点、旅游天数，以及提供的膳食标准、住宿标准、交通工具等不同，因此收费标准也不同，依据旅游服务对象的接受程度和上述因素综合制定合理的旅游等级和旅游价格就显得尤为重要。科学合理的报价既可以防止营私舞弊，又可以提高旅行社的竞争能力。

　　旅行社财务部门应对经办人填制的旅游报价单（见表7-1）进行审核。审核的主要内容包括报价单是否填写完整、各项定价是否合理，并对成本和收入进行预算，在具有可行性的情况下认可或提出新的收费标准。

表 7-1
旅游报价单

年　　月　　日

团号：　　　　　　　　价格等级：　　　　　　　　旅游线路：

日期	天数	服务费	交通费	住宿费	餐费	门票	其他	合计
每人报价合计								
备注								

负责人：　　　　　　审核人：　　　　　　部门：　　　　　　填表人：

（二）组团收入的核算

组团收入主要是指组团外联收入，即组团社自组外联，收取游客在餐饮、住宿、交通、门票、导游、文娱活动等方面的费用而取得的收入。不属于组团外联收入的其他各项收入均归入其他服务收入。

旅行社财务部门在核算组团收入时，首先应对组团收入进行确认和计算。参照企业会计准则的规定，组团收入的确认应遵循以下两个原则：一是劳务已完成或其完成程度能够可靠地计量；二是与交易相关的经济利益能够流入企业。也就是说，组团社必须同时满足上述两个条件才能确认收入。如果游客没有离境或旅游接待任务没有完成、旅行社没有取得价款或收取价款的凭证，则组团社不能确认收入。

（三）组团成本的核算

旅行社的组团成本主要由组团外联成本、小报价成本、劳务成本和其他服务成本构成。旅行社在核算组团成本时，应重点检查所采购的旅游服务是否按照采购合同上双方约定的价格进行结算。

在实际工作中，为了便于操作，旅行社往往采用以下方法计算组团成本：

组团成本=组团收入-毛利

毛利=旅游团（者）的人数×停留天数×每人每天计划毛利

三、接待业务核算

接待业务是指接团社按照接待计划提供导游、住宿、餐饮、交通、购物、娱乐等一条龙服务的行为。接待业务核算的内容包括结算通知单的审核、接待收入和成本的核算等。接待业务在旅行社的经营业务活动中具有十分重要的作用，衡量旅行社经营效益的好坏和经营业绩指标的高低时，接待业务是重要的参考因素之一。

（一）结算通知单的审核

结算通知单是接团社向组团社收取接待费用的凭证，由团队的全陪填写并由地陪签字。地陪将结算通知单交给财务部门后，财务部门应根据接待计划、变更通知等有关资料，对结算内容逐项进行审核。重点审核结算通知单中的各项内容与接待计划和变更通知是否一致、各项费用的计算是否准确、内容填写是否齐全、有无陪同人员的签字等。结算通知单经审核无误后，交给组团社以收取接待费用。

（二）接待收入的核算

接待收入是指接团社向组团社或旅游服务对象收取的接待费用，主要包括综合服务收入、劳务收入、票务收入、零星服务收入、加点收入、其他服务收入等。综合服务收入是指地接社向游客收取市内交通费、房费、餐费、导游服务费、一般景点门票费用等包价费用而取得的收入；票务收入是指旅行社代办国际联运客票和国内客票而取得的手续费收入；零星服务收入是指旅行社接待零星游客和承办委托事项而取得的收入；加点收入是指接团社向游客收取按其要求增加的计划外当地旅游项目的费用而取得的收入；其他服务收入是指不属于以上各项的服务收入。

接待收入的确认应符合我国企业会计准则规定的收入确认原则，也必须同时满足游客已离开本市和旅行社已取得价款或已取得收取价款的凭证两个条件；否则，不能确认接待收入。

（三）接待成本的核算

接待成本是指接团社因接待业务需要而应付给酒店、餐馆、交通部门、旅游景点的费用。接团社接待成本的内容基本上与接待收入的内容相对应，接待成本通过"主营业务成本""应付账款"等账户进行核算。在"主营业务成本"总分类账下，设置"综合服务成本""劳务成本""零星服务成本""票务成本""加点成本""其他服务成本"等明细分类账户，进行明细分类核算。

此外，在核算接待成本时，还应坚持"分团核算，一团一清"的原则，以便对每笔业务进行考核。

🌀 课堂活动7-1

（1）旅行社业务核算主要分为_____和_____两大类。

（2）接团社接待成本的内容基本上与接待收入的内容相对应，通过"主营业务成本"_____等账户进行核算。

（3）从旅游同行的QQ群中下载一份行程，分别从地接综费、交通费、餐费等方面核算这份行程的各项成本，填写表7-2。

表 7-2　　　　　　　　　　　　团队成本核算表

线路+天数				出发日期		
组团单位				联系人/电话		
参团人数	大　　小　　婴儿			选派全陪	□女　□男（特殊指定：　　）	
报价成本	成人合计	小孩合计		婴儿合计	建议报价	
	地接综费	门票		全陪	护照	
	机票	酒店		接送车	中华人民共和国往来港澳通行证	
	火车票	用餐		出团物品	大陆居民往来台湾通行证	
	高铁票	用车		中途餐	小费	
	船票	地陪		减免/佣金	照相费用	
计调特别说明：						
1.						
2.						
3.						
附其他客户回访信息：						
确认团号				确认价格		
备注：1.本单一式两联，本社销售人员、计调各一联。 2.当要求有变动时，必须重新填写订单，一切以新的订单为准。						

（任务 2）　旅行社业务结算

◎　**互动导入**

　　某旅行社计调小张组了一个单位包团，现收团款 36 000 元；然后小张自己租车、订房、订餐、请导游，并用现收的团款向各方支付了团队的费用；最后，小张上缴了 3 000 元，说是团队的利润。后来经旅行社核查，该团的实际利润为 7 000 多元，即小张截留了 4 000 多元的利润。

　　请大家根据以上案例，思考以下问题：

　　（1）旅行社在哪方面的疏忽导致了这种情况的发生？

　　（2）应该怎样预防类似情况的发生？

动画 7-1

旅行社业务结算

一、旅行社业务结算的含义

　　旅行社业务结算是指旅行社与各单位或个人之间，由于劳务供应、资金调拨以及其他款项往来而发生的货币收付行为。

二、旅行社业务结算的内容

一般来说，旅行社之间的业务结算包括综合服务费的结算和其他旅游费用的结算两部分。表 7-3 是 ×× 旅行社的费用结算单范例。

表 7-3 　　　　　　　　　×× 旅行社的费用结算单

年　　月　　日

团号		地陪	
组团社名称			
旅游团人数	共计：　　　人（成人：　　人　　儿童：　　人）		
团队抵达时间			
团队离开时间			
房费			
车费			
餐费			
导游服务费用			
景点门票费用			
其他旅游费用			
合计			
备注			

收款单位：

开户行：

账号：

地址：　　　　　　　　　邮编：

电话：　　　　　　　　　传真：

（一）综合服务费的结算

1.综合服务费的内容

一般来说，综合服务费由房费、餐费、交通费和门票费等构成。

（1）房费

旅行社根据游客的要求预收入住高、中、低档酒店的房费，按与酒店签订的旺、平、淡三季合同房价、过夜天数和住房间数结算房费。按惯例，预订酒店的房费一般包含早餐费用，因此结算房费时应将早餐费用一同结算。房费分为自订房房费和代订房房费两种。自订房房费由订房单位或游客本人直接与酒店结算；代订房房费由接待旅行社与酒店结算。房费的结算公式为：

房费=实际使用房间数×实际过夜数×房价

例如：30位游客参加了××旅行社组织的"人间仙境——黄山、文化遗产——宏村、山越民俗风情园双卧四天团"。其中一晚入住黄山景区的西海山庄，西海山庄的房费为940元/间。由于西海山庄的房间是双人间，因此旅行社根据团队人数，预订了15间，则房费为14 100元（15×1×940）。

在实际经营中，旅行社一般为旅游团队安排双人房间。有时，旅游团队因人数或性别原因可能会出现自然单间，由此产生的房费差额，可根据事先达成的协议由组团旅行社或接待旅行社承担。旅行社应按照酒店的规定在旅游团队离开当天的中午12点以前办理退房手续。凡因接待旅行社退房延误造成的损失，均由接待旅行社承担；如果游客要求延迟退房，则由游客直接向酒店现付房费价差。

（2）餐费

餐费的结算实际上存在两种形式：一种是将餐费（午餐、晚餐）纳入综合服务费一起结算；另一种是将餐费单列，根据用餐人数、用餐次数和用餐标准结算。餐费的结算公式为：

餐费=用餐人数×用餐次数×用餐标准

例如：30位游客参加了××旅行社组织的"人间仙境——黄山、文化遗产——宏村、山越民俗风情园双卧四天团"。其中一顿团餐安排在黄山风景区的排云楼，用餐标准为80元/人，则餐费为2 400元（30×1×80）。

（3）交通费

交通费按民航、铁路等交通部门的实际销售价格及协议折扣结算，民航机票的团体折扣、淡季折扣要体现在游客身上。

（4）门票费

各旅游景点的门票一般委托地接社向旅游景区采购，由组团社向地接社支付费用。

2.减免费用

一般而言，当旅游团成年游客人数大于16人时，随着人数的增加，应该对综合服务费进行减免；游客携带的2～12周岁（不含12周岁）的儿童，应按成年游客标准的50%收取综合服务费；12周岁以上（含12周岁）的儿童，应按照成年游客的标准收取综合服务费；2周岁以下的儿童在未发生费用的情况下，不收取综合服务费，如果发生费用，由携带儿童的游客现付。

3.审核及结算综合服务费

旅行社财务人员在审核综合服务费时，应对照接待计划和导游填写的结算通知单，对各项费用进行认真审查。其结算公式为：

综合服务费=实际接待旅游者人数×实际接待天数×每人每天综合服务费价格

（二）其他旅游费用的结算

其他旅游费用涉及的项目由组团社在接待计划中事先注明，地接社应按计划安排。应游客要求增加的项目，其费用由游客现付。

知识链接7-1　　　　　　　　　　计调人员应遵循结算四原则

第一，及时。团队行程结束后，计调人员应及时核算账单，并在当月进行结算。根据实际发生的金额，及时调整结算单，不断更新财务数据。

第二，细心。细心记录团队操作中的细节及财务变化，整理并保留财务凭证。

第三，准确。财务数据应准确，不能依靠记忆或估算，应以实际凭证为准。

第四，诚信。遵守财务制度，收取的现金应及时上缴财务。

三、旅行社业务结算的方式

（一）国际业务结算的方式

国际业务结算包括国际贸易结算和国际非贸易结算两种，旅行社的国际业务结算属于国际非贸易结算。旅行社国际业务结算方式的选择，直接关系到其国际合作的成败以及是否能够安全收汇。

在国际业务中，收付款项直接通过运送货币金属结算的，称为现金结算；利用票据转让和转账划拨结清债务的，称为非现金结算或转账结算。国内旅行社与国外旅行机构在结算时，大多采用非现金结算方式，主要包括汇付、托收、信用证三种。

（二）国内业务结算的方式

国内业务结算是指旅行社与国内其他旅游经营单位之间发生的货币收付行为，即组团社与地接社的结算，地接社与酒店、汽车公司、民航、铁路、游船公司等旅游经营单位的结算。国内业务结算一般采取银行转账的形式，因此又称为拨款。地接社在结算时，通常将所有费用按照实际情况分类列明（如图7-1所示）。

```
┌────────────────────────────────┐         ┌────────────────────────────┐
│ 交通费（机票、火车票、船票、当地用车）│ ═══▷ │ 住宿费（标准、天数、间数）  │
└────────────────────────────────┘         └────────────────────────────┘
                                                         ║
                                                         ▽
┌────────────────────────────┐         ┌────────────────────────────────┐
│ 景点门票及其他活动费用     │ ◁═══ │ 餐费（餐标、是否有加餐或减餐）│
└────────────────────────────┘         └────────────────────────────────┘
         ║
         ▽
┌────────────────────────────┐         ┌────────────────────────────┐
│ 导游及司机费用             │ ═══▷ │ 保险费                     │
└────────────────────────────┘         └────────────────────────────┘
                                                         ║
                                                         ▽
                              ┌────────────────────────────────────┐
                              │ 其他费用（袋帽费、礼品费、矿泉水费等）│
                              └────────────────────────────────────┘
```

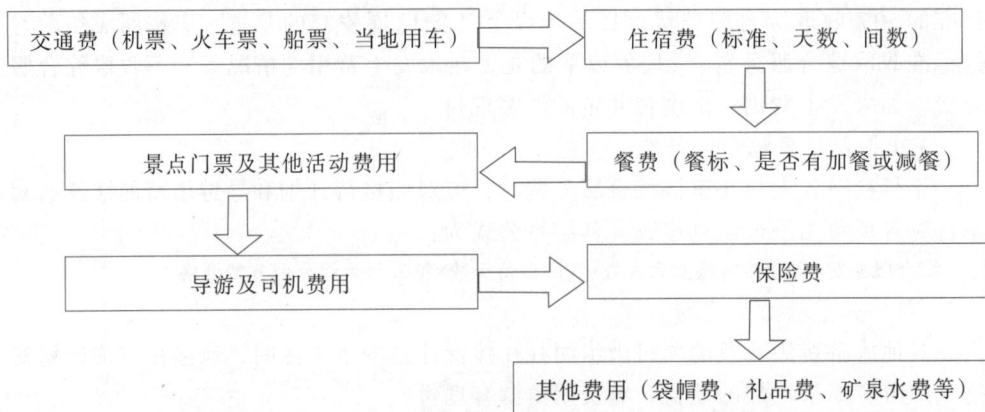

图 7-1　应付账单分项明细

对于国内业务，旅行社应按国家规定的标准及双方签订的协议价格进行结算。国内业务结算的方式除了采用银行转账外，对于一些零星项目或未能事前采购、安排的服务项目，也可用现金直接支付。

四、旅行社业务结算的基本程序

第一，与供应商及时核对账单，根据增减的项目调整结算单，对其中不认可或不一致的地方及时协商更正。

第二，要求导游及时报账，根据导游报账调整结算单，要求导游尽快清还借款。

第三，制作应收账款对账单，列明各项收入；制作应付账款对账单，列明各项支出，每项支出都应有对应的正式发票。

第四，将单据、对账单交公司财务做账并备案。

第五，计调应及时催收账款，避免出现坏账、呆账。

知识链接 7-2　　　　　　　　　计调人员在核算与结算时需要注意的事项

所有团队、散客一经确认，计调人员就应按合同确认件审核报账，如果需要垫款，则必须经总经理同意，以保持公司正常的现金流量。

所有团队在出团前应付 70%～80% 的团款，余款在团队返回后 3 日内必须全部结清，如果出现呆账、坏账，谁造成的损失就由谁负责；散客出团前必须收齐全部费用，如有特殊情况，则必须经总经理批准。

计调人员不负责收取现金，收取现金的工作应由外联负责，尽量避免外联与计调为同一人。如果旅行社人手不足，外联与计调只能为同一人，那么部门主管需认真审核团队的各项支出与收入。旅游行程结束后，计调人员应要求导游尽快报账。计调人员在对账时，应注意审查、验收单据及现金的支出与收入情况。

第一，景点单据。

①签单景点回执单及发票有没有带回，人数有没有按实际情况填写。

②现付景点回执单及发票有没有带回。

第二，住宿、用餐发票和收据。

①每晚住宿发票或收据有没有带回。

②每次用餐发票或收据有没有带回，人数有没有按实际填写。

第三，核对支出、收入及备用金。

①细心核对支出、收入及备用金情况。

②根据团队确认件审核导游所报账目，多退少补。

第四，团队费用必须当月结算，结算单应由计调主管审核、签字。

任务3　客户档案管理

◎　**互动导入**

带走的客户档案

多年来，A旅行社与北欧地区的5家旅行社建立了良好的业务关系。2018年已商定由A旅行社接待该5家旅行社组织的151个来华旅游团队，并对团队来华时间、旅游景点、住宿标准、价格等具体事项进行传真询价及最终确认。其中一些团队已来华旅游，其余团队也将来华。2019年7月至8月间，A旅行社欧美部10余名员工未办理工作调动手续，相继携带工作中使用、保管的旅行社客户档案，投奔B旅行社。B旅行社用这些人员组建了本社欧美二部，随即使用A旅行社的这些客户档案进行经营。截至2019年9月19日，B旅行社已实际接待20余个来华旅游团队，导致A旅行社蒙受重大损失。

请大家根据以上案例，思考以下问题：

（1）旅行社为什么要建立客户档案？

（2）建立客户档案后，旅行社应如何加强管理？

一、旅行社客户的界定

旅行社的客户从广义上可以分为旅游者、供应商、新闻媒体合作者等，它们对旅行社业务的发展具有重要作用。例如，旅游者是旅行社的衣食父母；景区景点、宾馆酒店、旅游车船公司、定点餐厅等是为旅行社提供旅游产品及服务的供应商，其价位、服务质量的高低会直接影响旅行社产品质量的高低；广告公司则是重要的传播途径，会对旅行社的市场营销产生影响。因此，旅行社应分别建立旅游者档案、供应商档案、新闻媒体合作者档案。

微课 7-2

客户档案管理

（一）旅游者

旅游者是旅行社产品的使用者。按照出游率、购买力、忠诚度的不同，旅游者可以分为以下五类：

1.出游率高、购买力强、忠诚度高的旅游者

这类旅游者是旅行社的财富。旅行社应该花大力气开发与维护这类旅游者，针对这类旅游者建立VIP档案。

2.出游率高、购买力强、忠诚度低的旅游者

这类旅游者既有可能是旅行社的财富，也有可能是旅行社的"敌人"。对于这类旅游者，旅行社应努力开发与维系，用优质的产品、周到的服务将其培养成旅行社的忠诚客户。

3.出游率低、购买力强、忠诚度高的旅游者

这类旅游者是旅行社的希望。旅行社应分析其出游率低的原因，推出符合其需求的旅游产品，增加其购买频率。

4.出游率低、购买力弱、忠诚度高的旅游者

这类旅游者是旅行社应该努力争取的客户，也是旅行社的潜在客户。随着生活条件的改善，这类旅游者有可能成为第一类或第三类旅游者。

5.出游率低、购买力弱、忠诚度低的旅游者

这类旅游者是旅行社最常见的客户。对旅行社而言，这类旅游者的价值极低，可以直接淘汰。

（二）供应商

供应商是为旅行社提供旅游"原材料"的企业，通过采购这些"原材料"，旅行社可以向旅游者提供包含食、住、行、游、购、娱六大要素的旅游产品。因此，供应商产品的价格、质量会直接影响到旅行社产品的质量。供应商档案见表7-4。

表7-4　　　　　　　　　　　　　　供应商档案

供应商名称		供应商类型	
地址		传真	
业务联系人		移动电话	
办公电话		QQ	
微信		E-mail	
公司网址			
公司开户行		对公账号	
结算方式		财务联系人	

按照合作时间、合作基础、产品类型、产品质量、产品报价、产品市场认可度的不同，供应商可以分为以下五类：

1.合作时间长、合作基础良好、产品类型多、产品质量高、产品报价优惠、产品市场认可度高的供应商

对于这类供应商，旅行社应重点维护。当然，在市场上这类"全能型"供应商比较少，旅行社可以就某一供应商的某一类或某几类产品做出说明或注释，作为该供应商的优势产品。

2.合作时间长、合作基础良好、产品类型少、产品特色鲜明、产品报价优惠、产品市场认可度高的供应商

对于这类供应商，旅行社同样要关注。这类供应商可以为旅行社提供某种或某类优质的旅游产品，从而提高旅行社产品的竞争优势。

3.合作时间长、合作基础良好、产品类型多、产品质量一般、产品报价优惠、产品市场认可度一般的供应商

对于这类供应商，旅行社在经营中最常遇见。旅行社可以参考以往的合作资料，分析出具备较高忠诚度的供应商，重点发展。

4.合作时间短、产品类型多、产品质量高、产品报价优惠、产品市场认可度高的供应商

对于这类供应商，旅行社应重点发展合作关系，通过加强联系、拓展业务领域、开发新的旅游产品，提高旅行社的竞争力。

5.合作时间短、产品类型少、产品特色鲜明、产品报价优惠、产品市场认可度高的供应商

对于这类供应商，旅行社也应拓展合作关系。旅行社通过与这类供应商合作，可以开发新的特色旅游产品，以适应市场对旅游产品需求的变化。

（三）新闻媒体合作者

新闻媒体亦称大众媒体，一般来说，新闻媒体包括纸质媒体（如报刊等）和电子媒体（如广播、电视等）两种。旅行社推销自己的产品有多种渠道，其中，新闻媒体由于具有高效、价廉、覆盖面广的特点，因此非常适合用于推销旅游产品。

如今，随着科学技术的进步，媒体的形态也发生了变革。旅行社还可以通过官方微博、微信公众号、抖音号等，宣传自己的旅游产品。

二、建立旅行社客户档案的原则

建立客户档案是进行客户管理的基础，其方式有两种：一种是利用办公软件；另一种是利用客户管理系统。前一种方式操作简便、管理成本低，适合中小型旅行社；后一种方式专业性强、投入大，适合大型旅行社。

建立客户档案时应遵循以下原则：

（一）科学性原则

客户档案的建立应该具有科学性，如在对客户进行分类时，一定要准确界定合作性质。

（二）系统性原则

客户档案的建立是一项系统性的活动，需要计调、外联、财务、票务、导游等部门通力合作。

（三）延续性原则

客户档案一旦建立，旅行社必须坚持维护与更新，根据旅游市场和旅行社业务的变化，不断补充新内容。

（四）客观性原则

客户档案必须客观、真实地反映客户的情况。

思政探索 7-1　　　　　　　　　　　　　"小而精"旅游受青睐

在疫情防控常态化条件下，"小型""定制""精品"等成为人们出行需求的关键词。2020年以来，"小而精"的旅游产品日益受到游客青睐，并成为旅游企业的重点开发领域。在今后相当长的时间内，这类以追求高品质为核心的旅游产品将成为行业发展的新趋势。

携程跟团游平台发布的《"小而美"的新时代：2020年国内游新跟团消费报告》显示，一单一团的私家团是率先恢复增长的领域，成为2020年旅游市场上最大的"黑马"。这与疫情防控常态化阶段，游客对旅游安全性和私密性的重视有很大关系，一家一团的形式更受欢迎。据统计，2020年国内私家团平均人数为3.14人，相当于一家三口；精致小团的平均人数为10～15人，相当于两三个家庭的人数。

2020年以来，国内游是旅游市场上的绝对主力，各旅游企业也纷纷在此领域发力深耕，私家团、定制团成为"主攻点"。目前，仅携程平台上就有约2 000家私家团供应商，相关旅游产品约6万条，覆盖全国200多个旅游目的地。

与传统的旅游团相比，私家团、定制团、精品团等规模小、人数少，价格也更高。选择定制旅游产品，除了要为升级的酒店、餐饮、交通等买单，还要为更高品质的服务买单。作为定制旅游产品中的关键人物，旅游定制师、导游等的素质就显得十分重要。旅行社应开发个性化、有品质、有深度的沉浸式体验的旅游产品，将游客内在的精神追求与外在的景观人文资源相连接，打造有温度的作品。

资料来源：尹婕."小而精"旅游受青睐［EB/OL］.［2020-12-23］. http://travel.people.com.cn/n1/2020/1223/c41570-31975944.html.

研讨训练：

（1）以小组为单位组织交流、研讨。

（2）每个小组推荐1名成员做主题发言，各组针对以上资讯，查询携程旅行网定制旅游相关资料，谈谈对设立"小而精"旅游产品的看法。

（3）从小组互评与教师评价两个方面进行评分，见表7-5。

表7-5 　　　　　　　"'小而精'旅游受青睐"研讨训练项目评价表

项目主题 （分值）	评价指标 （分值）	标　准	小组互评 （20%）	教师评价 （80%）	综合得分 （100%）
"小而精"旅游 受青睐 （100分）	课堂研讨表现 （40分）	小组研讨组织得当,全员参与,查询携程旅行网定制旅游、精品小团游资料到位,研讨运用知识、方法、资讯等正确			
	主题阐述 （60分）	阐述的内容丰富,效果良好,观点全面,能围绕游客对个性化、有品质、有深度的沉浸式体验的旅游产品的需求及产品创新等方面阐述认知			

（4）教师与学生依据综合得分情况，确定最优陈述小组。

三、客户档案的管理与客户的维护

（一）客户资料的更新

客户资料的更新包括以下三个方面：

1.增加新客户

例如，增加新的供应商、新建立联系的企事业单位等。

2.淘汰旧客户

旧客户是指那些长时间没有业务往来或与旅行社的发展方向不一致的客户。

3.更新客户资料

当客户资料中的某些内容发生变化时，如有些客户的联系人发生变动等，应及时进行更新。

（二）客户资料的评估

计调除了应对客户资料进行更新之外，还要定期对客户资料进行评估。

对客户资料进行评估，即对客户进行分类，分析旅游者出游的变化趋势，分析供应商的价值，及时上报旅行社领导，从而更好地开展旅游业务。

旅行社应定期对客户资料进行评估，正如商场定期对商品进行"盘点"一样。对于有突出贡献的客户，旅行社应及时进行奖励；对于不符合旅行社要求的客户，旅行社应果断淘汰。

（三）制定完善的管理制度

客户档案是旅行社的核心机密之一，旅行社应制定一套完善的管理制度，对掌握和接触客户档案的人员进行管理，以免出现员工跳槽导致客户流失的问题。

1.制定客户档案管理制度

对于已经建立的客户档案，原则上只有相关人员有权使用，非相关人员无权查阅档案。如有特殊情况需要使用档案，则应获得有关领导的批准。

2.制定档案管理人员、档案使用人员离职保密制度

旅行社可以与档案管理人员、档案使用人员签订保密合同，要求其在离开企业的一定时间内（不得超过两年），不得在经营同类业务或有其他竞争关系的用人单位任职，否则将追究其法律责任。

（四）客户的维护

目前，旅行社之间的竞争异常激烈，维护好客户对旅行社的经营具有非常重要的作用。旅行社客户的维护方法主要有以下几种：

1.建立回访制度

在旅游产品消费过程中，软服务占主导地位，及时、专业、有针对性的回访，可以增进旅行社与客户之间的感情，也可以有效巩固旅行社与客户的关系。当然，回访客户应遵循一定的原则，否则不仅无法起到预期作用，还会适得其反。

（1）旅游活动结束后的回访。旅游活动刚刚结束后的一段时间，是旅行社进行回访的一个良好时机。通过回访，旅行社可以了解旅游者对旅游线路安排、活动组织、旅游服务等方面的意见和建议，也可以送上对旅游者的祝福、表达对旅游者的感谢，从而增进与旅游者的关系。

（2）不定期回访。不定期回访可以采用电话沟通、上门拜访、邀请座谈、微信沟通等形式。旅行社进行不定期回访时应注意：第一，选择合适的时机，如一些重大节日；第二，选择合适的频率，过于频繁的联系可能会影响客户正常的工作和生活，所以每隔一到两个月与客户联系一次比较恰当。

2.建立奖励制度

对于在一年内为旅行社提供服务的供应商或购买旅行社产品达到一定金额的旅游者，可以颁发奖励，以此来强化客户关系；对于一般旅游者，则可以采用积分卡的形式，以吸引旅游者长期消费。

3.发送新产品目录

对于旅行社发布的新产品，客户不可能都会及时了解到，旅行社可通过微信公众号或官方微博，将新产品资讯第一时间推送给客户，帮助客户了解产品情况。

🔹 课堂活动7-2

（1）选择一家旅行社，列举及细分其客户类型，如定点餐厅、星级酒店、景区景点、旅游车队、保险公司等。

（2）建立客户档案的原则有哪些？

（3）客户的维护方法有哪些？

项目小结

本项目介绍了旅行社业务的核算与结算方法，计调在工作中应严格按照程序进行操作。同时，介绍了旅行社客户的分类、客户档案的管理、客户的维护方法，强调良好的客户关系、稳定的客户群是实现旅行社发展的关键条件。

拓展空间

文化和旅游部发布《"十四五"文化和旅游发展规划》

2021年，《"十四五"文化和旅游发展规划》（以下简称《规划》）正式发布。《规划》对未来五年文化和旅游的发展谋篇布局，是落实《中华人民共和国国民经济和社会发展第十四个五年规划和2035年远景目标纲要》和文化强国战略的具体体现。

《规划》坚持以习近平新时代中国特色社会主义思想为指导，将习近平总书记关于文化和旅游工作的一系列重要指示精神贯穿于规划全篇，注重把握新发展阶段、贯彻新发展理念、构建新发展格局，突出高质量发展的主题，把中央决策部署转化为"十四五"文化和旅游发展的科学思路和扎实举措，着力推进文化铸魂、发挥文化赋能作用，着力推进旅游为民、发挥旅游带动作用，着力推进文旅融合、努力实现创新发展。

《规划》系统阐明了"十四五"时期文化和旅游发展的总体要求、发展目标、主要任务、重要举措等。《规划》提出，要坚持正确方向、坚持以人民为中心、坚持创新驱动、坚持深化改革开放、坚持融合发展，大力实施社会文明促进和提升工程，着力建设新时代艺术创作体系、文化遗产保护传承利用体系、现代公共文化服务体系、现代文化产业体系、现代旅游业体系、现代文化和旅游市场体系、对外和对港澳台文化交流和旅游推广体系，提升文化和旅游发展的科技支撑水平，优化文化和旅游发展布局。力争到2025年，我国社会主义文化强国建设取得重大进展，文化事业、文化产业和旅游业高质量发展的体制机制更加完善，人民精神文化生活日益丰富，中华文化影响力进一步提升，中华民族凝聚力进一步增强，文化事业、文化产业和旅游业成为经济社会发展和综合国力竞争的强大动力和重要支撑。《规划》坚持引领性与可操作性相结合，着眼于补短板、强弱项、增后劲，设计了62个重点工程项目作为《规划》实施的重要支撑。

《规划》从前期研究、专题调研到文本起草、征求意见，历时近两年编制完成，汇集了各方智慧，凝聚了广泛共识，是"十四五"时期文化和旅游发展的路线图和任务书。《规划》出台后，文化和旅游部还将陆续推出一系列专项规划，不断健全"十四五"规划实施机制,推动"十四五"时期文化和旅游发展的各项任务落地生根。

资料来源:沈啸.文化和旅游部发布《"十四五"文化和旅游发展规划》[EB/OL].[2021-06-03].https://www.mct.gov.cn/whzx/whyw/202106/t20210603_924960.htm.

主要参考文献

［1］黄宝辉. 旅行策划［M］. 北京：高等教育出版社，2021.

［2］孙斐，葛益娟. 导游实务［M］. 2版. 大连：东北财经大学出版社，2021.

［3］邓德智，景朝霞. 研学旅行课程设计与实施［M］. 北京：高等教育出版社，2021.

［4］李晓标，解程姬. 旅行社经营与管理［M］. 北京：北京理工大学出版社，2015.

［5］吴国清. 旅游线路设计［M］. 北京：旅游教育出版社，2015.

［6］安娜. 旅行社经营与管理［M］. 北京：对外经济贸易大学出版社，2013.

［7］张颖. 旅行社计调业务［M］. 广州：广东高等教育出版社，2013.

［8］李志强.旅游行程单编写三要点［N］. 中国旅游报，2013-12-16（11）.

［9］梁智，韩玉灵. 旅游计调师实务教程［M］. 北京：旅游教育出版社，2011.

［10］苏英，陈书星. 旅行社经营与管理［M］. 北京：化学工业出版社，2011.

［11］刘涛，曾蓓. 旅行社经营管理［M］. 北京：经济管理出版社，2011.

［12］蔡海燕. 旅行社计调实务［M］. 上海：复旦大学出版社，2011.

［13］王喜雪. 休闲旅游线路策划与营销［M］. 上海：上海交通大学出版社，2011.

［14］陆均良，沈华玉，华照君. 旅游电子商务［M］. 北京：清华大学出版社，2011.

［15］孙娈. 旅行社计调业务［M］. 上海：上海交通大学出版社，2011.

［16］刘晓明. 旅游市场营销［M］. 上海：上海交通大学出版社，2011.

［17］蒋小华. 旅行社经营管理教程［M］. 重庆：重庆大学出版社，2011.

［18］米学俭，尚永利，王国瑞. 旅游计调师操作标准教程［M］. 北京：旅游教育出版社，2010.

［19］郭春惠. 旅行社计调实务［M］. 上海：复旦大学出版社，2010.

［20］王煜琴. 旅行社计调实务［M］. 济南：山东大学出版社，2009.

［21］李幼龙. 旅行社业务与管理［M］. 北京：中国纺织出版社，2009.

［22］李胜芬，侯志强. 旅行社经营与管理：理论、方法与案例［M］. 北京：中国科学技术出版社，2008.

［23］舒伯阳. 旅游心理学［M］. 北京：清华大学出版社，2008.

［24］朱忠良，袁丽华. 导游实务［M］. 北京：冶金工业出版社，2008.

［25］巫宁. 旅游信息化与电子商务经典案例［M］. 北京：旅游教育出版社，2006.

［26］周晓梅. 计调部操作实务［M］. 北京：旅游教育出版社，2006.

［27］陈启跃. 旅游线路设计［M］. 上海：上海交通大学出版社，2005.

［28］徐云松. 旅行社业务［M］. 北京：高等教育出版社，2002.

［29］龚韵笙. 现代旅游企业财务会计［M］. 上海：上海人民出版社，2002.

［30］张琥. 旅行社业务知识［M］. 北京：高等教育出版社，2000.

附录　计调工作常用知识

微课附-1

旅游饮食之
中国四大菜
系介绍

附录1 旅游饮食

一、中国饮食文化

中国饮食文化是中华优秀传统文化的一个重要组成部分。中国饮食主要包括主食、副食和饮品三个部分。对中国人来说，饮食不是单纯的生理需要，饮食中包含的丰富内涵也是精神生活的一部分。中西方饮食文化观念存在很大差别：中国人更重视色、香、味、形，西方人更追求食物营养。中国饮食文化是历史的沉淀，有鲜明的民族特色，同时有兼收并蓄的生命力。中国饮食文化分为以下几个阶段：

史前烹调：石烹时代；

殷周烹调：陶烹时代；

春秋烹饪：烹调五味调和；

汉晋烹调：由"术"到"学"过渡；

隋唐烹调：食疗与中外交流；

宋元烹调：菜肴齐全；

明清烹调：满汉全席；

近代烹调：中餐停滞，西餐传入；

当代烹调：中国烹饪体系不断完善。

二、中国菜系

中国饮食文化的菜系，是指在一定区域内，由于气候、地理、历史、物产及饮食风俗的不同，经过漫长历史演变而形成的一整套自成体系的烹饪技艺和风味，并被全国各地所承认的地方菜肴。菜系形成的要素包括：首先，地域物产丰富，饮食文化发达；其次，烹饪技术独特，风味餐馆较多；最后，有专业的烹饪人才。

清代初期时，鲁菜、川菜、粤菜、苏菜成为当时最有影响力的地方菜，被称为"四大菜系"。清代末期，出现了浙菜、闽菜、湘菜、徽菜四大新地方菜系，它们与四大菜系共同构成了中国传统饮食的"八大菜系"。八大菜系特色鲜明，鲁菜、徽菜古朴敦厚，苏菜、浙菜清秀素丽，粤菜、闽菜清新典雅，川菜、湘菜热情奔放。

中国的烹饪原料数量多、品种全，主要包括：第一，粮食。俗话说："民以食为天。"第二，蔬菜，如叶菜类、根菜类、茎菜类、花菜类、果菜类等。第三，肉类，如畜肉、禽肉、可食昆虫等。第四，蛋类，如鸡蛋、鸭蛋、鹅蛋等。第五，水产品，一般包括海鲜与河鲜。第六，干货，包括干果、干蔬等。

三、旅游行程中菜肴的选定

（一）鲁菜的选定

鲁菜巧于用料，十分讲究清汤和奶汤的调制，调味以咸鲜为主，菜品高雅大方，面食品种多，具有鲜、嫩、香、脆等特色。鲁菜由济南菜和胶东菜两种不同风味的地方菜组成，是我国北方历史悠久、影响最大的一个菜系。

（二）川菜的选定

川菜以成都、重庆两地的菜肴为代表。川菜取材广泛、切配精细、菜式众多、烹制讲究、调料丰富。川菜的口味相当丰富，号称百菜百味，其中最为著名的当数鱼香、麻辣、辣子、陈皮、椒麻、怪味、酸辣诸味。

（三）苏菜的选定

苏菜主要由金陵菜、淮扬菜、苏锡菜、徐海菜等地方菜组成。其中，金陵菜口味平和，制作精细；淮扬菜讲究选料和刀工，擅长制汤；苏锡菜口味偏甜，常用酒糟调味，擅长各类水产；徐海菜色调浓重，口味偏咸。

（四）粤菜的选定

粤菜由广州菜、潮州菜、东江菜三个不同风味的地方菜组成，并以广州菜为代表。广州菜最突出的特点是用料广泛，口味清淡，菜品风格求新。

（五）闽菜的选定

闽菜由福州菜（酸甜）、闽南菜（香辣）、闽西菜（浓香）三个不同风味的地方菜组成。闽菜最突出的特点是原料和调汤讲究，重视刀功。

（六）浙菜的选定

浙菜由杭州菜、宁波菜、绍兴菜三个不同风味的地方菜组成。浙菜的特点是选料力求精细、多用特产、讲究鲜活、追求鲜嫩，口味注重清鲜脆嫩，保持原料的本色和真味。

（七）湘菜的选定

湘菜由湘江流域、洞庭湖区和湘西山区三种地方风味的菜肴组成。湘菜以刀工精细、用料广泛、制作考究、形味兼美、调味多变、油重色浓著称，尤重煨烤。

（八）徽菜的选定

徽菜由皖南、沿江、沿淮三种地方风味的菜肴组成。徽菜以烹制山珍野味、讲究食补而著称，重油、重色、重火功。其特点是选料朴实，烧、炖、熏、蒸技法多样，汤汁厚重，酥嫩香鲜。

（九）其他中国风味佳肴的选定

1.宫廷菜

宫廷菜是专供宫廷皇室的菜肴，其特点是选料严格、制作精细、形色美观，口味以清、鲜、酥、嫩见长。

2.官府菜

官府菜是古代官僚士大夫的家庭烹饪菜肴，以清淡、精致、用料讲究闻名。例如，"洛阳三绝"之一的洛阳水席共有24道菜，包括8个冷盘、4个大件、8个中件、4个压桌菜，名称讲究，上菜顺序也非常严格。洛阳水席首先以色取胜，客人一览席面，未曾动筷，就食欲大振。

3.素菜

素菜分为寺院菜、民间素菜、宫廷素菜。

4.药膳

药膳发源于我国传统的饮食和中医食疗文化，是在中医学、烹饪学和营养学理论的指导下，严格按药膳配方，将中药与某些具有药用价值的食物相配，采用我国独特的饮食烹调技术和现代科学方法制作而成的具有一定色、香、味、形的食品。

5.风味小吃

风味小吃是指在口味上具有特定风格的食品的总称。

（十）西式菜肴的选定

西餐是中国及其他东方国家对欧美等西方国家和地区菜点的统称。西餐大致可分为法式、英式、意式、俄式、美式几种。不同国家的人有不同的饮食习惯，法国人是夸奖着厨师的技艺吃，英国人是注意着礼节吃，德国人是考虑着营养吃，意大利人是痛痛快快地吃。因为西餐的种类及就餐礼仪繁多，所以计调人员在接待西方国家游客时，如果需要安排西餐，可选择西式自助餐，避免因就餐问题造成游客的不满和投诉。

（十一）日韩团餐的选定

日、韩料理在旅游团队的用餐中并不适宜推广，一方面其讲究氛围，另一方面其在价位上也远超团餐标准，但是计调人员对日、韩餐也应有所了解。著名的日餐有天妇罗、乌冬面、铁板牛排、鳗鱼饭、寿司等；著名的韩式料理有海鲜鲍鱼粥、荞麦卷饼、鱼片生菜、松茸烤牛排、伏龙肝烤嫩鸡、石锅凉菜拌饭、红枣打糕、辣炒年糕、泡菜等。

（十二）清真菜的选定

中国清真饮食是指中国穆斯林食用的、符合伊斯兰教法律例食物的统称。清真菜选料严格，口味清鲜脆嫩、酥烂浓香。

计调人员在接待穆斯林游客时，对餐馆的选择应慎之又慎。就餐一定要在清真餐厅内进行，可供选择的清真菜有烤羊肉、涮羊肉、爆牛筋、果馅丸子（羊肉、牛肉）、如意冬笋等。

四、标准团餐菜单选定

以国内旅游团为例，标准团餐通常为早餐每人10～25元，正餐每人50～80元不等（10～12人一桌，八菜一汤）。接待旅游团队的餐厅都有按照不同标准定制的包桌，但其质量往往达不到标准，计调人员不能盲目接受餐厅或地接社给出的标准，应学会根据客源地（或客人类别）的不同按照标准编制菜单。例如，"夕阳红"老年团要饮食清淡，荤素搭配得当；北方客人偏重面食，在主食上可提供馒头、花卷等；南方客人好甜食；四川、湖南客人喜欢吃辣……不管是哪里的客人，如果在餐后添加一道水果，用餐的档次马上就会提升。注意到以上细节，即便再挑剔的客人也会心满意足。

下面以25元/人的正餐标准列举粤菜的团餐菜单，仅供参考：

1.主菜

荔林咸香鸡、煎蒸山坑鱼仔、白灼芦荟、砵仔蒸田螺、面豉花腩煲、凉瓜炒肉、白土烧肉、生炒油菜。

2.汤类

老火靓汤等。

3.主食

米饭、面条、稀饭、馒头、包子等。

4.特色菜（以当地特产安排，讲求物美价廉）

广东：地方风味海鲜宴等。

新疆：水果丰富，以水果拼盘为菜，讲究特色。

敦煌：驼掌切片伴以当地水果、面食为菜。

西北：兰州拉面、青梅馍馍、宁夏枸杞。

云贵川：菌类、中药材、红薯。

山西：浓汤羊蝎子、刀削面。

东北：乱炖、小鸡炖蘑菇、人参。

山东：煎饼卷大葱、小葱拌豆腐、啤酒烧鸭、青岛大包。

沿海地带：以海鲜为主，大连海螺、青岛贝类、宁波虾蟹、广东鱼类。

浙江地区：南京盐水鸭、扬州早点及淮扬菜、无锡面筋及酱骨、苏州太湖三白、杭州西湖龙井虾仁、上海小笼包。

内蒙古：烤全羊、烤羊腿、手扒肉、全套的奶制品。

附录2　旅游住宿

一、酒店的星级标准

交互式课件
附-1

旅游住宿

酒店是指以夜为时间单位出租客房，以住宿服务为主，并提供商务、会议、休闲、度假等相应服务的住宿设施，按不同习惯可能也被称为宾馆、旅馆、旅社、宾舍、度假村、俱乐部、大厦、中心等。根据《中华人民共和国星级酒店评定标准》的规定，酒店星级分为五个级别，即一星级、二星级、三星级、四星级、五星级（含白金五星级）。最低为一星级，最高为五星级。星级越高，表示饭店的等级越高。

二、酒店预订常识

住宿是旅行中一个十分重要的环节，如果住宿达不到标准，则非常容易引起矛盾，进而导致投诉。计调人员在选择酒店时，一定要做到对安排的酒店非常熟悉，包括酒店的具体位置、交通条件、到机场及火车站的距离、是否方便接送；酒店的级别；酒店的新旧程度，有无重新装修；酒店住宿的费用，费用中是否含早餐，早餐为中式自助还是西式自助，如果没有早餐，单点的费用是多少等。

除此之外，计调人员还应该了解以下几个方面的知识：

（一）酒店的房型

根据酒店档次的不同，其房间类型、内部装潢也存在差异。一般来说，酒店的房型有如下几种：

1.单人间

单人间是指一间面积为 16～20 平方米的房间，内有卫生间和其他附属设备，房内设一张单人床。一些酒店推出的经济间或特惠间一般也属于单人间。

2.标准间

房内设两张单人床或一张双人床，这样的房间适合住两位客人或夫妻同住。

3.商务间

房内设两张单人床或一张双人床，一般情况下，房内有客厅、卧室、卫生间等，以满足商务客人的需求。

4.豪华间/高级间

房内设两张单人床或一张双人床，房间的装修、房内设施比标准间的档次高，其价格也比标准间高一些。

5.行政间

房内设一张双人床，此种类型的房间单独设在一个楼层，并配有专用的商务中心、咖啡厅。

6.套间

套间由两间或两间以上的房间（内有卫生间和其他附属设施）组成。

7.双套间

双套间包括一间会客室和一间卧室。卧室内设两张单人床或一张双人床。这样的房间适合家庭或旅游团使用。

8.组合套间

这是一种根据需要专门设计的房间，每个房间都有卫生间。有的由两个对门的房间组成；有的由中间有门有锁的两个相邻房间组成；有的由相邻的各有卫生间的三个房间组成。

9.多套间

多套间由三至五间或更多房间组成，包括两个各带卫生间的卧室，以及会客室、餐厅、办公室及厨房等，卧室内设大号双人床。

10.高级套间

高级套间由七至八间房间组成，走廊有小酒吧。两个卧室分开，男女卫生间分开，设有客厅、书房、会议室、随员室、警卫室、餐厅、厨房等，有的还有室内花园。

11.复式套间

复式套间由楼上、楼下两层组成。楼上为卧室，面积较小，设有两张单人床或一张双人床。楼下设有卫生间和会客室，室内有活动沙发，同时可以拉开当床。

部分酒店也会根据其所处的地理位置推出海景房、山景房、江景房等，或根据房间的特性为房间命名，但房内配置一般不会发生太大变化，如海景房或山景房基本上属于豪华间的范围。计调人员应该熟悉每种房型的费用，如标准客房、行政客房、套房、三人间等的价格。

（二）酒店的餐饮设施

应了解酒店餐厅的情况，是否能提供早餐、团队餐（一般是 10 ~ 12 人一桌，八菜一汤，每人的餐标为 50 ~ 80 元）。

（三）酒店的会议设施

如果是会议团，应问清客人的具体人数，对会议室的要求（包括摆放方式、主席台布置、横幅、茶歇等），询问租用酒店会议室的价格。

三、酒店价格

酒店价格在淡旺季存在很大差别。旺季时，酒店房间供不应求，价格自然比较高；淡季时，客源较少，价格自然比较低廉。旅行社应与酒店保持良好的合作关系，如在淡季时帮助酒店解决客源问题，那么在旺季时，酒店也会考虑帮助旅行社解决住宿问题。

计调人员要想安排好游客的住宿，必须了解各地游客在住宿方面的需求，在货比三家的情况下为客人提供更加舒适、性价比更高的酒店。地接计调对本地区酒店的情况应了如指掌。对于刚刚从事计调工作的人来说，其可以制作酒店详细情况调查表，内容可以包括酒店的星级、外观、位置以及房间内的设施、装修情况等，甚至可以包括酒店房间内的地板、墙面、空间面积等信息。计调人员可以通过微信、QQ、传真等形式将调查表发到每个自己不熟悉的酒店，待酒店营销部门填写发回后留档备份。

附录3　旅游交通

交互式课件
附-2

旅游交通

一、公路交通常识

在为团队设计行程时，公路交通是不可缺少的一个重要组成部分。计调人员只有掌握公路交通常识，才能合理安排团队，准确核算出团队的成本。

（一）车型的分类

由于不同型号旅游汽车的载客人数、车内环境、乘坐感觉、租赁价位不同，因此计调人员需要对车型的分类有所了解。

（二）旅游常用车型计价

旅游常用车型计价参考见附表3-1。

附表3-1　　　　　　　　　　　旅游常用车型计价参考

车型	市内用车（80千米以下）计价	超里程用车（80千米以上）计价
5+1座	通常与出租车计价标准相同，无等候费用，1.0～1.2元/千米，高速公路费平均为0.8～1.0元/千米，适宜包车租赁	旅游团选择该车的情况较少，超里程时往往选用商务车或者豪华轿车，特殊情况另计
9+2座	通常与出租车计价标准相同，无等候费用，1.2～1.6元/千米，高速公路费平均为1.0元/千米，适宜包车租赁	1.2元/千米，高速公路费平均以1.0元/千米计算
15+1座	接送团队（单次）:150元/次 半天用车:250元，全天用车500元 套车（受时间和条件的影响，单次参考价格）:400元/次	1.6元/千米，高速公路费平均以1.0元/千米计算
18+1座	接送团队（单次）:150元/次 半天用车:250元，全天用车500元 套车（受时间和条件的影响，单次参考价格）:400元/次	1.8元/千米，高速公路费平均以1.0元/千米计算
24+1座	接送团队（单次）:240元/次 半天用车:350元，全天用车600元 套车（受时间和条件的影响，单次参考价格）:450元/次	2.5元/千米，高速公路费平均以1.0元/千米计算
28～33座	接送团队（单次）:250～300元/次 半天用车:350～400元，全天用车600～700元 套车（受时间和条件的影响，单次参考价格）:500～600元/次	3.0～3.5元/千米，高速公路费平均以1.0元/千米计算
39～53座	接送团队（单次）:300～500元/次 半天用车:500～600元，全天用车800～1 000元 套车（受时间和条件的影响，单次参考价格）:600～800元/次	4.0～6.0元/千米，高速公路费平均以1.0元/千米计算

（三）运用里程核定车价

在实际操作中，计调人员往往通过里程数来计算车辆的租赁价格，签订"客运包车协议书"。例如，30人的团队从广州至厦门，首先选择车型，然后按照附

表3-1核算车辆租赁价格，其计算公式为：

汽车租赁价格=每千米价格×里程数

客运包车协议书

甲方（包车方）：

乙方（承运方）：

为保障甲乙双方的合法权益，明确各自的权利和义务，依据有关法律法规在平等自愿的基础上，双方就包车的有关条款达成如下协议：

一、包车事项

1.包车事由：_____。

2.包车时间：自____年____月____日____时至____年____月____日____时。

3.包车起讫地自____省____市____县至____省____市____县。为（单、双）程包车，约_____千米，其中：

主要途经地点：_____。

上客地点：_____。

下客地点：_____。

4.包车人数（含导游，但不含包车司乘人员）：共_____人。

二、承运车辆

1._____座以上大型客车_____辆，其中：

中级车辆，车牌号：_____。

高级车辆，车牌号：_____。

2._____座以上中型客车_____辆，其中：

中级车辆，车牌号：_____。

高级车辆，车牌号：_____。

3.其他：

上述承运车辆的车籍地应在包车起讫地任意一端，且均具有检验合格的车辆行驶证和道路运输证，并按规定购买了相关保险。

三、包车费用

1.包车费用总计为人民币_____元（大写：____万____仟____佰____拾____圆____角____分）。

2.包车期间产生的路桥费、停车（保管）费、油费，以及司机的食宿费用、差旅费用由_____方负责，或按以下办法处理：_____。

四、结算方式

甲方在用车前付给乙方押金_____元或返程后全额一次付清车款。

五、双方的权利和义务

（一）甲方的权利和义务

1.甲方有权对乙方提供的车辆车牌进行核实，如不符合合同约定可拒绝使用，并要求乙方改换与合同约定相符的车辆。

2.甲方不得以包车名义从事道路运输经营活动，包括设点销售客票、招揽散客等。

3.甲方应保证乘客不携带易燃易爆危险品乘车。

4.甲方人员不得要求驾驶员违章驾驶。

5.甲方因故取消用车或变更合同事项的，应提前_____小时通知乙方。

（二）乙方的权利和义务

1.乙方提供的车辆应取得相应的包车客运许可，符合营运相关条件，并配备具有相应从业资格的驾驶员。

2.乙方应按照合同的约定起讫地和线路进行承运，不能招揽合同外的旅客乘车。

3.乙方应在起运前核实包车的真实性，发现与本合同不符的，乙方有权终止承运，并立即报告有关部门。

4.乙方应将乘客安全运送至协议指定终点，未经甲方同意，乙方不得更换车辆或转交他人运输。

5.乙方应当为甲方提供良好的乘车环境，确保车辆设备、设施齐全有效，保持车厢清洁、卫生，并采取必要的措施防止在运输过程中发生侵害甲方人身、财产安全的违法行为。

6.包车期间因车辆原因影响正常运行的，乙方应尽快更换与合同约定相符的车辆完成承运任务，或双方协商解决。

六、违约责任

1.合同签订后，乙方无正当理由不按合同约定的时间、地点和车辆等承运的，必须赔偿甲方由此引起的相关经济损失。

2.合同签订后，甲方不租用乙方车辆或变更合同事项又不提前告知的，或不按合同约定方式结算费用的，必须赔偿乙方由此引起的相关经济损失。具体赔偿方式和金额双方应在补充条款中约定。

3.甲方利用包车从事班车客运或其他非法经营活动，造成乙方受到处罚的，必须赔偿乙方由此引起的所有经济损失。

4.甲乙双方若不按合同约定执行，造成一方其他损失的，由责任方负责赔偿。因不可抗力不能履行合同的，不承担赔偿责任，但应及时通知对方，并告知事件原因的详情。

七、补充条款

_____。

八、本合同一式两份，具有同等效力。甲乙双方各持一份，同时每车复印一份，随车同行。

本合同自签订之日起生效。

甲方：   乙方：

代表签名（盖章）：   代表签名（盖章）：

    年   月   日   年   月   日

二、航空常识

（一）航路

航路是指根据地面导航设施建立的供飞机作航线飞行之用的具有一定宽度的空域。该空域以连接各导航设施的直线为中心线，规定有上限高度、下限高度和航路宽度。航路的宽度取决于飞机能保持按指定航迹飞行的准确度、飞机飞越导航设施的准确度、飞机在不同高度和速度飞行的转弯半径，并需要增加必要的缓冲区。因此，航路的宽度不是固定不变的。《国际民用航空公约》规定，当两个全向信标台之间的航段距离在50海里（92.6千米）以内时，航路的基本宽度为航路中心线两侧各4海里（7.4千米）；如果距离在50海里以上，则根据导航设施提供飞机航迹引导的准确度进行计算，并且可以扩大航路宽度。

对在航路内飞行的飞机必须实施空中交通管制。为便于驾驶员和空中交通管制部门工作，航路标有明确的名称代号。国际民航组织规定航路的基本代号由一个拉丁字母和1~999的数字组成。地区性空中交通服务航路或国际航路的代码由国际民航组织亚太地区办事处指定，分别为A、B、G、R；国内空中交通服务航路由国家确定并指定代码，分别为H、J；对于规定高度范围的航路或供特定飞机飞行的航路，则在基本代号之前增加一个拉丁字母，如K表示直升机低空的航路，U表示高空航路，S表示超音速飞机用于加速、减速和超音速飞行的航路。

（二）航线

飞机飞行的路线称为航线，航线确定了飞机飞行的具体方向、起讫点和经停点。

航线按照起讫点的不同，可分为国际航线、国内航线和地区航线三大类。

1.国际航线

国际航线是指飞行路线连接两个国家或两个以上国家的航线。在国际航线上进行的运输是国际运输。

2.国内航线

国内航线是指在一个国家内部的航线，它又可以分为干线、支线和地方航线三大类。

3.地区航线

地区航线是指在一国之内，各地区与有特殊地位地区之间的航线，如中国内地与香港特别行政区、澳门特别行政区之间的航线，中国大陆与台湾地区之间的航行。

另外，航线还可分为固定航线和临时航线。临时航线通常不得与航路、固定航线交叉或者通过飞行频繁的机场上空。

（三）航班

航班是指飞机由始发站按规定的航线起飞，经过经停站至终点站或不经过经停站直达终点站的运输飞行。在国际航线上飞行的航班称为国际航班，在国内航线上飞行的航班称为国内航班。

《关于印发〈中国民航航班号分配和使用方案〉的通知》中指出，各航空公司编制新的航班号要遵循以下原则：

第一，按照数字的顺序编制航班号。

第二，编制国内航班号时，不得使用其他公司的航班号。

第三，编制国际和地区航班号时，原则上按3位数字安排，如果3位数字不够，可以使用分配给本公司的4位数字航班号，但不能与本公司国内的航班号重复。

第四，在编制加班、包机等临时飞行航班号时，应在分配给本公司航班号的数字范围内编排，但不得与当天定期航班的航班号重复。

一般来说，对于国内航班号，国航为"1"和"4"字头；东航为"2"和"5"字头；南航为"3"和"6"字头；海航为"7"字头；厦航和川航为"8"字头；上航和深航为"9"字头。随着新兴航空公司和航班越来越多，很多航班号已经无法套用原来的规律了，但也并非"无迹可寻"。

1.单双数结尾规律仍然不变

唯一保持不变的，是出基地的航班号结尾为单数、回基地的航班号结尾为双数这一规律。例如，中国国际航空公司的基地在北京，国航从北京飞广州的航班号是CA1301，从广州飞回北京的航班号就是CA1302。

2.数字与地区对应

除此之外，根据"飞常准"App提供的统计数据，在概率上，航班号的前两位数字与航空公司的基地位置、终点位置有一定的相关性，尤其是对国航、南航、东航来说（见附表3-2）。比如，国航（CA）的航班号第一位数字为"1""4""8""9"，使用"1"（代表华北基地）开头的航班最多，占63%。南航（CZ）的航班号第一位数字多使用"3"（代表华南基地），占53%。东航（MU）的航班号第一位数字多使用"5"（代表华东基地），占53%。此外，第二位数字为"5"的航班，飞往华东地区的占多数；第二位数字为"1"的航班，飞往华北地区的比例最高。中国部分航空公司的两字代码及国内航班号第一位数字见附表3-2。

附表3-2　　中国部分航空公司的两字代码及国内航班号第一位数字

中国航空公司名称	两字代码	国内航班号第一位数字
国航	CA	1、4、8、9
东方航空	MU	2、5、7、9
南方航空	CZ	2、3、4、6
四川航空	3U	8
大新华航空	CN	7
成都航空	EU	2、6
上海航空	FM	9

续表

中国航空公司名称	两字代码	国内航班号第一位数字
厦门航空	MF	8
深圳航空	ZH	9、3
海南航空	HU	7
首都航空	JD	5
华夏航空	G5	2
天津航空	GS	6、7
吉祥航空	HO	1
祥鹏航空	8L	9
春秋航空	9C	8
奥凯航空	BK	2
幸福航空	JR	1
中国联航	KN	2、5
昆明航空	KY	8
河北航空	NS	3
重庆航空	OQ	2
西部航空	PN	6
山东航空	SC	4、1
西藏航空	TV	9

3.国际航班号的编排

由航空公司代码加3位数字组成，第一位数字表示航空公司，后两位是航班序号，单数为去程，双数为回程。

4.加班航班号的编排

加班航班号按照各航空公司向政府航管部门申报并获得批准的号码编排。

各航空公司的航线、航班及班期和时刻等，按一定规律汇编成册，即形成了常见的航班时刻表，根据飞行季节的不同和客流流量、流向的客观规律，国内按冬春、夏秋两季，一年调整两次航班时刻表。我国每年4月到10月使用夏秋季航班时刻表，11月到次年3月使用冬春季航班时刻表。航班时刻表的内容包括：始发站名称、航班号、终点站名称、起飞时刻、到达时刻、机型、座舱等级、服务内容等。同时应注意使用的时间没有上下午之分，时钟从0时计算到24时，在有时差的地区，表上所列的都是当地时间。

（四）航班座位的编排方法

民航客机的座位是从前舱往后舱编排的，其编号在行李箱的边缘。以每排6座的机型普通舱为例，前舱门登机座位从右至左编号一般为A、B、C、D、E、F。头等舱座位的编排方法与普通舱相同。

（五）乘坐飞机的其他常见问题

1.头等舱与经济舱的区别

经济舱的座位设在靠中间到机尾的地方，占机身空间的3/4或更多一些，座位安排比较紧凑。对于进出拥挤的座位有困难的人，或者不能排队等候上厕所的老年人、残疾人，或者愿意使旅行较为舒适而又有能力承担相应支出的人来说，头等舱是很有吸引力的。头等舱的座位宽敞，旅客可以在座位之间的桌子上打牌或者摊开自己的文件。鸡尾酒是免费的，食品更加精美，有时还供应香槟。头等舱的乘务员只服务10～15位旅客，所以旅客的每项要求都能立即得到满足。

2.支线飞机

支线飞机是指座位数在50～110座、飞行距离在600～1 200千米的小型客机。支线运输是指短距离、小城市之间的非主航线运输。目前，国家有关部门正在制定鼓励发展支线航空的措施，包括减免小型机场建设费、调低相关费用、增加小型支线飞机的数量等。未来国内航线布局发展的重点将在沿海开放地区、西部交通不便地区，还有中部的一些旅游城市。

3.转机与经停

对于国际航班，一般规定在转机点停留不超过24小时视为转机，超过则视为经停。有些航空公司，如加航的规定则不同。

4.航空公司的里程卡

大部分航空公司都为加入其里程俱乐部的旅客提供航程累积服务，达到航空公司的一定量要求后，旅客会得到相应的奖励（如升舱、免票等，具体依照航空公司的规定）。

5.航班延误

一般来说，航班延误有以下五种情况：

①天气原因。"天气原因"四个字实际包含了很多种情况：出发地机场天气状况不宜起飞；目的地机场天气状况不宜降落；飞行航路的气象状况不宜飞越等。

②航空管制。这又分为流量控制和空军活动。

③飞机自身机械故障。一般来说，如果飞机故障地为该航空公司基地，那么故障的处理时间较快，即使是大故障一时难以修复，由于在基地，比较容易调配，因此延误时间也会较短。

④旅客原因。这是指到了登机时间，旅客还未登机。为了方便旅客，机场、航空公司会尽量帮助这些晚到的旅客顺利赶上该航班，但这势必会造成该航班的延误。

⑤民航飞机调配问题。

三、铁路常识

我国铁路每天开行的列车数以百计，为了区别不同方向、不同种类、不同区段和不同时刻的列车，就需要为每一趟列车编排一个标识码，这就是车次。为了保证行车安全，维护运输秩序，一般规定，全路向北京、支线向干线或指定方向的为上行方向，车次编为双数；反之为下行方向，车次编为单数。

旅客列车，是指以客车（包括代用客车）编组的，运送旅客、行李、包裹、邮件的列车。其中，中长途双层旅客列车比较少见，其主要运行于繁忙地带。

旅客列车主要包括：高速动车组列车（G字头）、城际动车组列车（C字头）、普通动车组列车（D字头）、直达特快旅客列车（Z字头）、特快旅客列车（T字头）、快速旅客列车（K字头）、临时旅客列车（L字头）、临时旅游列车（Y字头）、普通旅客快车（1001~5998）、普通旅客慢车（6001~7598）、通勤列车（7601~8998）。

（一）高速动车组列车（G字头）

2009年12月26日，武广高速铁路（全称为京广高速铁路武广段）通车运营，G字头列车首次出现，"G"意为"高速"。铁路系统标准念法为"高×次"。目前，高速动车组列车在设计时速为300千米或350千米的线路上运行时，最高时速为350千米。

（二）城际动车组列车（C字头）

2008年8月1日，京津城际铁路正式开通，新启用车次为C+4位数字。目前，城际动车组列车最高时速是300千米，铁路系统标准念法为"城×次"。京津城际列车的车次范围是C2001~C2282次。武汉城际列车的车次范围是C5001~C5720次。

（三）普通动车组列车（D字头）

目前，普通动车组列车在设计时速为300千米或350千米的线路上运行时，最高时速为250千米；在设计时速为250千米或200千米的线路上运行时，最高时速为200千米。铁路系统标准念法为"动×次"，普通动车组列车以CRH1A型、CRH1B型、CRH2A型、CRH2B型、CRH5A型为主。

（四）直达特快旅客列车（Z字头）

直达特快旅客列车的最高时速为160千米，铁路系统标准念法为"直×次"。大部分列车为全列软席，少部分列车加挂硬卧与硬座，全程只有部分车停靠起点站和/或终点站所在铁路局管内的大站。此类列车为空调列车。

（五）特快旅客列车（T字头）

特快旅客列车的最高时速为140千米，铁路系统标准念法为"特×次"。跨局特快旅客列车全程只停省会城市、副省级市和少量主要地级市等特大站或直达，管内特快旅客列车全程一般只停地级市。此类列车为空调列车。

（六）快速旅客列车（K字头）

快速旅客列车的最高时速为120千米，铁路系统标准念法为"快×次"。快速旅客列车全程停靠地级市类的中大站，也有少量为直达。此类列车95%以上为空调列车。

（七）临时旅客列车（L字头）

临时旅客列车停靠县级市和大部分县级中大站点，铁路系统标准念法为"临×次"。此类列车一般在春运、暑运、国庆节等时间开行。

（八）临时旅游列车（Y字头）

在名胜古迹、旅游胜地所在站和大中城市间开行的旅客列车为临时旅游列车，铁路系统标准念法为"游×次"。其中：Y1～Y498为跨局列车，Y501～Y998为管内列车。开行旅游列车必须符合公布的旅游线路和《旅游列车开行管理办法》的有关规定。

（九）普通旅客快车（1001～5998）

普通旅客快车停靠县级市和大部分县级中大站点。此类列车约40%为空调列车。其中，1001～1998为跨三局及以上的长距离普快列车，2001～2998为跨两局普快列车，4001～5998为铁路局管内短途普快列车。

（十）普通旅客慢车（6001～7598）

普通旅客慢车简称普客，或慢车，正规的说法中不称"普慢"。普通旅客慢车停靠大部分可以停靠的站点。由于票价低廉，列车基本上"站站停"，很受沿线乘客喜爱。目前，武汉局、上海局已经停运普客，呼和浩特局、郑州局、广铁集团、南宁局只保留1～4对普客。

车次分配情况：跨局列车6001～6198，哈尔滨局6201～6300，沈阳局6301～6400，北京局6401～6500，太原局6801～6850，呼和浩特局6851～6900，郑州局6901～6950，武汉局6951～7000，西安局7001～7050，济南局7051～7100；上海局7101～7200，南昌局7201～7250，广铁集团7251～7300，南宁局7301～7350，成都局7351～7450，昆明局7451～7500，兰州局7501～7550，乌鲁木齐局7551～7580，青藏铁路公司7581～7598。

（十一）通勤列车（7601～8998）

此类列车通常用于铁路职工和周边居民上下班，列车"站站停"。一般采用手撕定额发票的形式，铁路职工凭证件免费乘坐。计调人员在操作过程中，应对列车的情况有所了解，包括列车的车次、运营时间、抵离时间等。实际上，列车的车次包含了很多信息，如高铁还是动车、快车还是慢车、车票类型等。

附录4　旅游签证

一、护照

（一）护照的定义

护照（passport）是一个国家的公民出入本国国境和到国外旅行或居留时，由

微课附-2

旅游签证

本国发给的一种证明该公民国籍和身份的合法证件。"护照"一词在英文中是口岸通行证的意思。也就是说，护照是公民旅行通过各国国际口岸的一种通行证明。所以，一些国家通常也颁发代替护照的通行证件。

中华人民共和国护照是中国政府发给中国公民，供其出入国（境）和在国（境）外旅行或居留时证明其国籍和身份的证件。

（二）护照的分类

中华人民共和国护照分为外交护照、公务护照、普通护照和特区护照。普通护照又分为因公普通护照和因私普通护照。特区护照分为香港特别行政区护照和澳门特别行政区护照。外交护照、公务护照和因公普通护照统称"因公护照"；因私普通护照简称"因私护照"。

普通护照由公安部出入境管理机构或者公安部委托的县级以上地方人民政府公安机关出入境管理机构以及中华人民共和国驻外使馆、领馆和外交部委托的其他驻外机构签发。

外交护照由中华人民共和国外交部负责签发，由中国党、政、军高级官员，全国人民代表大会、中国人民政治协商会议和各民主党派的主要领导人，外交官员、领事官员及其随行配偶、未成年子女和外交信使持用。外交护照的封皮为红色，有32页及96页两种版本，后者供外交信使使用。

公务护照由中华人民共和国外交部、中华人民共和国驻外使领馆或者外交部委托的其他驻外机构以及外交部委托的省、自治区、直辖市和设区的市人民政府外事部门负责签发，由中国各级政府部门副县、处级（含）以上公务员，中国派驻国外的外交代表机关、领事机关和驻联合国组织系统及其专门机构的工作人员及其随行配偶、未成年子女持用。公务护照的封皮为墨绿色。

（三）护照的申请及有效期限

公民因前往外国定居、探亲、学习、就业、旅行、从事商务活动等非公务原因出国的，由本人向户籍所在地的县级以上地方人民政府公安机关出入境管理机构申请普通护照。

短期出国的公民在国外发生护照遗失、被盗或者损毁不能使用等情形的，应当向中华人民共和国驻外使馆、领馆或者外交部委托的其他驻外机构申请中华人民共和国旅行证。

外交护照和公务护照有效期最长不超过5年，普通护照有效期最长不超过10年，期满后换发新照。香港特别行政区护照的有效期一般为10年，签发给16周岁以下儿童的护照有效期为5年。澳门特别行政区护照有效期一般为10年，签发给16周岁以下儿童的护照有效期为5年。

二、签证

（一）签证的定义

签证是一个国家的主权机关在本国或外国公民所持的护照或其他旅行证件上的

签注、盖印，以证明其护照有效，并核准该护照持有人可以进入其领土以及允许停留的时间，或通过其领土前往其他国家的"通行证"。签证制度是国家主权的象征，是国家对外国人的入境实施有效控制和管理的具体表现，以此达到维护国家安全及国内社会秩序的目的。

（二）签证的种类

签证一般分为外交签证、公务签证和普通签证三种，即持有外交护照的发给外交签证，持有公务护照的发给公务签证，持有普通护照的发给普通签证。

根据出入境情况，签证可分为出境签证、入境签证、出入境签证、再入境签证和过境签证。出境签证只许持证人出境，如需入境，必须再办入境签证。入境签证只许持证人入境，如需出境，必须再办出境签证。出入境签证的持证人可以出境，也可以再入境。过境签证是指公民取得前往国家（地区）的入境签证后，搭乘交通工具时，途经第三国家（地区）的签证。

根据出入境事由，签证可分为移民签证、非移民签证、礼遇签证、留学签证、旅游签证、工作签证、商务签证和家属签证等。

根据时间长短，签证可分为长期签证和短期签证。长期签证是指在前往国停留3个月以上的签证。申请长期签证不论其访问目的如何，一般都需要较长的申请时间。在前往国停留3个月以内的签证称为短期签证，申请短期签证所需时间相对较短。

（三）签证期限

签证的有效次数：签证在有效期内能使用的次数。一般分为一次有效签证、两次有效签证和多次有效签证等。例如，澳大利亚、印度的旅游签证有的是在3个月或者6个月内允许多次出入境。

签证的有效期：从签证签发之日起到以后的一段时间内准许入境，超过这一期限，该签证就是无效签证。签证的有效期一般为1个月或者3个月；最长的一般为半年或者1年以上，如工作签证和留学签证；最短的为3天或者7天，如过境签证。

签证的停留期：持证人入境该国后准许停留的时间。其与签证有效期的区别在于，签证的有效期是指签证的使用期限，即在规定的时间内持证人可出入或经过该国。例如，某国的入、出境签证有效期为3个月，停留期为15天，那么这个签证从签发日开始3个月内，持证人无论哪一天都可以入、出该国国境，但是从入境当日起到出境当日止，持证人在该国只能停留15天。

（四）几种常见签证

1.过境签证

按照国际惯例，如无特殊限制，一国公民只要持有有效护照、前往国入境签证或联程机票，途经国家均应发给过境签证。如果取道办理签证国家，前往互免签证国家或口岸签证国家，则必须持有前往国邀请函或口岸签证批准证件，方可申请该国的过境签证。在个别情况下，也可能不发或未按要求发给过境签证。如果遇到这种情况，可采取取道其他国家或转机时不出机场的办法来解决。

2.互免签证

随着国际关系和各国旅游事业的不断发展，为便利各国公民之间的友好往来，许多国家的签证制度越来越趋于简化。某些对方国家的公民入出国境时，甚至不必办理签证，这是因为许多国家之间订立了互免签证协议。在欧盟国家之间，一国公民只要持有身份证明，就可以自由来往于各国之间，无须护照和签证。

互免签证是根据两国外交部签署的协议，双方持用有效的本国护照可自由出入对方国境，互免签证有全部互免和部分互免之分。

目前，中国普通护照的"含金量"继续稳步提高。2021年1月，外交部领事司对中国领事服务网《持普通护照中国公民前往有关国家和地区入境便利待遇一览表》进行了更新，并已通知出入境边防检查机关给予相关人员出境便利。持普通护照中国公民前往有关国家和地区入境便利待遇如下。

（1）互免普通护照签证的国家（15个）

阿联酋、巴巴多斯、巴哈马、波黑、厄瓜多尔、斐济、格林纳达、毛里求斯、圣马力诺、塞舌尔、塞尔维亚、汤加、白俄罗斯、卡塔尔、亚美尼亚。

（2）单方面允许中国公民免签入境国家或地区名单（18个）

亚洲（4个）：印度尼西亚、乌兹别克斯坦、韩国（济州岛等地）、阿曼。

欧洲（1个）：阿尔巴尼亚。

非洲（3个）：摩洛哥、法属留尼汪、突尼斯。

美洲（7个）：安提瓜和巴布达、海地、南乔治亚和南桑威奇群岛（英国海外领地）、圣基茨和尼维斯、特克斯和凯科斯群岛（英国海外领地）、牙买加、多米尼克。

大洋洲（3个）：美属北马里亚纳群岛（塞班岛等）、萨摩亚、法属波利尼西亚。

（3）单方面允许中国公民办理落地签证国家和地区名单（40个）

亚洲（19个）：阿塞拜疆、巴林、东帝汶、印度尼西亚、老挝、黎巴嫩、马尔代夫、缅甸、尼泊尔、斯里兰卡、泰国、土库曼斯坦、文莱、伊朗、约旦、越南、柬埔寨、孟加拉国、马来西亚（注：印度尼西亚同时实行免签和落地签政策）。

非洲（15个）：埃及、多哥、佛得角、加蓬、科摩罗、科特迪瓦、卢旺达、马达加斯加、马拉维、毛里塔尼亚、圣多美和普林西比、坦桑尼亚、乌干达、贝宁、津巴布韦。

美洲（2个）：圭亚那、圣赫勒拿（英国海外领地）。

大洋洲（4个）：帕劳、图瓦卢、瓦努阿图、巴布亚新几内亚。

附表4-1 持普通护照中国公民前往有关国家和地区入境便利待遇一览表①

（更新至2021年1月）

一、互免签证国家（共15个）

序号	国家/地区	互免普通护照签证条件
1	阿联酋	入境、出境或者过境阿，停留不超过30天，免办签证
2	卡塔尔	入境、出境或者过境卡，停留不超过30天，免办签证
3	毛里求斯	入境、出境或过境毛，停留不超过60天，免办签证
4	塞舌尔	入境、出境或过境塞，停留不超过30天，免办签证
5	白俄罗斯	入境、出境或过境，停留不超过30天，免办签证
6	塞尔维亚	入境、出境或过境塞，停留不超过30天，免办签证
7	波黑	入境、出境或过境波，每180天停留不超过90天，免办签证
8	圣马力诺	入境、出境或过境圣，停留不超过90天，免办签证
9	厄瓜多尔	入境、出境或过境厄，免办签证，一年内累计停留不超过90天
10	巴巴多斯	入境、出境或者过境巴，停留期不超过30天，免办签证
11	巴哈马	入境、出境或过境巴，停留不超过30天，免办签证
12	格林纳达	入境、出境或过境格，停留不超过30天，免办签证
13	斐济	入境、出境或过境斐，停留不超过30天，免办签证
14	汤加	入境、出境或过境汤，停留不超过30天，免办签证
15	亚美尼亚	入境、出境或过境亚，停留不超过30天，免办签证

注：部分国家（例如，塞舌尔）要求免签入境人员提供酒店订单、离境机票订单等材料。建议行前通过有关国家驻华使领馆网站，或直接咨询有关国家驻华使领馆，了解具体免签入境规定，避免入境受阻。

---

① 注：表格中所列国家和地区的入境便利条件均适用中国普通护照，其中部分国家不仅限于普通护照。

二、单方面允许中国公民免签入境国家和地区（共17个）

序号	国家/地区	免签入境条件
1	韩国（济州岛等地）	1.济州地区免签入境 对象：以观光、过境等为目的，从济州岛口岸入境的个人及团体游客 条件：乘坐直达济州地区的飞机或船舶，团体游客须搭乘同一航班或船舶入出境 活动范围：济州岛 停留期：30天 2.过境免签 （1）持34国有效签证（包括永久居留权、再入境许可）人员： ①持美国（含关岛和塞班岛）、加拿大、澳大利亚或新西兰的有效入境签证，过境韩国前往上述四国，或从上述四国出发，经韩国前往本国或第三国人员。持电子签证人员仅限以下情况可免签过境：护照上贴有纸质签证，且从上述四国中的任意一国出发前往本国或第三国时。②持有欧洲30国（希腊，荷兰，挪威，丹麦，德国，拉脱维亚，罗马尼亚，卢森堡，立陶宛，列支敦士登，马耳他，比利时，瑞典，瑞士，西班牙，斯洛伐克，冰岛，爱尔兰，爱沙尼亚，英国，奥地利，意大利，捷克，塞浦路斯，葡萄牙，波兰，法国，芬兰，匈牙利，斯洛文尼亚）中任一国家的有效入境签证，经韩国前往欧洲30国，或从欧洲30国出发经韩国前往本国或第三国人员 条件：持30天内离开韩国机票，且无在上述国家非法滞留等违法记录 停留期：30天以内 （2）在仁川机场转机并参加换乘观光项目人员： 条件：持有72小时之内离境的转机机票（包括日本团体签证持有者）并同意"换乘导游"全程陪同 停留时间：3天以内（可在首尔、京畿、仁川等首都圈地区观光旅游） 注意事项：须提前通过韩国驻华使领馆指定的中国代办旅行社（详见韩国驻华使领馆网站）向韩国代办机构申请 3.团体游客免签 对象：从中国（含香港、澳门）出发，到韩国仁川、金浦、金海、清州、务安、大邱及襄阳国际机场的中国团体观光客，在5天（襄阳机场10天）内游览首都圈、岭南圈、忠清圈、湖南圈后再换乘韩国国内航班前往济州岛时 条件：中韩指定旅行社（如韩国驻华使领馆指定的中国代办旅行社，名单详见韩国驻华使领馆网站）组织的团体 停留时间：5天（进入济州岛前可在韩国内陆地区停留的时间），15天（在韩总停留时间）。例如，从襄阳国际机场入韩，在韩国内陆地区的最长停留时间为10天 注：更详尽情况请参阅韩国驻华使馆领事部网页"中国公民免签入韩介绍"（http://overseas.mofa.go.kr/cn-zh/brd/m_1208/list.do）

序号	国家/地区	免签入境条件
2	印度尼西亚	持有效期6个月以上的护照,能够出示离开印度尼西亚境内的机票,可免办签证入境印度尼西亚。符合下述入境事由人员可享受免签入境待遇:(1)旅游观光;(2)探亲访友;(3)社会交流;(4)艺术文化交流;(5)政府公务;(6)出席讲座或研讨会;(7)参加国际展览会;(8)参加总部设在印度尼西亚或在印度尼西亚有分支机构的公司组织的会议;(9)转机前往其他国家 免签入境可停留30天,到期后不可延期也不可转换成其他种类签证
3	摩洛哥	自2016年6月1日起,摩方给予持普通护照中国公民免签待遇。中国公民自入境之日起,停留期不超过90天
4	牙买加	仅限以"旅游"为目的,持有效普通护照、返程机票或船票、酒店预订信息及足够费用者可免签入境,停留期不超过30天
5	突尼斯	(1)赴突旅游的中国公民,凭与其在突停留期相符、已预付款的酒店订单和往返国际机票,可免签入境,停留期不超过90天。因商务、工作、学习、探亲等其他目赴突者需在入境前办妥相应签证 (2)经突中转赴利比亚等第三国的中国商人、专家和技术人员,凭工作证明、已预付款的酒店订单及符合过境停留期的离突机票,可在突边境口岸申请停留不超过7天的过境签证。经突中转赴第三国的(其他)中国公民,凭已预付款的酒店订单及符合过境停留期的离突机票,可在突边境口岸申请停留期不超过7天的过境签证。办理过境签证需缴纳60突尼斯第纳尔(约合20美元)
6	多米尼克	以旅游为目的持有效护照、返程机票、酒店预订单或证明其有经济能力支付旅行的材料者可免签入境,停留期不超过21天
7	安提瓜和巴布达	(1)持有效中国护照、停留期不超过30天可免签入境 (2)以下人员可免签入境,无停留期限制:①持外交、公务护照的中国驻安巴使馆工作人员及其持外交、公务护照的配偶和子女;②赴安巴从事两国政府合作项目考察、设计、开发、建设的中方人员 注:其他需在安巴停留超过30天以及赴安巴学习、工作、开展媒体活动或从事需经政府批准活动的中国公民,入境前须通过 https://evisa.immigration.gov.ag/agEvisa-app/网站申办电子签证
8	海地	持有效期须在6个月以上护照,可自太子港免签入境,停留期为3个月,持普通护照者,需缴纳10美元入境费
9	法属波利尼西亚	由中国旅游主管部门批准的具有组织出境旅游资质的旅行社组团赴波自助旅游、家庭旅游或跟团游,可免签证入境并停留14天。个人或通过不具备上述资质的旅行社组团时,仍需办理相关签证
10	萨摩亚	持普通护照游客凭返程机票可免签入境,停留期限为90天。如超过90天,需向萨移民局申请延期
11	乌兹别克斯坦	持普通护照中公民可免签赴乌7天

续表

序号	国家/地区	免签入境条件
12	阿尔巴尼亚	持普通护照的中国公民赴阿访问、旅游、就医及从事科研、文化、体育、商贸等活动,在阿停留每180日累计不超过90日,免办签证。需提交的材料有:(1)离阿时有效期不少于3个月的护照;(2)阿境内担保人或邀请人出具的邀请函;(3)往返交通客票;(4)住宿证明;(5)资金证明,金额折合为成年人50欧元/日,未成年人25欧元/日的现金或信用卡
13	圣基茨和尼维斯	圣政府于2017年1月1日起对中国公民赴圣给予单方面免签待遇,停留期90天
14	法属留尼汪	由中国旅游主管部门批准的具有组织出境旅游资质的旅行社组团赴留自助旅游、家庭旅游或跟团游,可获得免签入境证明(voucher)并免签证入境并停留14天。个人或通过不具备上述资质的旅行社组团时,仍需办理相关签证
15	美属北马里亚纳群岛(塞班岛等)	同时满足以下3个条件可免签入境美属北马里亚纳群岛:(1)个人赴北马里亚纳群岛联邦从事商务活动和旅游可免签入境;(2)持有效的符合国际民航组织标准的机读旅行护照;(3)持已定妥座位的联程往返机票。停留期最长不超过45天
16	南乔治亚和南桑威奇群岛(英国海外领地)	16岁以上游客,停留不超过72小时收费125英镑,超过72小时每天加收20英镑,最高不超过205英镑,停留期最长不超过30天
17	特克斯和凯科斯群岛(英国海外领地)	持有效护照及有效赴第三国或返程机票者可免签入境,停留期最长不超过90天,可申请延期
18	阿曼	(1)持有效期6个月以上的护照,停留期不超过10天可免签入镜; (2)游客持返程票、酒店订单、健康保险,并可负担其在阿曼境内居留的费用; (3)允许游客在阿曼境内停留10天,但停留期不能延长,如超期停留,需支付每日10阿曼里亚尔的罚款; (4)如停留期不够,游客须在抵达阿曼前,根据现行制度申请其他种类的签证并支付相应的费用; (5)同行的配偶和子女,无论国籍,可同样享受此旅游便利政策; (6)持有效期1个月的其他类型签证、有效期1年的旅游签证及多次入境签证,且在海合会成员国居住的,可按现行规定在阿曼境内中转

三、单方面允许中国公民办理落地签证国家和地区（共40个）[①]

序号	国家/地区名称	办理落地签证条件
1	泰国	持有效期6个月以上公务普通护照和普通护照可申请办理落地签证。需提供的材料如下：有效护照、签证申请表、照片、返程机票、财产证明。可在24个指定口岸办理落地签(备注2)。停留期限为15天。需交纳签证费1 000泰铢
2	马来西亚	持普通护照的中国游客可在吉隆坡1号和2号国际机场、槟城国际机场、新山士乃国际机场、沙捞越古晋国际机场、沙巴亚庇国际机场、吉打浮罗交怡机场、吉打黑木山出入境检查站、沙捞越美里国际机场、沙捞越双溪都九出入境检查站、纳闽渡轮码头和雪兰莪梳邦、苏丹阿都阿兹沙国际机场办理停留期15天的落地签证,需交纳200令吉（约合340元人民币）费用。落地签证申请人需从文莱、印度尼西亚、新加坡或泰国抵马,并出示500美元现金、支票或达到该金额的信用卡、借记卡或其他马方认可的电子货币
3	印度尼西亚	通过落地签证入境的公民,赴印度尼西亚入境事由仅能是如下情况：(1)旅游；(2)社会文化访问；(3)商务访问；(4)不会对安全产生干扰且能够实现互利共赢的政府公务。落地签收费35美元,有效期30天,可到移民局再延长30天
4	越南	持有效普通护照,符合以下情况可在各国际口岸申请办理落地签证：(1)参加亲属葬礼或探望重病亲属(需提供相关证明资料)；(2)入境参加由越南国际旅行社组织的旅游；(3)入境为在越工程项目提供紧急技术援助,抢救重病患者或伤者；(4)参与自然灾害及疫情救援；(5)停靠在越南海域港口船只上的船员需从其他口岸出境；(6)其他紧急原因。停留期限为1个月或1年以内。需交纳的费用分别为：25美元/1次入境；50美元/3个月多次入出境；95美元/3～6个月多次入出境；135美元/6个月～1年多次入出境
5	缅甸	持有效期6个月以上普通护照赴缅可申请办理落地签证。基本材料为：签证申请表、彩色证件照2张(4cm×6cm)。商务签证另需提供在缅公司邀请函、邀请方营业执照复印件。申请入境签证另需提供相关部委出具的邀请函。申请过境签证另需提供联程机票。单独持用护照的7岁以下儿童需提供亲属关系证明。可申请落地签证的入境口岸为仰光、曼德勒、内比都国际机场。商务签证的停留期最长为70天,旅游签证的停留期最长为30天,入境(会务、乘务)签证的停留期最长为28天,过境签证停留时间最长为24小时。申请商务签证费用为50美元,入境签证费用为40美元,旅游签证的费用为50美元,过境签证费用为40美元
6	老挝	持有效期6个月以上护照可在老挝全境国家级口岸办理落地签证。需提供的材料为：落地签证申请表、申请人照片1张。签证停留期为30天。需交纳签证费20美元/次

[①] 注：印度尼西亚同时是单方面允许中国公民免签入境国家及单方面允许中国公民办理落地签证国家。

序号	国家/地区名称	办理落地签证条件
7	柬埔寨	持有效期6个月以上普通护照或公务普通护照,可在柬航空和陆地口岸办理落地签证,签证分为旅游落地签证和商务落地签证两种。须提供的材料为:签证申请表、彩色照片一张(规格为4cm×6cm)。停留期限为30天,旅游落地签证可延期一次;商务落地签证可多次延期。签证费为:旅游落地签证费用为30美元,商务落地签证费用为35美元
8	马尔代夫	持有效期6个月以上普通护照,可在马累国际机场申请落地签证。需提供的材料有:入境登记卡、返程或前往第三国机票、酒店订单或旅费证明。落地签证有效期为30天,无需交纳任何费用
9	孟加拉国	因公务、商务、投资及旅游目的赴孟加拉国,凭有效护照和返程机票可在孟国际机场和陆路口岸办理落地签证。 (1)赴孟投资商和商务人员须携带孟投资局及出口加工局(Board of Investment/BEPZA)认证的邀请函办理落地签证。邀请方须提前告知移民局(Department of Immigration and Passports Authority)。投资商落地签证的延期由移民局按现行签证政策办理。 (2)其他要求:①返程机票;②需随身携带500美元或等值的外币现金或信用卡;③签证费用以美元、英镑、欧元支付;④证明访孟目的的其他文件
10	文莱	(1)持有效期6个月以上普通护照的中国公民可凭签证申请表、酒店预订信息、返程机票或联程机票在包括文莱国际机场在内的所有入境口岸办理落地签证,停留期不超过14天,不可延期。一次入境落地签需交纳20文币(或新加坡元),多次入境(仅可在文莱国际机场申请)需交纳30文币。该政策仅针对旅游目的人员,不适用工作、商务和就业目的。 (2)需在文莱转机的中国公民可凭联程机票(目的地与出发地非同一国家)、第三国有效签证在文莱国际机场申请72小时过境签,需交纳5文币(或新加坡元)
11	尼泊尔	持各类有效护照均可办理落地签证,且护照有效期至少6个月,申请人凭有效护照及护照照片可免费办理停留期15至90天不等的落地签证
12	斯里兰卡	建议短期来访的中国公民提前办理电子旅行许可(Electronic Travel Authorization,简称ETA),特殊情况下,如赴斯旅游者未事先取得ETA,可持有效期6个月以上护照、往返机票或联程机票、旅馆订单、足够在斯生活费用(确保在斯期间每天最低50美元生活费)在斯里兰卡首都科伦坡班达拉奈克国际机场和汉班托塔国际机场ETA柜台申请ETA。办理旅游类ETA费用为40美元(12岁以下儿童免费),从到达日起可停留30天。中转停留不超过2天免费。可用信用卡和美元现金缴费,不接受人民币等其他货币。赴斯进行商务活动的中国公民必须事先取得ETA,不能在抵斯后在ETA柜台办理
13	东帝汶	所需材料包括:落地签证申请表;足够的现金(签证费30美元,一次入境至少100美元,此后每天按50美元计算);酒店订单;返程或前往第三国机票等。停留期限最长为90天。交费30美元可停留30天。到期前,向移民局交35美元可延长至60天,交75美元可延长至90天。东移民局建议赴东前询东帝汶驻华使馆了解最新信息

序号	国家/地区名称	办理落地签证条件
14	埃及	持有效期6个月以上普通护照访问埃及,可申请落地签证。通过旅行社组团来埃,由埃方旅行社事先向埃及移民局及安全局备案担保;如自行前往埃及申请落地签,则需事先准备往返机票、酒店订单和2 000美元备查。落地签停留期为30天,费用为25美元
15	黎巴嫩	持有效6个月以上普通护照赴黎巴嫩旅游可在黎所有开放口岸办理落地签证。申请落地签证需提供在黎期间住址信息(如酒店订单等)。签证有效期为1个月(入境后可处长至3个月)。无需交纳签证费
16	马达加斯加	持普通护照和往返机票且出发地为中国大陆以外其他地方可办理落地旅游签证,并按离境时间给予相应停留期限,最长不超过3个月(1个月内免费)
17	帕劳	持有效期6个月以上各类护照和返程机票或赴下一个目的地机票,可在科罗尔机场申请落地签证。落地签证停留期为30天。无需交纳任何费用
18	土库曼斯坦	须事先由邀请人在土首都或各州移民局办理落地签手续。入境时须提供护照(有效期不少于停留期)、邀请函、移民局的批准函、健康证明和其他相关文件。停留期依据邀请函而定
19	巴林	持有效期6个月以上普通护照可办理落地签证,须提供的材料包括:往返机票、在巴联系人和明确住所、个人经济能力证明等材料。可办理落地签口岸为巴林国际机场和法赫德国王大桥(巴林、沙特陆路口岸)。停留期限为14天(可延期一次)。需交纳5巴林第纳尔(约85元人民币)手续费
20	阿塞拜疆	持有效期6个月以上普通护照,可在网上申请电子签证,亦可在巴库国际机场自助办理30天以内一次入境有效的落地签证
21	伊朗	持有效期6个月以上公务普通护照和普通护照,可在伊朗机场口岸申请落地签,停留期一般为30天,最长可延至90天。需要提供伊方邀请函或伊境内联系人信息,并购买国际旅行保险,并交纳100欧元签证费
22	约旦	持有效期6个月以上普通护照,可在各陆海空口岸办理落地签。需提供护照原件及在约旦详细住址,停留期为30天。签证费为:一次入境40第纳尔,半年多次入境120第纳尔 (注:持旅行证入境约旦的中国公民,须事先办妥签证,不可在各陆海空口岸办理落地签)
23	坦桑尼亚	持有效期6个月以上各类护照或旅行证件可办理落地签证。须提供填写完整的签证申请表、5张护照照片,护照复印件、邀请人护照或其他身份证件复印件。入境口岸为尼雷尔国际机场等20个口岸(备注3)。停留期为3个月,需交纳50美元签证费
24	津巴布韦	赴津落地政策仅针对旅游签证,适用于津所有入境口岸。申请条件包括:持有效期6个月以上的护照,往返机票、酒店订单或有效邀请函,在津口岸填写申请表。费用为60美元
25	多哥	持有效期在6个月以上护照,可在洛美埃亚得马得国际机场及个别边境口岸申请落地签,停留期限为7天,需交纳签证费10 000西非法郎(约20美元) (注:仅限以旅游为目的赴多)

序号	国家/地区名称	办理落地签证条件
26	佛得角	持有效期6个月以上的普通护照入境佛得角,可在佛得角各国际机场办理落地签证,需缴纳签证费2 500库多(约25欧元),停留期为30天,此外还需另外缴纳3 400库多(约34欧元)的机场安全税
27	加蓬	中国公民可持有效旅行证件、国际旅行健康证及办理相应各类签证所需材料在利伯维尔机场办理落地签证入境,停留期最长为90天
28	圭亚那	持有效期6个月以上普通护照,可在乔治敦契迪贾根国际机场和欧格国际机场申请办理落地签证。(1)办理旅游落地签证需提供的材料包括:护照照片2张;邀请函、邀请人电话或邮件;申请人在圭期间住址;能支付在圭期间费用的财产证明。旅游落地签证的停留期为30天,手续费为25美元,可延期两次,每次可延期1个月,每次延期均需交纳25美元手续费。(2)工作落地签证须邀请人事先向圭内政部申请。邀请人在圭工作单位须为合法注册公司并符合圭国家保险制度和圭税务局规定。申请材料包括:雇主姓名及工作单位地址、电话、传真或电子邮件;申请人姓名、住址及性别。工作落地签证的有效期为3年,需交纳140美元手续费。(3)学习落地签证须由已注册/授权学习机构事先向圭内政部申请。需提供的材料包括:已注册/授权学习机构邀请函;邀请单位名称、电话、传真、电子邮箱;申请人在圭期间住址及联系电话;财产证明。四、商务落地签证申请有须事先向圭内政部提交以下材料:公司名称、公司代表姓名、商业性质、公司在圭地址、申请人在圭期间住址及联系电话;或担保人联系方式、担保人居住地、申请人在中国的营业执照。商务落地签证的有效期为5年。需交纳140美元手续费
29	贝宁	自2018年3月15日起对包括中国游客在内的在贝停留8天以内的国际游客实行落地签证政策。该政策仅针对旅游签证,适用于贝机场或陆路边境口岸。申请条件包括:持有效中国护照和含黄热疫苗的国际预防接种证书在口岸填写申请表。费用为10000西非法郎,约15欧元
30	科特迪瓦	持有效期6个月以上各类护照均可申请落地签,但须通过邀请方事先办妥。需提交的材料有:邀请人身份证和护照复印件、落地签证申请人护照复印件、彩色照片2张、机票和行程单、酒店订单、邀请信,财产证明资料。邀请人持上述材料到国家警察总局签证处(DTS)申请,获准后将落地签复印件发给申请人。申请人如自机场抵科特迪瓦,邀请人应持原件到机场办理入境手续。如申请人自码头抵科特迪瓦,码头凭DTS通知向申请人颁发通行证。机场过境签证有效期最长为3天,入境签证停留期最长为90天,码头通行证停留期最长为15天
31	科摩罗	持有效期6个月以上的普通护照人员可在莫罗尼国际机场办理落地签证。办理落地签证需采集照片和指纹信息。停留期限为45天。需交纳40欧元手续费
32	卢旺达	卢方自2018年1月1日起对所有国家公民实行落地签证政策。中国公民持有效期6个月以上护照,付费30美元,即可在卢所有合法入境口岸办理落地签证,停留期最长为30天

续表

序号	国家/地区名称	办理落地签证条件
33	乌干达	持有效期1年以上各类护照和往返机票,可在机场或任何一个边境口岸办理落地签。根据乌移民局审查结果,停留期限为14~90天不等。需交纳50美元签证费
34	马拉维	持有效期6个月以上的普通护照人员可在利隆圭国际机场、布兰太尔国际机场办理落地签。须提前向马拉维移民局申请,并在入境口岸提交签证申请表及移民局复函。一次入境落地签须交纳75美元签证费,停留期限为30天
35	毛里塔尼亚	持有效护照可在毛塔首都努瓦克肖特国际机场、努瓦迪布国际机场及其他陆地口岸办理落地签证,一次入境落地签证费用为55欧元(或60美元),有效期为30天
36	图瓦卢	持有效期6个月以上各类护照,可在图瓦卢富纳富提机场申请落地签证。落地签证停留期限为1个月,无需交纳任何费用,但若申请延期,每延期一个月需交纳100澳元手续费
37	圣多美和普林西比	持普通护照者可在圣多美国际机场办理落地签证,可办理停留期不超过30天旅游签证(20欧元)、临时签证(商务、考察,60欧元)、居留签证(60欧元),及停留期不超过4天的过境签证(40欧元)。办理落地签所需文件:酒店订单、返程机票、有能力负担在当地逗留期间开支的资产证明
38	瓦努阿图	持有效期6个月以上各类护照及返程机票的人员,可在首都维拉港国际机场申请落地签证。停留期限为30天。无需交纳任何费用
39	圣赫勒拿（英国海外领地）	游客可办理落地签证。停留期限最长不超过6个月
40	巴布亚新几内亚	持普通护照的中国公民,如系参加经批准旅行社组织的旅行团,可免费申请停留期30天的1次入境旅游落地签证

3. 再入境签证

合法入境的外国人,在离境之前,要妥善处理与居留国公民和有关机构的债务,付清应缴纳的捐税,触及刑律的则要在刑期服满之后出境。对于长期居留的外国人,有些国家要求其办理离境许可,证明已履行有关义务后,方可离境。入境短期居留的外国人,在签证有效期内可以自由离境。

在一国取得永久居留权或长期居留权的外国人,常常发生临时出境后再次入境问题,如侨民或留学生回国探亲、观光等,这时他们必须事先办理再次入境许可手续。因国家不同,许可手续也不尽一致,有的需要办理再入境签证,有的需要办理再入境许可证。

4. 口岸签证

口岸签证是指在前往国的入境口岸办理的签证(俗称落地签证)。很多国家对中国公民不发放口岸签证，对外国公民发放口岸签证的国家主要有西亚、中东、东南亚及大洋洲的部分国家。尽管各国对办理口岸签证的规定有所不同，但总体来说，办理口岸签证均需要由邀请人向所在国移民部门或出入境管理部门提出申请，待批准后，邀请人将证明或证明副本寄给被邀请人，被邀请人持该证明（或证明副本）方可前往，在抵达前往国口岸后持该国批准证明办理签证。

5.反签证

所谓反签证，是指由邀请人为出访人员在前往国国内的出入境管理部门办好签证批准证明，然后连同申请人的护照及填写的申请表格、照片等材料一起呈送前往国驻华使馆，驻华使馆凭批准材料在申请人的护照上签证，无须再向其国内移民部门申请。反签证的规格形式在不同国家虽然各有不同，但一般只要获得了反签证，就意味着入境获得批准，护照送交前往国驻华使馆后，也不需要太长的签证时间。目前，实行反签证的国家大多数在亚洲，主要有日本、韩国、马来西亚、印度尼西亚、新加坡等。

6.申根签证

随着欧洲经济、政治一体化进程的加快，德国、法国、荷兰、比利时和卢森堡五国于1985年在卢森堡的申根（Schengen）签署了《申根协定》。该协定规定，其成员国对短期逗留者颁发统一格式的签证，即申根签证，申请人一旦获得某个国家的签证，便可在签证有效期和停留期内在所有申根成员国内自由旅行，但从第二国开始，需在3天内到当地有关部门申报。

此后，加入该协定的国家不断增加。截至2011年，申根的成员国增加到26个：法国、德国、荷兰、比利时、卢森堡、西班牙、葡萄牙、意大利、希腊、奥地利、瑞典、芬兰、丹麦、挪威、冰岛、爱沙尼亚、匈牙利、立陶宛、拉脱维亚、马耳他、波兰、斯洛文尼亚、斯洛伐克、捷克、瑞士、列支敦士登。

（五）照会

照会是对外交涉和礼仪往来的一种重要手段。照会分为正式照会和普通照会两种。正式照会是用第一人称起草的，一般适用于国家领导人、外交部长等高级领导人和高级外交官之间的通信来往。这种照会需由发文人本人签字，但不需要盖公章。正式照会中使用的称呼也有严格的规定，对大使和外交部长应称阁下，对临时代办应称先生。正式照会的结尾是很正规的致敬语："我乘此机会向阁下表示最崇高的敬意。"现在已简化为："顺致最崇高的敬意。"

普通照会与正式照会不同，它是用第三人称起草的，一般是外交部与外交部、使馆与使馆、使馆与外交部之间的通信。普通照会的行文中不称你我，也不称你部我部、你馆我馆，只称某某外交部、某某大使馆，最后不需要有关人员签字，只盖发文机构的公章即可。普通照会可以用来处理外交日常事务甚至重大的政治问题。普通照会不是国家领导人之间的直接通信，所以凡不便由国家领导人直接交锋争执和交涉的事件，一般都采用普通照会进行，这样可以有话直说，便于进行针锋相对的争论，提出抗议乃至警告等。一般来说，普通照会的使用比正式照会广泛得多。

三、外国人来华签证的类型

中华人民共和国驻外使馆、领馆或者外交部委托的其他驻外机构负责在境外签发外国人入境签证。符合《中华人民共和国出境入境管理法》第二十条有关规定情形的外国人，可以在国务院批准办理口岸签证业务的口岸，向公安部委托的口岸签证机关申请办理口岸签证。

中国签证分外交签证、礼遇签证、公务签证和普通签证。其中，普通签证的类别见附表4-2。

附表4-2 　　　　　　　　　　　**外国人来华普通签证的类别**

签证种类	申请人范围
C	执行乘务、航空、航运任务的国际列车乘务员、国际航空器机组人员、国际航行船舶的船员及船员随行家属和从事国际道路运输的汽车驾驶员
D	入境永久居留的人员
F	入境从事交流、访问、考察等活动的人员
G	经中国过境的人员
J1	外国常驻(居留超过180日)中国新闻机构的外国常驻记者
J2	入境进行短期(停留不超过180日)采访报道的外国记者
L	入境旅游人员
M	入境进行商业贸易活动的人员
Q1	因家庭团聚申请赴中国居留的中国公民的家庭成员(配偶、父母、子女、子女的配偶、兄弟姐妹、祖父母、外祖父母、孙子女、外孙子女以及配偶的父母)和具有中国永久居留资格的外国人的家庭成员(配偶、父母、子女、子女的配偶、兄弟姐妹、祖父母、外祖父母、孙子女、外孙子女以及配偶的父母)，以及因寄养等原因申请入境居留的人员
Q2	入境短期(不超过180日)探亲的居住在中国境内的中国公民的亲属和具有中国永久居留资格的外国人的亲属
R	国家需要的外国高层次人才和急需紧缺专门人才
S1	入境长期(超过180日)探亲的因工作、学习等事由在中国境内居留的外国人的配偶、父母、未满18周岁的子女、配偶的父母，以及因其他私人事务需要在中国境内居留的人员
S2	入境短期(不超过180日)探亲的因工作、学习等事由在中国境内停留的外国人的家庭成员(配偶、父母、子女、子女的配偶、兄弟姐妹、祖父母、外祖父母、孙子女、外孙子女以及配偶的父母)以及因其他私人事务需要在中国境内停留的人员
X1	在中国境内长期(超过180日)学习的人员
X2	在中国境内短期(不超过180日)学习的人员
Z	在中国境内工作的人员

附录5　出境旅游突发事件处理

出入境计调应该熟悉目的地的旅游信息和办理签证的基本手续。事实上，由于这两部分工作的独立性强、工作量大，因此旅行社往往将两部分工作分别安排给对应的专项计调，并由他们通力合作完成整个行程，尤其要紧急协调处理出境旅游中的突发事件。

一、护照遗失

护照遗失的处理流程、说明与要求见附表5-1。

附表5-1　　　　护照遗失的处理流程、说明与要求

序号	处理流程	说明与要求
1	报案	到当地警察部门报案，取得报案文件作为临时证件，同时马上打电话向国内报告
2	报失	与我国驻当地使领馆联系，告知遗失护照者的姓名、出生日期、护照号码、签证号码等相关资料，最好提供护照及签证复印件
3	照相	请客人照相，以备重新办理护照
4	办证	静候外交部门的回电，到指定地点办理及领取护照
5	放行	如果时间紧急，可带报案证明及领队原先准备的护照、签证等资料复印件，请求当地移民局及海关放行；国内则由出境游总部通知其家人持其他证明文件到入境口岸，以便办理入境手续
6	说明	如果客人需要在原地等待，则应请当地的接待公司协助，在客人取得护照后，安排到下一站会合或送客人回国

二、签证遗失

签证遗失的处理流程、说明与要求见附表5-2。

附表5-2　　　　签证遗失的处理流程、说明与要求

序号	处理流程	说明与要求
1	报案	立即到当地警察部门报案，并取得证明文件备用
2	收集资料	领队设法取得签证批复的号码、日期及地点，分析遗失的签证可否在所在国或其他前往国申请，并应考虑时效性及前往国家的入境通关方式
3	寻求解决办法	通过当地旅行社代理商担保的方式，担保团队中遗失签证者入境，或寻求落地签证的可行性；如果团体签证遗失，又无任何取代方案，则应割舍部分行程，以降低损失，组团社和接团社应立即研究解决办法

三、机票遗失

机票遗失的处理流程、说明与要求见附表5-3。

附表 5-3 　　　　　　　　机票遗失的处理流程、说明与要求

序号	处理流程	说明与要求
1	报失确认	查明遗失机票者的姓名,到当地所属航空公司报失,并请当地接团社用传真或电话至原开票的航空公司确认
2	重新购票	填写表格并再购一张新的机票,注明原因于表格中,作为日后申请退款的凭证;如果全团的机票都遗失,则应请当地的航空公司重新开一套机票,领队暂不需要付款
3	回国退票	回国以后,遗失者应出示上述表格和重新购买机票的原始凭证,按照航空公司的规定申请退款

四、现金及有价单据遗失

现金及有价单据遗失的处理流程、说明与要求见附表 5-4。

附表 5-4 　　　　　　现金及有价单据遗失的处理流程、说明与要求

序号	遗失类别	处理流程、说明与要求
1	现金	领队应及时协助客人寻找,如果未找到或确实遗失,应立即报告当地警察部门备案
2	汇票或银行本票	由地接社协助领队,立即到当地警察部门报案并取得相关证明,同时说明款项、付款地点、票号,通知付款银行止付
3	旅行支票	立即到当地警察部门报案,陪客人到当地相关银行或代理机构办理挂失手续。如果能及时提供支票存根、明细金额及号码,一般能够先取回一定限额的还款
4	信用卡	向当地相关的信用卡服务中心联系挂失,告知卡号、姓名,或直接致电国内信用卡服务中心挂失

五、机场行李遗失

机场行李遗失的处理流程、说明与要求见附表 5-5。

附表 5-5 　　　　　　　机场行李遗失的处理流程、说明与要求

序号	处理流程	说明与要求
1	查找	发现行李未到时,领队应立即找地接地陪协助,要求当地航空公司人员向机上货舱查询有否遗漏,以便确认核实
2	报失	若无法找到,则应填写机场制定的行李丢失申报表,必须写明行李的式样,以及最近几天的行程和当地的联络地址、电话,亦可将当地接团社的电话告知,以便联系。此外,行李转运的过程,如经由哪些地方及航班号等均可列出,以便追查,行李牌(收据)等应妥善保管
3	联络	记下承办人员的单位、姓名及联络电话,以便联络追查(当天领队可带旅客购买日用品及有关衣物,保留收据,在离境时向有关航空公司请求支付)。如果离开时,行李仍未寻获,则应留下近期及国内的通信地址,以便寻获后送还
4	索赔	回国后,若行李仍未寻获,则应协助旅客向航空公司索赔。如果该航空公司在国内无代理机构,可发信函请求赔偿。如果行李有破损,则应到相关部门请求赔偿和处理

六、交通工具延误或取消

交通工具延误或取消的处理流程、说明与要求见附表5-6。

附表5-6　　　交通工具延误或取消的处理流程、说明与要求

序号	处理流程	说明与要求
1	了解情况,做好安抚工作	领队应向有关部门了解延误或取消的详细情况,并做好解释、安抚工作
2	及时通知有关部门	领队应及时将延误或取消的情况和旅游团(者)的意见报告组团社,等待处理意见,同时和地接社商定解决方法,并协助安排好住宿、餐饮等事宜
3	执行变更计划	组团社和地接社应立即研究,商定解决办法,下达变更计划,领队按变更后的计划执行

七、游客重病或死亡

（一）游客重病

游客重病的处理流程、说明与要求见附表5-7。

附表5-7　　　游客重病的处理流程、说明与要求

序号	处理流程、说明与要求
1	当游客身体不适时,应立即请医生诊断,不可擅自给游客服药
2	游客住院后,未经医生的同意,不得出院随团行动。领队应妥善委派游客的亲友进行照料,同时继续执行团队的行程,以维护大部分人的利益
3	将重病游客情况告知旅行社,同时通知重病游客的家人迅速取得相关证件前来协助处理

（二）游客死亡

游客死亡的处理流程、说明与要求见附表5-8。

附表5-8　　　游客死亡的处理流程、说明与要求

序号	处理流程、说明与要求
1	取得医生开具的死亡证明及当地的必要证明
2	如果是意外死亡,领队应迅速向警方报案,并取得法医开具的验尸报告及警方开具的相关证明
3	向我国驻当地使领馆报告,以便使领馆和相关单位出具证明文件和遗体证明书
4	将所有详情向旅行社汇报,立即转告家属并向保险公司报告
5	遗体处理方式应尊重家属的意见,或经家属委托后方可处理;协助家属处理相关事宜;死者的遗物应妥善保管,以利日后交还家属

注：游客重病或死亡的善后处理,凡需要组团社投入人力、物力的项目,有合同规定的按合同规定执行;与合同无关或合同之外的项目,经组团社与游客、亲属和相关人员商定后执行。

八、不可抗力事件

不可抗力事件的处理流程、说明与要求见附表5-9。

附表5-9   **不可抗力事件的处理流程、说明与要求**

序号	处理流程、说明与要求
1	旅游团在旅行途中如果遇到自然灾害(如火灾、地震等)或者社会及政治因素造成的动乱、罢工、战争等不可抗力事件,领队应迅速了解情况,采取紧急避难、自救、互救措施,协助游客撤离危险区域,保护游客的生命安全
2	领队应及时将不可抗力事件报告组团社和地接社,等候处理意见和解决办法
3	地接社应立即与当地政府部门取得联系,寻求政府紧急救援,或者寻求国际救援组织的救援服务,以及我国驻当地使领馆的帮助;组团社和地接社应设法与领队保持联络,同时通知各有关接待单位取消接待计划
4	根据不可抗力事件的程度,听取我国驻当地使领馆的意见和游客的意见,妥善安排游客离开当地

九、警方盘查

警方盘查属于正常现象,需要注意的是:

第一,对警方执行公务的正常盘查要大大方方接受,文明礼貌作答。

第二,如果违反了有关规定,要主动道歉,接受警方的合法处理(一般是罚款)。不要与其争吵,也不要低三下四地求情。

第三,如果警方借题发挥、刁难勒索,要遵循有理、有利、有节的原则处理,并要求与我国驻当地的使领馆取得联系。

十、食物中毒

导游应严格执行在定点餐馆就餐,劝告游客不要在无证小摊吃东西。在用餐过程中,如果发现饭菜、饮料、水果等不卫生,应立即要求更换,并要求餐厅负责人出面道歉。就餐后,如果发现游客有头痛、头晕、恶心、呕吐等症状,应及时将其送往医院。如果确诊为食物中毒,应向地接社和组团社汇报。

附录6   **国家 AAAAA 级旅游景区名单**

我国的旅游景区按照质量等级的不同,可以分为五级,分别是A级、AA级、AAA级、AAAA级和AAAAA级。其中,AAAAA级是中国旅游景区的最高等级。5A级为中国旅游景区最高等级,代表着中国世界级精品的旅游风景区等级。文化和旅游部共确定了318个国家5A级旅游风景区(截至2022年9月15日),详见附表6-1。

附表6-1   国家 AAAAA 级旅游景区名单（截至 2022 年 9 月 15 日）

省、自治区、直辖市	数量汇总	景点名称	评定年份
北京	8	东城区故宫博物院	2007年
		东城区天坛公园	2007年
		海淀区颐和园	2007年
		八达岭长城-慕田峪长城旅游区	2007年
		昌平区明十三陵	2011年
		西城区恭王府	2012年
		朝阳区奥林匹克公园	2012年
		海淀区圆明园	2019年
天津	2	南开区古文化街(津门故里)	2007年
		蓟州区盘山风景名胜区	2007年
河北	11	承德市双桥区避暑山庄及周围寺庙	2007年
		保定市安新县白洋淀风景区	2007年
		保定市涞水县野三坡风景名胜区	2011年
		石家庄平山县西柏坡景区	2011年
		唐山市遵化市清东陵	2015年
		邯郸市涉县娲皇宫	2015年
		邯郸市永年区广府古城	2017年
		保定市涞源县白石山风景区	2017年
		秦皇岛市山海关区山海关景区	2018年
		保定市易县清西陵	2019年
		承德市滦平县金山岭长城	2020年
山西	10	大同市云冈区云冈石窟	2007年
		忻州市五台县五台山风景名胜区	2007年
		晋城市阳城县皇城相府	2011年
		晋中市介休市绵山风景名胜区	2013年
		晋中市平遥县平遥古城	2015年
		忻州市代县雁门关风景名胜区	2017年
		临汾市洪洞县洪洞大槐树寻根祭祖园旅游景区	2018年
		长治市壶关县太行山大峡谷八泉峡	2019年
		临汾市乡宁县云丘山	2020年
		黄河壶口瀑布旅游区(陕西省延安市·山西省临汾市)	2022年
内蒙古	6	鄂尔多斯市达拉特旗响沙湾	2011年
		鄂尔多斯市伊金霍洛旗成吉思汗陵旅游区	2011年
		呼伦贝尔市满洲里市中俄边境旅游区	2016年
		兴安盟阿尔山市阿尔山·柴河旅游景区	2017年
		赤峰市克什克腾旗阿斯哈图石阵景区	2018年
		阿拉善盟额济纳旗胡杨林	2019年

续表

省、自治区、直辖市	数量汇总	景点名称	评定年份
辽宁	6	沈阳市浑南区沈阳市植物园(沈阳世博园)	2007年
		大连市中山区老虎滩海洋公园·老虎滩极地馆	2007年
		大连市金州区金石滩国家旅游度假区	2011年
		本溪市本溪满族自治县本溪水洞	2015年
		鞍山市千山区千山风景区	2017年
		盘锦市大洼区红海滩国家风景廊道	2019年
吉林	7	延边朝鲜族自治州安图县长白山景区	2007年
		长春市宽城区伪满皇宫博物院	2007年
		长春市南关区净月潭国家森林公园	2011年
		长春市南关区长影世纪城	2015年
		延边朝鲜族自治州敦化市六鼎山文化旅游区	2015年
		长春市南关区世界雕塑公园	2017年
		通化市集安市高句丽文物古迹旅游景区	2019年
黑龙江	6	哈尔滨市松北区太阳岛风景区	2007年
		黑河市五大连池市五大连池风景区	2011年
		牡丹江市宁安市镜泊湖国家级风景名胜区	2011年
		伊春市汤旺县林海奇石风景区	2013年
		大兴安岭地区漠河市北极村	2015年
		鸡西市虎林市虎头风景名胜区	2019年
上海	4	浦东新区东方明珠广播电视塔	2007年
		浦东新区上海野生动物园	2007年
		浦东新区上海科技馆	2010年
		中国共产党一大·二大·四大纪念馆景区	2021年
江苏	25	苏州市姑苏区苏州古典园林(拙政园、虎丘、留园)	2007年
		苏州市昆山市周庄古镇	2007年
		南京市玄武区钟山风景名胜区-中山陵园风景区	2007年
		无锡市滨湖区中央电视台无锡影视基地三国水浒景区	2007年
		无锡市滨湖区灵山景区	2009年
		苏州市吴江区同里古镇	2010年
		南京市秦淮区夫子庙秦淮风光带	2010年
		常州市新北区中华恐龙园	2010年
		扬州市邗江区瘦西湖	2010年
		南通市崇川区濠河风景区	2012年
		泰州市姜堰区溱湖国家湿地公园	2012年
		苏州市吴中区金鸡湖景区	2012年
		镇江三山风景名胜区	2012年
		无锡市滨湖区鼋头渚	2012年
		苏州市吴中区吴中太湖旅游区	2013年

省、自治区、直辖市	数量汇总	景点名称	评定年份
江苏	25	苏州市常熟市沙家浜·虞山尚湖旅游区	2013年
		常州市溧阳市天目湖旅游度假区	2013年
		镇江市句容市茅山风景名胜区	2014年
		淮安市淮安区周恩来故里景区	2015年
		盐城市大丰区中华麋鹿园景区	2015年
		徐州市泉山区云龙湖风景区	2016年
		连云港市海州区花果山景区	2016年
		常州市武进区中国春秋淹城旅游区	2017年
		无锡市梁溪区惠山古镇	2019年
		宿迁市泗洪县洪泽湖湿地公园	2020年
浙江	20	杭州市西湖区西湖风景名胜区	2007年
		温州市乐清市雁荡山风景区	2007年
		舟山市普陀区普陀山风景名胜区	2007年
		杭州市淳安县千岛湖风景区	2010年
		嘉兴市桐乡市乌镇古镇	2010年
		宁波市奉化区溪口滕头旅游景区	2010年
		金华市东阳市横店影视城	2010年
		嘉兴市南湖区南湖旅游区	2011年
		杭州市西湖区西溪国家湿地公园	2012年
		绍兴市越城区鲁迅故里－沈园	2012年
		衢州市开化县根宫佛国文化旅游区	2013年
		湖州市南浔区南浔古镇	2015年
		台州市天台县天台山旅游风景区	2015年
		台州市仙居县神仙居	2015年
		嘉兴市嘉善县西塘古镇	2017年
		衢州市江山市江郎山·廿八都	2017年
		宁波市海曙区天一阁·月湖	2018年
		丽水市缙云县仙都风景区	2019年
		温州市文成县刘伯温故里景区	2020年
		台州市台州府城文化旅游区	2022年
安徽	12	黄山市黄山区黄山风景区	2007年
		池州市青阳县九华山风景区	2007年
		安庆市潜山县天柱山风景名胜区	2011年
		黄山市黟县皖南古村落-西递宏村	2011年
		六安市金寨县天堂寨风景名胜区	2012年
		宣城市绩溪县龙川景区	2012年
		阜阳市颍上县八里河风景区	2013年
		黄山市徽州区古徽州文化旅游区	2014年
		合肥市肥西县三河古镇	2015年
		芜湖市鸠江区方特旅游度假区	2016年
		六安市舒城县万佛湖	2016年
		马鞍山市雨山区采石矶	2020年

省、自治区、直辖市	数量汇总	景点名称	评定年份
福建	10	厦门市思明区鼓浪屿	2007年
		南平市武夷山市武夷山	2007年
		三明市泰宁县泰宁风景名胜区	2011年
		福建土楼(永定·南靖)	2011年
		宁德市屏南县白水洋-鸳鸯溪	2012年
		泉州市丰泽区清源山风景区	2012年
		宁德市福鼎市太姥山风景名胜区	2013年
		福州市鼓楼区三坊七巷	2015年
		龙岩市上杭县古田旅游区	2015年
		莆田市秀屿区湄洲岛妈祖文化景区	2020年
江西	14	九江市庐山市庐山风景名胜区	2007年
		吉安市井冈山市井冈山风景旅游区	2007年
		上饶市玉山县三清山风景名胜区	2011年
		鹰潭市贵溪市龙虎山风景名胜区	2012年
		上饶市婺源县江湾景区	2013年
		景德镇市昌江区古窑民俗博览区	2013年
		赣州市瑞金市共和国摇篮景区	2015年
		宜春市袁州区明月山旅游区	2015年
		抚州市资溪县大觉山风景区	2017年
		上饶市弋阳县龟峰风景名胜区	2017年
		南昌市东湖区滕王阁	2018年
		萍乡市芦溪县武功山风景名胜区	2019年
		九江市庐山西海风景名胜区	2020年
		赣州市三百山景区	2022年
山东	14	泰安市泰山区泰山	2007年
		烟台市蓬莱区蓬莱阁-三仙山风景区-八仙过海景区	2007年
		济宁市曲阜市明故城(三孔)旅游区	2007年
		青岛市崂山区崂山风景名胜区	2011年
		威海市环翠区刘公岛风景区	2011年
		烟台市龙口市南山景区	2011年
		枣庄市台儿庄区台儿庄古城	2013年
		济南市历下区天下第一泉风景区	2013年
		沂蒙山旅游区	2013年
		潍坊市青州市青州古城	2017年
		威海市环翠区威海华夏城	2017年
		东营市垦利区黄河口生态旅游区	2020年
		临沂市沂水县萤火虫水洞·地下大峡谷	2020年
		济宁市微山湖旅游区	2022年

省、自治区、直辖市	数量汇总	景点名称	评定年份
河南	15	郑州市登封市嵩山少林寺	2007年
		洛阳市洛龙区龙门石窟	2007年
		焦作市云台山-神农山-青天河风景区	2007年
		安阳市殷都区殷墟	2011年
		洛阳市嵩县白云山	2011年
		开封市龙亭区清明上河园	2011年
		平顶山市鲁山县尧山-中原大佛	2011年
		洛阳市栾川县老君山-鸡冠洞旅游区	2012年
		洛阳市新安县龙潭大峡谷景区	2013年
		南阳市西峡县中国西峡恐龙遗迹园·伏牛山老界岭旅游区	2014年
		驻马店市遂平县嵖岈山旅游景区	2015年
		安阳市林州市红旗渠-太行大峡谷旅游景区	2016年
		商丘市永城市芒砀山汉文化旅游景区	2017年
		新乡市辉县市八里沟景区	2019年
		信阳市鸡公山景区	2022年
湖北	14	武汉市武昌区黄鹤楼公园	2007年
		宜昌市三峡大坝-屈原故里文化旅游区	2007年
		宜昌市夷陵区三峡人家风景区	2011年
		十堰市丹江口市武当山风景区	2011年
		恩施土家族苗族自治州巴东县神龙溪纤夫文化旅游区	2011年
		神农架林区神农架生态旅游区	2012年
		宜昌市长阳土家族自治县清江画廊景区	2013年
		武汉市洪山区东湖生态旅游风景区	2013年
		武汉市黄陂区木兰文化生态旅游区	2014年
		恩施土家族苗族自治州恩施市恩施大峡谷景区	2015年
		咸宁市赤壁市三国赤壁古战场景区	2018年
		襄阳市襄城区古隆中景区	2019年
		恩施土家族苗族自治州利川市腾龙洞景区	2020年
		宜昌市三峡大瀑布景区	2022年
湖南	11	张家界市武陵源-天门山旅游区	2007年
		衡阳市南岳区衡山旅游区	2007年
		湘潭市韶山市韶山旅游区	2011年
		岳阳市岳阳楼-君山岛景区	2011年
		长沙市岳麓区岳麓山-橘子洲旅游区	2012年
		长沙市宁乡市花明楼景区	2013年
		郴州市资兴市东江湖旅游区	2015年
		邵阳市新宁县崀山景区	2016年
		株洲市炎陵县炎帝陵景区	2019年
		常德市桃源县桃花源景区	2020年
		湘西土家族苗族自治州矮寨·十八洞·德夯大峡谷景区	2021年

续表

省、自治区、直辖市	数量汇总	景点名称	评定年份
广东	15	广州市番禺区长隆旅游度假区	2007年
		深圳市南山区华侨城旅游度假区	2007年
		广州市白云区白云山景区	2011年
		梅州市梅县区雁南飞茶田景区	2011年
		深圳市龙华区观澜湖休闲旅游区	2011年
		清远市连州市地下河旅游景区	2011年
		韶关市仁化县丹霞山景区	2012年
		佛山市南海区西樵山景区	2013年
		惠州市博罗县罗浮山景区	2013年
		佛山市顺德区长鹿旅游休博园	2014年
		阳江市江城区海陵岛大角湾海上丝路旅游区	2015年
		中山市孙中山故里旅游区	2016年
		惠州市惠城区惠州西湖旅游景区	2018年
		肇庆市星湖旅游景区	2019年
		江门市开平市开平碉楼文化旅游区	2020年
广西	9	桂林市漓江风景区	2007年
		桂林市兴安县乐满地度假世界	2007年
		桂林市秀峰区独秀峰·靖江王城景区	2012年
		南宁市青秀区青秀山旅游区	2017年
		桂林市两江四湖·象山景区	2014年
		崇左市大新县德天跨国瀑布景区	2018年
		百色市右江区百色起义纪念园景区	2019年
		北海市海城区涠洲岛南湾鳄鱼山景区	2020年
		贺州市黄姚古镇景区	2022年
海南	6	三亚市崖州区南山文化旅游区	2007年
		三亚市崖州区南山大小洞天旅游区	2007年
		保亭县呀诺达雨林文化旅游区	2012年
		陵水县分界洲岛旅游区	2013年
		保亭县槟榔谷黎苗文化旅游区	2015年
		三亚市海棠区蜈支洲岛旅游区	2016年
重庆	11	大足区大足石刻景区	2007年
		巫山区小三峡–小小三峡旅游区	2007年
		武隆区喀斯特(天生三桥·仙女山·芙蓉洞)旅游区	2011年
		酉阳土家族苗族自治县桃花源旅游景区	2012年
		綦江区万盛黑山谷风景区	2012年
		南川区金佛山景区	2013年
		江津区四面山景区	2015年
		云阳县龙缸景区	2017年
		彭水苗族土家族自治县阿依河景区	2019年
		黔江区濯水景区	2020年
		奉节县白帝城·瞿塘峡景区	2022年

省、自治区、直辖市	数量汇总	景点名称	评定年份
四川	16	成都市都江堰市青城山－都江堰旅游景区	2007年
		乐山市峨眉山市峨眉山景区	2007年
		阿坝藏族羌族自治州九寨沟县九寨沟景区	2007年
		乐山市市中区乐山大佛景区	2011年
		阿坝藏族羌族自治州松潘县黄龙风景名胜区	2012年
		绵阳市北川羌族自治县羌城旅游区	2013年
		阿坝藏族羌族自治州汶川县汶川特别旅游区	2013年
		南充市阆中市阆中古城旅游景区	2013年
		广安市广安区邓小平故里旅游区	2013年
		广元市剑阁县剑门蜀道剑门关旅游景区	2015年
		南充市仪陇县朱德故里景区	2016年
		甘孜藏族自治州泸定县海螺沟景区	2017年
		雅安市雨城区碧峰峡旅游景区	2019年
		巴中市南江县光雾山旅游景区	2020年
		甘孜藏族自治州稻城县稻城亚丁旅游景区	2020年
		成都市安仁古镇景区	2022年
贵州	9	安顺市镇宁布依族苗族自治县黄果树瀑布景区	2007年
		安顺市西秀区龙宫景区	2007年
		毕节市黔西县百里杜鹃景区	2013年
		黔南布依族苗族自治州荔波县樟江景区	2015年
		贵阳市花溪区青岩古镇景区	2017年
		铜仁市梵净山（江口·印江）旅游区	2018年
		黔东南苗族侗族自治州镇远县镇远古城旅游区	2019年
		遵义市赤水市赤水丹霞旅游区	2020年
		毕节市织金洞景区	2022年
云南	9	昆明市石林彝族自治县石林风景区	2007年
		丽江市玉龙纳西族自治县玉龙雪山景区	2007年
		丽江市古城区丽江古城景区	2011年
		大理白族自治州大理市崇圣寺三塔文化旅游区	2011年
		西双版纳傣族自治州勐腊县中科院西双版纳热带植物园	2011年
		迪庆藏族自治州香格里拉市普达措国家公园	2012年
		昆明市盘龙区昆明世博园景区	2016年
		保山市腾冲市火山热海旅游区	2016年
		文山壮族苗族自治州丘北县普者黑旅游景区	2020年
西藏	5	拉萨市城关区布达拉宫景区	2013年
		拉萨市城关区大昭寺景区	2013年
		林芝市工布江达县巴松措景区	2017年
		日喀则市桑珠孜区扎什伦布寺景区	2017年
		林芝市米林县雅鲁藏布大峡谷旅游景区	2020年

续表

省、自治区、直辖市	数量汇总	景点名称	评定年份
陕西	12	西安市临潼区秦始皇兵马俑博物馆	2007年
		西安市临潼区华清池景区	2007年
		延安市黄陵县黄帝陵景区	2007年
		西安市雁塔区大雁塔－大唐芙蓉园景区	2011年
		渭南市华阴市华山风景区	2011年
		宝鸡市扶风县法门寺佛文化景区	2014年
		商洛市商南县金丝峡景区	2015年
		宝鸡市眉县太白山旅游景区	2016年
		西安市城墙·碑林历史文化景区	2018年
		延安市宝塔区延安革命纪念地景区	2019年
		西安市新城区大明宫旅游景区	2020年
		黄河壶口瀑布旅游区(陕西省延安市·山西省临汾市)	2022年
甘肃	7	嘉峪关市嘉峪关文物景区	2007年
		平凉市崆峒区崆峒山风景名胜区	2007年
		天水市麦积区麦积山景区	2011年
		酒泉市敦煌市鸣沙山月牙泉景区	2015年
		张掖市临泽县七彩丹霞景区	2019年
		临夏回族自治州永靖县炳灵寺景区	2020年
		陇南市官鹅沟景区	2022年
青海	4	青海湖风景区	2011年
		西宁市湟中区塔尔寺景区	2012年
		海东市互助土族自治县互助土族故土园旅游区	2017年
		海北藏族自治州祁连县阿咪东索景区	2020年
宁夏	4	石嘴山市平罗县沙湖旅游景区	2007年
		中卫市沙坡头区沙坡头旅游景区	2007年
		银川市西夏区宁夏镇北堡西部影视城	2011年
		银川市灵武市水洞沟旅游景区	2015年
新疆	17	昌吉回族自治州阜康市天山天池风景名胜区	2007年
		吐鲁番市高昌区葡萄沟风景区	2007年
		伊犁哈萨克自治州阿勒泰地区布尔津县喀纳斯景区	2007年
		伊犁哈萨克自治州新源县那拉提旅游风景区	2011年
		伊犁哈萨克自治州阿勒泰地区富蕴县可可托海景区	2012年
		喀什地区泽普县金胡杨景区	2013年
		乌鲁木齐市乌鲁木齐县天山大峡谷	2013年
		巴音郭楞蒙古自治州博湖县博斯腾湖景区	2014年
		喀什地区喀什市喀什噶尔老城景区	2015年
		伊犁哈萨克自治州特克斯县喀拉峻景区	2016年
		巴音郭楞蒙古自治州和静县巴音布鲁克景区	2016年
		伊犁哈萨克自治州阿勒泰地区哈巴河县白沙湖景区	2017年
		喀什地区塔什库尔干塔吉克自治县帕米尔旅游区	2019年
		克拉玛依市乌尔禾区世界魔鬼城景区	2020年
		博尔塔拉蒙古自治州博乐市赛里木湖景区	2021年
		阿拉尔市塔克拉玛干·三五九旅文化旅游区	2021年
		昌吉回族自治州江布拉克景区	2022年
合计	318	—	—

附录7　　**团队境内旅游合同（示范文本）**

GF-2014-2401

团队境内旅游合同

合同编号：_____

旅游者：_____等_____人（名单可附页，需旅行社和旅游者代表签字盖章确认）

旅行社：_____。

旅行社业务经营许可证编号：_____。

第一章　术语和定义

第一条　本合同术语和定义

1.团队境内旅游服务，指旅行社依据《中华人民共和国旅游法》《旅行社条例》等法律、法规，组织旅游者在中华人民共和国国境内（不含香港、澳门、台湾地区）旅游，代订公共交通客票，提供餐饮、住宿、游览等两项以上服务活动。

2.旅游费用，指旅游者支付给旅行社，用于购买本合同约定的旅游服务的费用。

旅游费用包括：

（1）交通费；

（2）住宿费；

（3）餐费（不含酒水费）；

（4）旅行社统一安排的景区景点门票费；

（5）行程中安排的其他项目费用；

（6）导游服务费；

（7）旅行社（含地接社）的其他服务费用。

旅游费用不包括：

（1）旅游者投保的人身意外伤害保险费用；

（2）合同未约定由旅行社支付的费用，包括但不限于行程以外非合同约定活动项目所需的费用、自行安排活动期间发生的费用；

（3）行程中发生的旅游者个人费用，包括但不限于交通工具上的非免费餐饮费、行李超重费，住宿期间的洗衣、电话、饮料及酒类费，个人娱乐费用，个人伤病医疗费，寻找个人遗失物品的费用及报酬，个人原因造成的赔偿费用。

3.履行辅助人，指与旅行社存在合同关系，协助其履行本合同义务，实际提供相关服务的法人、自然人或者其他组织。

4.自由活动，特指旅游行程单中安排的自由活动。

5.自行安排活动期间，指旅游行程单中安排的自由活动期间、旅游者不参加旅游行程活动期间、每日行程开始前及结束后旅游者离开住宿设施的个人活动期间、旅游者经导游同意暂时离团的个人活动期间。

6.不合理的低价，指旅行社提供服务的价格低于接待和服务费用或者低于行业公认的合理价格，且无正当理由和充分证据证明该价格的合理性。其中，接待和服务费用主要包括旅行社提供或者采购餐饮、住宿、交通、游览、导游等服务所支出的费用。

7.具体购物场所，指购物场所有独立的商号以及相对清晰、封闭、独立的经营边界和明确的经营主体，包括免税店，大型购物商场，前店后厂的购物场所，景区内购物场所，景区周边或者通往景区途中的购物场所，服务旅游团队的专门商店，商品批发市场和与餐饮、娱乐、停车休息等相关联的购物场所等。

8.旅游者投保的人身意外伤害保险，指旅游者自己购买或者通过旅行社、航空机票代理点、景区等保险代理机构购买的以旅行期间自身的生命、身体或者有关利益为保险标的的短期保险，包括但不限于航空意外险、旅游意外险、紧急救援保险、特殊项目意外险。

9.离团，指团队旅游者经导游同意不随团队完成约定行程的行为。

10.脱团，指团队旅游者未经导游同意脱离旅游团队，不随团队完成约定行程的行为。

11.转团，指由于未达到约定成团人数而不能出团，旅行社征得旅游者书面同意，在行程开始前将旅游者转至其他旅行社所组的境内旅游团队履行合同的行为。

12.拼团，指旅行社在保证所承诺的服务内容和标准不变的前提下，在签订合同时经旅游者同意，与其他旅行社招徕的旅游者拼成一个团，统一安排旅游服务的行为。

13.不可抗力，指不能预见、不能避免并不能克服的客观情况，如自然灾害、战争、恐怖活动、动乱、骚乱、罢工、突发公共卫生事件、政府行为等。

14.已尽合理注意义务仍不能避免的事件，指因当事人故意或者过失以外的客观因素引发的事件，包括但不限于重大礼宾活动导致的交通堵塞，飞机、火车、班轮、城际客运班车等公共客运交通工具延误或者取消，景点临时不开放。

15.必要的费用，指旅行社为履行合同已经发生的费用以及向地接社或者履行辅助人支付且不可退还的费用，包括乘坐飞机（车、船）等交通工具的费用、饭店住宿费用、旅游观光汽车的人均车租费用等。

16.公共交通经营者，指航空、铁路、航运客轮、城市公交等公共交通工具的经营者。

第二章 合同的订立

第二条 旅游行程单

旅行社应当提供带团号的旅游行程单，经双方签字或者盖章确认后作为本合同的组成部分。旅游行程单应当对如下内容做出明确说明：

（1）旅游行程的出发地、途经地、目的地、结束地，线路行程时间和具体安排（按自然日计算，含乘飞机、车、船等在途时间，不足24小时以1日计）。

（2）地接社的名称、地址、联系人和联系电话。

（3）交通服务安排及其标准（明确交通工具及档次等级、出发时间以及是否需要中转等信息）。

（4）住宿服务安排及其标准（明确住宿饭店的名称、地点、星级，非星级饭店应当注明是否有空调、热水、独立卫生间等相关服务设施）。

（5）用餐（早餐和正餐）服务安排及其标准（明确用餐次数、地点、标准）。

（6）旅行社统一安排的游览项目的具体内容及时间（明确旅游线路内容、景区景点最少停留时间）。

（7）自由活动的时间。

（8）行程中安排的娱乐活动（明确娱乐活动的时间、地点和内容）。

旅游行程单用语必须准确清晰，在表明服务标准的用语中不应当出现"准×星级""豪华""仅供参考""以××为准""与××同级"等不确定用语。

第三条　订立合同

旅游者应当认真阅读本合同条款、旅游行程单，在旅游者理解本合同条款及有关附件后，旅行社和旅游者应当签订书面合同。

由旅游者的代理人订立合同的，代理人需要出具被代理的旅游者的授权委托书。

第四条　旅游广告及宣传品

旅行社的旅游广告及宣传品应当遵循诚实信用原则，其内容符合《中华人民共和国民法典》要约规定的，视为本合同的组成部分，对旅行社和旅游者都具有约束力。

第三章　合同双方的权利义务

第五条　旅行社的权利

1.根据旅游者的身体健康状况及相关条件决定是否接纳旅游者报名参团。

2.核实旅游者提供的相关信息资料。

3.按照合同约定向旅游者收取全额旅游费用。

4.旅游团队遇紧急情况时，可以采取安全防范措施和紧急避险措施并要求旅游者配合。

5.拒绝旅游者提出的超出合同约定的不合理要求。

6.要求旅游者对在旅游活动中或者在解决纠纷时损害旅行社合法权益的行为承担赔偿责任。

7.要求旅游者健康、文明旅游，劝阻旅游者违法和违反社会公德的行为。

第六条　旅行社的义务

1.按照合同和旅游行程单约定的内容和标准为旅游者提供服务，不擅自变更旅游行程安排。

2.向合格的供应商订购产品和服务。

3.不以不合理的低价组织旅游活动，诱骗旅游者，并通过安排购物或者另行付费旅游项目获取回扣等不正当利益；组织、接待旅游者，不指定具体购物场所，不安排另行付费旅游项目，但是经双方协商一致或者旅游者要求，且不影响其他旅游者行程安排的除外。

4.在出团前如实告知具体行程安排和有关具体事项，具体事项包括但不限于所到旅游目的地的重要规定、风俗习惯；旅游活动中的安全注意事项和安全避险措施、旅游者不适合参加旅游活动的情形；旅行社依法可以减免责任的信息；应急联络方式以及法律、法规规定的其他应当告知的事项。

5.按照合同约定，为旅游团队安排符合《中华人民共和国旅游法》《导游人员管理条例》规定的持证导游人员。

6.妥善保管旅游者交其代管的证件、行李等物品。

7.为旅游者发放用固定格式书写、由旅游者填写的安全信息卡（包括旅游者的姓名、血型、应急联络方式等）。

8.旅游者人身、财产权益受到损害时，应当采取合理必要的保护和救助措施，避免旅游者人身、财产权益损失扩大。

9.积极协调处理旅游行程中的纠纷，采取适当措施防止损失扩大。

10.提示旅游者投保人身意外伤害保险。

11.向旅游者提供发票。

12.依法对旅游者的个人信息保密。

13.旅游行程中解除合同的，旅行社应当协助旅游者返回出发地或者旅游者指定的合理地点。

第七条　旅游者的权利

1.要求旅行社按照合同及旅游行程单的约定履行相关义务。

2.拒绝未经事先协商一致的转团、拼团行为。

3.有权自主选择旅游产品和服务，有权拒绝旅行社未与旅游者协商一致或者未经旅游者要求而指定购物场所、安排旅游者参加另行付费旅游项目的行为，有权拒绝旅行社的导游强迫或者变相强迫旅游者购物、参加另行付费旅游项目的行为。

4.在支付旅游费用时要求旅行社出具发票。

5.人格尊严、民族风俗习惯和宗教信仰得到尊重。

6.在人身、财产安全遇到危险时，有权请求救助和保护；人身、财产受到损害的，有权依法获得赔偿。

7.在合法权益受到损害时，向有关部门投诉或者要求旅行社协助索赔。

8.《中华人民共和国旅游法》《中华人民共和国消费者权益保护法》和有关法

律、法规赋予旅游者的其他各项权利。

第八条　旅游者的义务

1.如实填写旅游报名表、游客安全信息卡等各项内容，告知与旅游活动相关的个人健康信息，并对其真实性负责，保证所提供的联系方式准确无误且能及时联系。

2.按照合同约定支付旅游费用。

3.遵守法律、法规和有关规定，不在旅游行程中从事违法活动，不参与色情、赌博和涉毒活动。

4.遵守公共秩序和社会公德，尊重旅游目的地的风俗习惯、文化传统和宗教信仰，爱护旅游资源，保护生态环境，遵守《中国公民国内旅游文明行为公约》等文明行为规范。

5.对国家应对重大突发事件暂时限制旅游活动的措施以及有关部门、机构或者旅游经营者采取的安全防范和应急处置措施予以配合。

6.妥善保管自己的行李物品，随身携带现金、有价证券、贵重物品，不在行李中夹带。

7.在旅游活动中或者在解决纠纷时，应采取措施防止损失扩大，不损害当地居民的合法权益；不干扰他人的旅游活动；不损害旅游经营者和旅游从业人员的合法权益，不采取拒绝上、下机（车、船）等拖延行程或者脱团等不当行为。

8.自行安排活动期间，应当在自己能够控制风险的范围内选择活动项目，遵守旅游活动中的安全警示规定，并对自己的安全负责。

第四章　合同的变更与转让

第九条　合同的变更

1.旅行社与旅游者双方协商一致，可以变更本合同约定的内容，但应当以书面形式出双方签字确认。由此增加的旅游费用及给对方造成的损失，由变更提出方承担；由此减少的旅游费用，旅行社应当退还旅游者。

2.行程开始前遇到不可抗力或者旅行社、履行辅助人已尽合理注意义务仍不能避免事件发生的，双方经协商可以取消行程或者延期出行。取消行程的，按照本合同第十四条处理；延期出行的，增加的费用由旅游者承担，减少的费用退还旅游者。

3.行程中遇到不可抗力或者旅行社、履行辅助人已尽合理注意义务仍不能避免的事件，影响旅游行程的，按以下方式处理：

（1）合同不能完全履行的，旅行社应向旅游者做出说明，旅游者同意变更的，可以在合理范围内变更合同，因此增加的费用由旅游者承担，减少的费用退还旅游者。

（2）危及旅游者人身、财产安全的，旅行社应当采取相应的安全措施，因此支出的费用，由旅行社与旅游者分担。

（3）造成旅游者滞留的，旅行社应采取相应的安置措施，因此增加的食宿费用由旅游者承担，增加的返程费用双方分担。

第十条　合同的转让

旅游行程开始前，旅游者可以将本合同中自身的权利义务转让给第三人，旅行社没有正当理由不得拒绝，并应办理相关转让手续，因此增加的费用由旅游者和第三人承担。

正当理由包括但不限于：对应原报名者办理的相关服务不可转让给第三人的；无法为第三人安排交通等情形的；旅游活动对于旅游者的身份、资格等有特殊要求的。

第十一条　不成团的安排

当旅行社组团未达到约定的成团人数不能成团时，旅游者可以与旅行社就如下安排在本合同第二十三条中做出约定：

1.转团：旅行社可以在保证所承诺的服务内容和标准不降低的前提下，事先征得旅游者书面同意后，委托其他旅行社履行合同，并就受委托出团的旅行社违反本合同约定的行为先行承担责任，再行追偿。旅游者和受委托出团的旅行社另行签订合同的，本合同的权利义务终止。

2.延期出团和改变线路出团：旅行社征得旅游者书面同意后，可以延期出团或者改变其他线路出团，因此增加的费用由旅游者承担，减少的费用由旅行社退还旅游者。需要时可以重新签订旅游合同。

第五章　合同的解除

第十二条　旅行社解除合同

1.未达到约定的成团人数不能成团时，旅行社解除合同的，应当采取书面等有效形式。旅行社在行程开始前7日（按照出发日减去解除合同通知到达日的自然日之差计算，下同）以上（含第7日，下同）提出解除合同的，不承担违约责任，旅行社向旅游者退还已收取的全部旅游费用；旅行社在行程开始前7日以内（不含第7日，下同）提出解除合同的，除向旅游者退还已收取的全部旅游费用外，还应当按本合同第十七条第1款的约定，承担相应的违约责任。

2.旅游者有下列情形之一的，旅行社可以解除合同：

（1）患有传染病等疾病，可能危害其他旅游者健康和安全的；

（2）携带危害公共安全的物品且不同意交有关部门处理的；

（3）从事违法或者违反社会公德的活动的；

（4）从事严重影响其他旅游者权益的活动，且不听劝阻、不能制止的；

（5）法律、法规规定的其他情形。

旅行社因上述情形解除合同的，应当以书面等形式通知旅游者，按照本合同第十五条相关约定扣除必要的费用后，将余款退还旅游者。

第十三条　旅游者解除合同

1.未达到约定的成团人数不能成团时，旅游者既不同意转团，也不同意延期出行或者改签其他线路出团的，旅行社应及时发出不能成团的书面通知，旅游者可以解除合同。旅游者在行程开始前7日以上收到旅行社不能成团通知的，旅行社不承担违约责任，并向旅游者退还已收取的全部旅游费用；旅游者在行程开始前7日以内收到旅行社不能成团通知的，按照本合同第十七条第1款相关约定处理。

2.除本条第1款约定外，在旅游行程结束前，旅游者亦可以书面等形式解除合同。旅游者在行程开始前7日以上提出解除合同的，旅行社应当向旅游者退还全部旅游费用；旅游者在行程开始前7日以内和行程中提出解除合同的，旅行社按照本合同第十五条相关约定扣除必要的费用后，将余款退还旅游者。

3.旅游者未按约定时间到达约定集合出发地点，也未能在出发中途加入旅游团队的，视为旅游者解除合同，按照本合同第十五条相关约定处理。

第十四条　因不可抗力或者已尽合理注意义务仍不能避免的事件解除合同

因不可抗力或者旅行社、履行辅助人已尽合理注意义务仍不能避免的事件，影响旅游行程，合同不能继续履行的，旅行社和旅游者均可以解除合同；合同不能完全履行，旅游者不同意变更的，可以解除合同。合同解除的，旅行社应当在扣除已向地接社或者履行辅助人支付且不可退还的费用后，将余款退还旅游者。

第十五条　必要的费用扣除

1.旅游者在行程开始前7日以内提出解除合同或者按照本合同第十二条第2款约定由旅行社在行程开始前解除合同的，按下列标准扣除必要的费用：

行程开始前6日至4日，按旅游费用总额的20%；

行程开始前3日至1日，按旅游费用总额的40%；

行程开始当日，按旅游费用总额的60%。

2.在行程中解除合同的，必要的费用扣除标准为：

$$旅游费用 \times \frac{行程开始当日}{扣除比例} + \left(旅游费用 - 旅游费用 \times \frac{行程开始当日}{扣除比例}\right) \div 旅游天数 \times \frac{已经出游}{的天数}$$

如按上述第1款或者第2款约定比例扣除的必要的费用低于实际发生的费用，旅游者按照实际发生的费用支付，但最高额不应当超过旅游费用总额。

解除合同的，旅行社扣除必要的费用后，应当在解除合同通知到达日起5个工作日内为旅游者办理退款手续。

第十六条　旅行社协助旅游者返程及费用承担

旅游行程中解除合同的，旅行社应协助旅游者返回出发地或者旅游者指定的合理地点。因旅行社或者履行辅助人的原因导致合同解除的，返程费用由旅行社承担；行程中按照本合同第十二条第2款、第十三条第2款约定解除合同的，返程费用由旅游者承担；按照本合同第十四条约定解除合同的，返程费用由双方分担。

第六章　违约责任

第十七条　旅行社的违约责任

1.旅行社在行程开始前7日以内提出解除合同的，或者旅游者在行程开始前7日以内收到旅行社不能成团通知，不同意转团、延期出行和改签线路解除合同的，旅行社向旅游者退还已收取的全部旅游费用，并按下列标准向旅游者支付违约金：

行程开始前6日至4日，支付旅游费用总额10%的违约金；

行程开始前3日至1日，支付旅游费用总额15%的违约金；

行程开始当日，支付旅游费用总额20%的违约金。

如按上述比例支付的违约金不足以赔偿旅游者的实际损失，旅行社应当按实际损失对旅游者予以赔偿。

旅行社应当在取消出团通知或者旅游者不同意不成团安排的解除合同通知到达日起5个工作日内，为旅游者办结退还全部旅游费用的手续并支付上述违约金。

2.旅行社未按合同约定提供服务，或者未经旅游者同意调整旅游行程（本合同第九条第3款规定的情形除外），造成项目减少、旅游时间缩短或者标准降低的，应当依法承担继续履行、采取补救措施或者赔偿损失等违约责任。

3.旅行社具备履行条件，经旅游者要求仍拒绝履行本合同义务的，旅行社向旅游者支付旅游费用总额30%的违约金，旅游者采取订同等级别的住宿、用餐、交通等补救措施的，费用由旅行社承担；造成旅游者人身损害、滞留等严重后果的，旅游者还可以要求旅行社支付旅游费用一倍以上三倍以下的赔偿金。

4.未经旅游者同意，旅行社转团、拼团的，旅行社应向旅游者支付旅游费用总额25%的违约金；旅游者解除合同的，旅行社还应向未随团出行的旅游者退还全部旅游费用，向已随团出行的旅游者退还尚未发生的旅游费用。如违约金不足以赔偿旅游者的实际损失，旅行社应当按实际损失对旅游者予以赔偿。

5.旅行社有以下情形之一的，旅游者有权在旅游行程结束后30日内，要求旅行社为其办理退货并先行垫付退货货款，或者退还另行付费旅游项目的费用：

（1）旅行社以不合理的低价组织旅游活动，诱骗旅游者，并通过安排购物或者另行付费旅游项目获取回扣等不正当利益的；

（2）未经双方协商一致或者未经旅游者要求，旅行社指定具体购物场所或者安排另行付费旅游项目的。

6.与旅游者出现纠纷时，旅行社应当采取积极措施防止损失扩大，否则应当就扩大的损失承担责任。

第十八条　旅游者的违约责任

1.旅游者因不听从旅行社及其导游的劝告、提示而影响团队行程，给旅行社造成损失的，应当承担相应的赔偿责任。

2.旅游者超出本合同约定的内容进行个人活动所造成的损失，由其自行承担。

3.由于旅游者的过错，使旅行社、履行辅助人、旅游从业人员或者其他旅游者遭受损害的，旅游者应当赔偿损失。

4.旅游者在旅游活动中或者在解决纠纷时，应采取措施防止损失扩大，否则应当就扩大的损失承担相应的责任。

5.旅游者违反安全警示规定，或者对国家应对重大突发事件暂时限制旅游活动的措施、安全防范和应急处置措施不予配合，造成旅行社损失的，应当依法承担相应责任。

第十九条　其他责任

1.由于旅游者自身原因导致本合同不能履行或者不能按照约定履行，或者造成旅游者人身损害、财产损失的，旅行社不承担责任。

2.旅游者在自行安排活动期间人身、财产权益受到损害的，旅行社在事前已尽到必要警示说明义务且事后已尽到必要救助义务的，旅行社不承担赔偿责任。

3.由于第三方侵害等不可归责于旅行社的原因导致旅游者人身、财产权益受到损害的，旅行社不承担赔偿责任，但因旅行社不履行协助义务致使旅游者人身、财产权益损失扩大的，旅行社应当就扩大的损失承担赔偿责任。

4.由于公共交通经营者的原因造成旅游者人身损害、财产损失依法应承担责任的，旅行社应当协助旅游者向公共交通经营者索赔。

第七章　协议条款

第二十条　线路行程时间

出发时间____年____月____日____时，结束时间____年____月____日____时；共____天，饭店住宿____夜。

第二十一条　旅游费用及支付（以人民币为计算单位）

成人：_____元/人，儿童（不满14岁）：_____元/人；其中，导游服务费：_____元/人。

旅游费用合计：_____元。

旅游费用支付方式：_____。

旅游费用支付时间：_____。

第二十二条　人身意外伤害保险

1.旅行社提示旅游者购买人身意外伤害保险。

2.旅游者可以做以下选择：

□委托旅行社购买（旅行社不具有保险兼业代理资格的，不得选此项）：保险产品名称_____（投保的相关信息以实际保单为准）；

□自行购买；

□放弃购买。

第二十三条　成团人数与不成团的约定

成团的最低人数：_____人。

如不能成团，旅游者是否同意按下列方式解决：

1._____（同意或者不同意，打钩无效）旅行社委托_____旅行社履行合同。

2._____（同意或者不同意，打钩无效）延期出团。

3._____（同意或者不同意，打钩无效）改变其他线路出团。

4._____（同意或者不同意，打钩无效）解除合同。

第二十四条 拼团约定

旅游者_____（同意或者不同意，打钩无效）采用拼团方式拼至_____旅行社成团。

第二十五条 自愿购物和参加另行付费旅游项目约定

1.旅游者可以自主决定是否参加旅行社安排的购物活动、另行付费旅游项目。

2.旅行社可以在不以不合理的低价组织旅游活动、不诱骗旅游者、不获取回扣等不正当利益，且不影响其他旅游者行程安排的前提下，按照平等自愿、诚实信用的原则，与旅游者协商一致达成购物活动、另行付费旅游项目协议。

3.购物活动、另行付费旅游项目的安排不应与旅游行程单冲突。

4.地接社及其从业人员在行程中安排购物活动、另行付费旅游项目的，责任由订立本合同的旅行社承担。

5.购物活动、另行付费旅游项目的具体约定见《自愿购物活动补充协议》（附件3）、《自愿参加另行付费旅游项目补充协议》（附件4）。

第二十六条 争议的解决方式

本合同履行过程中发生争议，由双方协商解决；亦可向合同签订地的旅游质监执法机构、消费者协会、有关的调解组织等有关部门或者机构申请调解。协商或者调解不成的，按下列第_____种方式解决：

1.提交_____仲裁委员会仲裁。

2.依法向人民法院起诉。

第二十七条 其他约定事项

未尽事宜，经旅游者和旅行社双方协商一致，可以列入补充条款。（如合同空间不够，可以另附纸张，由双方签字或者盖章确认）_____

第二十八条 合同效力

本合同一式_____份，双方各持_____份，具有同等法律效力，自双方当事人签字或者盖章之日起生效。

旅游者代表签字（盖章）：_____　　旅行社盖章：_____

证件号码：_____　　签约代表签字（盖章）：_____

住址：_____　　营业地址：_____

联系电话：_____　　联系电话：_____

传真：_____　　传真：_____

邮编：_____　　邮编：_____

电子邮箱：_____　　电子邮箱：_____

签约日期：_____年____月____日　　签约日期：_____年____月____日

签约地点：_____

旅行社监督、投诉电话：_____

____省____市旅游质监执法机构：

投诉电话：_____

电子邮箱：_____

地址：_____

邮编：_____

附件1

旅游报名表

旅游线路及编号：　　　　　　　　　　旅游者出团时间意向：

姓 名		性别		民族		出生日期	
身份证件号码				联系电话			
身体状况		（需注明是否有身体残疾、精神疾病、高血压、心脏病等健康受损病症、病史，是否为妊娠期妇女）					
旅游者全部同行人名单及分房要求（所列同行人均视为旅游者要求必须同时安排出团）： _____与_____同住，_____与_____同住，_____与_____同住， _____与_____同住，_____与_____同住，_____与_____同住， _____为单男/单女需要安排与他人同住，_____不占床位， _____全程要求入住单间（应当补交房费差额）。							
其他补充约定：							
旅游者确认签名（盖章）：　　　　　　　　　　　　　　　　年　　月　　日							
备注	（年龄低于18周岁,需要提交家长书面同意出行书）						
以下各栏由旅行社工作人员填写							
服务网点名称				旅行社经办人			

附件 2

带团号的《旅游行程单》

旅游者：（代表人签字）   旅行社：（盖章）

                                                经办人：（签字）

                                                年   月   日

附件3

自愿购物活动补充协议

具体时间	地点	购物场所名称	主要商品信息	最长停留时间（分钟）	其他说明	旅游者签名同意
年 月 日 时						签名：
年 月 日 时						签名：
年 月 日 时						签名：

旅行社经办人签名：＿＿＿＿＿＿＿＿＿＿＿＿＿＿＿＿＿

附件4

自愿参加另行付费旅游项目补充协议

具体时间	地点	项目名称和内容	费用（元）	项目时长（分钟）	其他说明	旅游者签名同意
年 月 日 时						签名：
年 月 日 时						签名：
年 月 日 时						签名：

旅行社经办人签名：＿＿＿＿＿＿＿＿＿＿＿＿＿＿＿＿＿

附录8　境内旅游组团社与地接社合同（示范文本）

GF-2014-2411

境内旅游组团社与地接社合同

合同编号：＿＿＿＿＿＿＿＿＿＿＿＿＿＿

组团社：

法定代表人（主要负责人）：　　　　　职务：

业务经营许可证号：

经营地址：

经办人：　　　　　　　　　　　　　　职务：

联系电话：　　　　　　　　　　　　　传真：

电子邮箱：

地接社：

法定代表人（主要负责人）：　　　　　职务：

业务经营许可证号：

经营地址：

经办人：　　　　　　　　　　　　　　职务：

联系电话：　　　　　　　　　　　　　传真：

电子邮箱:

组团社将其组织的旅游者交由地接社接待,地接社按照双方确认的标准和要求,为组团社组织的旅游者提供接待服务。组团社与地接社双方经平等协商,达成如下协议:

第一条 合同构成

下列内容作为本合同的有效组成部分,与本合同具有同等法律效力:

1.接待计划书。

2.双方业务往来确认。

3.双方就未尽事宜达成的补充协议。

4.财务确认及结算单据。

5.其他约定:_____。

第二条 合同当事人

组团社和地接社是依照中华人民共和国法律、法规设立的旅行社或者分社,依法取得旅行社业务资质,且在合同有效期内双方资质有效存续。

双方均应于签订合同前向对方提供营业执照、业务经营许可证(分社备案登记证明)、旅行社责任保险单、安全管理制度、突发事件处理预案等文书复印件并加盖印章。如果上述信息发生变更,变更一方应自变更之日起_____日内书面通知对方并提供更新后的材料。

第三条 接待计划书订立

组团社可以通过电话、传真、电子邮件等通信方式与地接社洽谈接待相关事宜,在此过程中双方最终达成一致的事项,应形成接待计划书,并由双方签字盖章确认。

接待计划书应明确以下内容:

1.旅游者人数及名单。

2.接待费用,其中地接导游费用为_____。

3.抵离时间、航班、车次。

4.交通、住宿、餐饮服务安排及标准。

5.游览行程安排、游览内容及时间。

6.自由活动次数及时间。

7.对导游的要求。

8.其他:_____。

第四条 接待计划书变更

接待计划书一经确认,单方不得擅自变更。

出团前如遇不可抗力或者其他原因确需变更的,经协商一致,就变更后的内容由双方签字盖章确认。紧急情况下,双方可通过电话、传真、电子邮件等通信方式进行协商,但应自紧急情况消失之日起_____日内由双方签字盖章确认。

除法律、法规规定外,出团后接待计划书不得变更。

第五条　接待服务要求

地接社接待服务应符合：

1.《中华人民共和国旅游法》《旅行社条例》《导游人员管理条例》等法律、法规。

2.双方约定的接待服务标准。

3.相关国家标准和行业标准。

第六条　接待费用结算

结算方式及期限：＿＿＿＿＿＿＿＿＿＿＿＿＿＿＿＿＿。

地接社应配合组团社按照接待费用结算的要求及时填写结算单，并加盖地接社财务专用章，送达组团社财务部门。组团社应在收到地接社结算单据后＿＿＿＿＿＿日内核对，并按约定按时足额支付接待费用。

第七条　合同义务

（一）组团社的义务

1.组团社应按约定的时限、数额支付接待费用。

2.组团社应真实、明确说明接待要求和标准，将与旅游者达成的合同、单团旅游行程单的副本提供给地接社。

3.组团社应对地接社完成接待服务予以必要协助。

（二）地接社的义务

1.地接社应严格按照双方约定安排旅游行程、旅游景点、服务项目等，不得因与组团社团款等纠纷擅自中止旅游服务。

2.未经组团社书面同意，地接社不得以任何方式将组团社组织的旅游者与其他旅游者合并接待，或者转交任何第三方接待。

3.地接社应选择合格且具有相应接待能力的供应商。

4.地接社应积极配合组团社做好接待服务质量测评工作，按约定通报团队动态和反馈接待服务质量信息，服务质量测评方式及达标标准双方约定为：＿＿＿＿＿＿＿＿。

5.要求导游引导旅游者健康、文明旅游，劝阻旅游者违法和违反社会公德的行为。

（三）双方共同的义务

1.双方约定的接待费用不应低于接待和服务成本。

2.双方的约定应遵守《中华人民共和国旅游法》《中华人民共和国消费者权益保护法》等法律、法规，不应损害旅游者的合法权益。

3.一方违约后，对方应采取适当措施防止损失扩大。

4.双方均应保守经营活动中获取的商业秘密。

5.旅游行程中旅游者主张解除合同的，旅行社应当协助旅游者返回出发地或者旅游者指定的合理地点。

第八条　风险防范

1.组团社和地接社均应按法律、法规规定足额投保旅行社责任保险。

2.组团社应提示其组织的旅游者购买人身意外伤害保险。

3.地接社为组团社组织的旅游者安排的车辆及司机必须具备合法有效资质，地接社选择的客运经营者应已购买承运人责任保险，且保险金额不低于_____万元。

4.组团社和地接社均应保证旅游者的安全，对于可能危及旅游者人身及财产安全的事项，应做出真实的说明和明确的警示，并采取必要措施防止危害发生和扩大。

5.地接社接待过程中，旅游者受到人身、财产损害的，地接社应采取救助措施并先行垫付必要费用，及时向组团社反馈信息，收集和保存相关证据，组团社和地接社在责任划分明确后_____日内根据各自承担的责任进行结算，属于第三方责任的，地接社应协助旅游者索赔。

第九条 旅游纠纷处理

1.旅游者在地接社接待过程中提出投诉的，地接社应尽力在当地及时解决，并将处理情况书面通知组团社；未能在当地解决的，应及时书面通知组团社。地接社应积极配合组团社处理旅游者投诉、仲裁、诉讼等服务质量纠纷，及时提供所需证据材料。

2.组团社和地接社应根据调查情况，划分各自应承担的赔偿责任，并于责任划分明确后_____日内进行结算。因组团社原因导致行程延误、更改、取消等所造成的经济损失由组团社承担，因地接社接待服务质量问题造成的经济损失由地接社承担。

3.因地接社接待服务质量问题产生的经济赔偿，组团社依照或者参照如下标准做出赔偿后，地接社应在组团社提出追索请求并提供相关证明后_____日内对组团社予以全额赔偿：

（1）依照组团社和旅游者约定的赔偿标准；

（2）参照国家制定的《旅行社服务质量赔偿标准》；

（3）依照法院、仲裁机构裁决确定的数额标准。

第十条 不可抗力

1.因不可抗力等不可归责于合同任何一方的事由致使一方不能履行合同的，应根据影响程度，部分或者全部免除责任，但迟延履行后发生不可抗力等不可归责于合同任何一方的事由的，不能免除责任。

2.一方因不可抗力等不可归责于合同任何一方的事由不能履行合同的，应当及时通知另一方，并在合理期限内提供证明。双方应采取合理适当措施防止损失扩大，因一方未履行相关义务造成对方损失的，应承担赔偿责任。

3.因不可抗力等不可归责于合同任何一方的事由导致行程延滞，组团社和地接社应及时与旅游者协商、调整行程，所增加的费用，同意旅游者不承担的部分由组团社和地接社协商承担。

4.因不可抗力等不可归责于合同任何一方的事由危及旅游者人身、财产安全，组团社和地接社应采取相应的安全救助措施，所支出的费用，同意旅游者不承担的部分由组团社和地接社协商承担。

第十一条 违约责任

1.组团社未按合同约定按时足额支付接待费用，应以未支付团款为基数，按日_____%向地接社支付违约金，违约金不足以弥补实际损失的，按实际损失赔偿。

2.组团社因如下情形造成地接社经济损失的，应按实际损失向地接社承担违约责任：

（1）接待要求、标准等信息说明不明确或者错误；

（2）未对地接社完成接待服务予以必要协助。

3.地接社未经组团社书面同意，将组团社组织的旅游者与其他旅游者合并接待，或者转交任何第三方接待，地接社应向组团社支付当团接待费用_____%的违约金，违约金不足以弥补实际损失的，按实际损失赔偿。

4.地接社未按合同约定选择合格且具有相应接待能力的供应商，地接社应向组团社支付当团接待费用_____%的违约金，违约金不足以弥补实际损失的，按实际损失赔偿。

5.因地接社违法违规行为导致组团社受到行政处罚的，地接社应向组团社支付当团接待费用_____%的违约金，违约金不足以弥补实际损失的，按实际损失赔偿。

6.地接社未能在当地解决旅游者提出的投诉，又未及时书面通知组团社的，地接社应就造成的损失承担赔偿责任。

7.组团社和地接社双方或者任何一方未积极采取补救措施防止损失扩大，在各自责任范围内就扩大的损失承担赔偿责任。

8.组团社和地接社任何一方泄露在经营活动中获取的商业秘密，违约一方应向另一方支付当团接待费用_____%的违约金，违约金不足以弥补实际损失的，按实际损失赔偿。

第十二条 合同解除

1.组团社超出约定付款期限_____日以上未支付接待费用的，地接社有权解除合同，并要求组团社承担相应的赔偿责任。

2.地接社接待服务质量未达到本合同第七条第（二）款第4项约定的达标标准_____次（含本数）以上的，组团社有权解除合同，并要求地接社承担相应的赔偿责任。

3.因地接社原因引发旅游者有责投诉、仲裁或者民事诉讼_____次（含本数）以上，组团社有权解除合同，并要求地接社承担相应的赔偿责任。

4.因地接社违约给组团社或者旅游者造成经济损失，地接社拒不改正或者拒绝赔偿_____次（含本数）以上，组团社有权解除合同，并要求地接社承担相应的赔偿责任。

5.双方约定合同解除的其他情形：_____。

第十三条　争议解决

组团社和地接社因单团接待业务引发的争议，可协商解决，协商不成的，按下列第_____种方式解决（选择一种）：

1.提交仲裁，双方约定仲裁委员会为_____（标明仲裁委员会所属地区和名称）。

2.提起民事诉讼，双方约定诉讼管辖地为_____（限于被告住所地、合同履行地、合同签订地、原告住所地、标的物所在地）。

第十四条　合同效力与期限

1.本合同一式_____份，双方各持_____份，具有同等法律效力。

2.本合同自双方签字盖章之日起生效，有效期为_____。一方可于合同有效期届满前_____日向另一方书面提出续签合同。

3.本合同终止或者解除时，双方在合同有效期内已确认的接待计划应当继续履行。

组团社签章：　　　　　　　　　　　地接社签章：

签约时间：　　　　　　　　　　　　签约时间：

签约地点：　　　　　　　　　　　　签约地点：

附录9　旅游团体意外伤害保险合同条款（范例）

旅游团体意外伤害保险合同条款

第一条　保险合同的构成

本旅游团体意外伤害保险合同（以下简称本合同）由保险单及其所载的条款、投保单、被保险人名册以及有关的声明、批注、附贴批单及其他约定书构成。

若上述构成本合同的文件正本需留本公司存档，则其复印件或电子影像印刷件亦视为本合同的构成部分，其效力与正本相同；若复印件或电子影像印刷件的内容与正本不同，则以正本为准。

本合同条款依法解释，如有歧义，应当作有利于被保险人或受益人的解释。

本合同的代码是GTA。

第二条　投保范围

中华人民共和国境内的旅行社组织的旅游团队的全体成员包括旅游者及组织者派出的为旅游者提供服务的导游、领队人员，均可作为被保险人参加本保险。

第三条　保险责任

在本合同有效期内，本公司承担下列保险责任：

一、意外身故给付

若被保险人自意外伤害事故发生之日起一百八十日内，因该事故导致身故，则本公司以保险单或合同批注上所载本合同的意外身故及残疾给付保险金额给付意外身故保险金，但若本合同有效期内对该被保险人已有意外残疾给付，则前述意外身故保险金给付金额必须扣除所有已给付的意外残疾保险金，本合同对该被保险人的保险责任终止。

二、意外残疾给付

若被保险人自意外伤害事故发生之日起一百八十日内因该事故导致《残疾程度与保险金给付表》（以下简称附表一）中所列残疾程度之一者，本公司以保险单或合同批注上所载本合同的意外身故及残疾保险金额为基数，按附表一所示的比例给付意外残疾保险金。但意外残疾保险金给付金额累积以保险单或合同批注上所载本合同的意外身故、残疾给付保险金额为限。

若被保险人的残疾属附表一未列入的情况，本公司有权根据该残疾状况与附表一中相应的残疾程度给付比例，决定保险金的给付金额。

若被保险人因同一意外伤害事故导致一项以上残疾程度，则本公司给付各该项残疾保险金之和，但累积最高以保险单或合同批注上所载的保险金额为限；若不同残疾项目所属同一手或同一足，则仅给付一项残疾保险金，若残疾项目所属残疾等级不同，则给付较严重项目的残疾保险金。

若被保险人因本次意外伤害事故所致的残疾，如合并以前（含本合同订立前）的残疾，可领附表一所列较严重项目的残疾保险金者，则本公司按较严重的项目给付残疾保险金，但以前的残疾，视同已给付残疾保险金，已给付的残疾保险金应予以扣除。

若本公司在本合同有效期内累计给付同一被保险人的意外残疾保险金达到本合同约定的意外残疾给付保险金额，本合同对该被保险人的保险责任终止。

三、意外医疗保险责任

在本合同有效期内，若被保险人因发生意外伤害事故而致使身体遭受伤害，且自意外伤害事故发生之日起一百八十日内经医院进行必要的门诊、住院治疗，则本公司对被保险人已支出的必要且合理的实际医药和治疗费用超过100元的部分给付意外医疗保险金，但同一次意外伤害事故累积给付的意外医疗给付金额最高以本合同保险单或合同批注上所载的意外医疗给付保险金额为限。

对于当地社会医疗管理部门规定的自费项目和药品，本公司不承担给付保险金责任。

若被保险人的意外医疗费用可依法律及政府的规定有所补偿、或可从其他福利计划或任何医疗保险计划中取得部分或全部的补偿，则本公司在给付保险金时扣除被保险人已受补偿的部分。

四、疾病身故保险责任

被保险人在本合同有效期内因突发疾病，并自发作之日起七日内导致身故，本公司按合同约定的保险金额给付疾病身故保险金，同时本合同对该被保险人的保险责任终止。

五、遗体遣返费用给付

被保险人在本合同有效期内因本条第一或第四款原因死亡后的死亡处理及遗体遣返所需的费用，本公司在遗体遣返费用保险金额范围内按实际支出给付保险金。

第四条　责任免除

本合同被保险人的身故或残疾、医疗和费用支出由下列原因之一所致者，本公司不承担任何给付保险金的责任：

1.投保人对被保险人的故意行为；

2.益人对被保险人的故意行为，但该受益人应得份额由其他受益人按照约定份额比例享有，其他受益人仍可申请全部保险金，若该受益人为投保人时，则适用本条前述1关于投保人的规定；

3.被保险人自杀、故意自致的伤害、参与殴斗、犯罪、拒捕或服用、吸食、注射毒品；

4.被保险人酗酒或受酒精、毒品、管制药物的影响；

5.被保险人无有效驾驶执照、酒后驾驶、驾驶无有效行驶证或法律禁止的机动交通工具；

6.被保险人未遵医嘱，私自服用、涂用或注射药物；

7.被保险人疾病、流产或分娩；

8.被保险人因整容手术或其他内、外科治疗导致医疗事故；

9.被保险人患艾滋病（AIDS）或感染艾滋病病毒（HIV呈阳性）；

10.战争、军事行为、暴乱、武装叛乱或恐怖活动；

11.核爆炸、核辐射、核污染、原子或生化武器；

12.被保险人进行潜水、跳伞、攀岩活动、探险活动、武术比赛、摔跤比赛、特技表演、赛马、赛车等高风险活动；

13.被保险人因遭受意外伤害以外的原因失踪而被法院宣告死亡。

因前述免责情形本合同终止或本合同对该被保险人的保险责任终止时，本公司将退还未满期净保费。

第五条　保险期间

国内旅游、出境旅游的保险期间自被保险人在约定时间登上由旅行社安排的交通工具开始，至该次旅行结束离开旅行社安排的交通工具止。

保险期间被保险人自行终止旅行社安排的旅游行程，本合同对该被保险人的保险责任自其终止旅行社安排的旅游行程时效力终止。

保险期间被保险人不遵循旅行社安排，其擅自行动期间，本合同对该被保险人的保险责任中止。

第六条　保险金额和保险费

本合同的保险金额（见下表）由投保人和本公司约定并载明于本合同的保险单或批注上。

保险金额情况   单位：人民币元

保险责任	保额
意外身故、残疾	250 000
意外医疗	10 000
疾病身故	30 000
遗体遣返费	10 000

若被保险人年龄小于18周岁，则意外身故最高保险金额为5万元人民币（北京、上海、广州、深圳为10万元人民币）。

本合同保险费率见附表二。

保险费均以人民币为单位。

保险费由投保人在订立本合同时一次缴清。

第七条　如实告知

订立本合同时，本公司应向投保人明确说明本合同的条款内容，特别是责任免除条款，同时本公司有权就投保人、被保险人的有关情况提出书面询问，投保人、被保险人应当如实告知。

如果投保人或被保险人故意隐瞒事实，不履行如实告知义务，或者因过失未履行如实告知义务，足以影响本公司决定是否同意承保或者提高保险费率的，本公司有权解除本合同或该被保险人资格。

如果投保人或被保险人故意不履行如实告知义务，本公司对于本合同或该被保险人资格解除前发生的保险事故，不承担给付保险金的责任，并不退还保险费。

如果投保人或被保险人因过失未履行如实告知义务，对保险事故的发生有严重影响的，本公司对于本合同或该被保险人资格解除前发生的保险事故，不承担给付保险金的责任，但可以退还未满期净保费。

第八条　受益人的指定和变更

本合同订立时，被保险人或者投保人可以指定一人或数人为保险金受益人。受益人为数人的，应确定受益顺序和受益份额；未确定受益份额的，受益人按照相等份额享有受益权。

本合同订立后，被保险人或投保人可以向本公司提出变更受益人的书面申请，经本公司记录及对本合同批注后生效。前向变更若发生法律上的纠纷，本公司不承担任何责任。

投保人指定或者变更保险金受益人时，须经被保险人或被保险人的监护人书面同意。

本合同意外残疾保险金、意外医疗给付保险金的受益人均为被保险人本人，本公司不受理其他指定或者变更。

第九条　保险事故的通知

本合同的投保人、被保险人或受益人应于知道或应当知道保险事故发生之日起十日内通知本公司，并及时凭所需提供的证明文件和资料向本公司申请给付保险金。若由于延误时间而导致必要的证据丧失或事故性质、原因无法认定的，则应由投保人、被保险人或受益人承担相应的责任，本公司由此增加的勘查、调查等费用亦由其承担，但因不可抗力导致的除外。

第十条　保险金的申请

一、意外身故保险金的申请

受益人申请意外身故保险金时，应提供下列证明文件和资料：

1.给付申请书；

2.投保人证明及保险单或其他保险凭证；

3.受益人的户籍证明及身份证明；

4.由公安部门或本公司认可的医疗机构出具的被保险人意外伤害死亡诊断书或验尸证明书。若被保险人为宣告死亡，受益人须提供人民法院出具的宣告死亡证明文件；

5.保险人的户籍注销证明和火化证明；

6.其他必要的与确认保险事故的性质、原因等有关的证明和资料。

二、意外残疾保险金的申请

被保险人申请意外残疾保险金时，应提供下列证明文件和资料：

1.给付申请书；

2.投保人证明及保险单或其他保险凭证；

3.被保险人的户籍证明及身份证明；

4.本公司指定或认可的医疗机构或医师出具的残疾鉴定诊断证明；

5.其他必要的与确认保险事故的性质、原因等有关的证明和资料。

三、意外医疗给付保险金的申请

被保险人申请意外医疗给付保险金时，应提供下列证明文件和资料：

1.给付申请书；

2.投保人证明及保险单或其他保险凭证；

3.被保险人的户籍证明及身份证明；

4.本公司指定或认可的医疗机构或医师出具的诊断书及住院证明、治疗医院出具的医疗费用原始单据及出院小结原始件，施行手术者则需提供手术证明文件；

5.其他必要的与确认保险事故的性质、原因等有关的证明和资料。

四、疾病身故保险金的申请

受益人申请疾病身故保险金时，应提供下列证明文件和资料：

1.给付申请书；

2.投保人证明及保险单或其他保险凭证；

3.受益人的户籍证明及身份证明；

4.由公安部门或我们认可的医疗机构出具的被保险人死亡诊断书或验尸证明书，若被保险人为宣告死亡，受益人须提供人民法院出具的宣告死亡证明文件；

5.被保险人的户籍注销证明和火化证明；

6.其他必要的与确认保险事故的性质、原因等有关的证明和资料。

五、遣返费用保险金的申请

受益人申请遗体遣返费用保险金时，应提供下列证明文件和资料：

1.保险金给付申请书；

2.投保人证明及保险单或其他保险凭证；

3.受益人户籍证明及身份证明；

4.与确认遗体遣返费用有关的证明和资料。

若受益人或被保险人委托他人代为申请保险金，被委托人还应提供受益人或被保险人签字的授权委托书、被委托人的身份证明等相关证明文件。

申请本合同保险金时，本公司有权根据实际情况要求被保险人到本公司指定的医院进行身体检查或其他必要的检验，费用由本公司承担。如果被保险人拒绝检查、检验或检查、检验结果不符合本保险合同关于保险事故的约定，本公司有权不给付保险金。

本公司自收到申请人按本合同规定提供的全部证明文件和资料后，对确认属于保险责任的，在与申请人达成有关给付保险金数额的协议后十日内履行给付保险金责任；对不属于保险责任的，向申请人发出拒绝给付保险金通知书。

若被保险人在本合同有效期内因意外事故失踪，则本公司以法院宣告死亡日为准给付身故保险金；如投保人或受益人能提出证明文件，足以认定被保险人可能因意外伤害事故死亡，本公司以事故发生日为准给付身故保险金。若被保险人日后生还，受益人应于知道或应当知道被保险人生还后的三十日内向本公司退还已领取的保险金。

受益人或被保险人申请本合同保险金的权利，自其知道或应当知道保险事故发生之日起两年不行使而消灭。

所有理赔金额均以人民币为单位。

第十一条　合同内容的变更

除本合同另有约定外，经投保人和本公司协商同意后，可变更本合同的有关内容。变更本合同时，投保人应填写变更合同申请书，经本公司审核同意，并在本合同的保险单或其他保险凭证上加以批注，或由投保人和本公司订立合同变更的书面协议后生效。

第十二条　通讯地址的变更

投保人的通讯地址变更时，应及时以书面形式或本公司认可的其他形式通知本公司。投保人不作前述通知时，本公司按投保单所载的最后通讯地址发送通知，视为已送达给投保人。

第十三条　年龄的计算及错误的处理

被保险人的年龄以周岁计算。投保人在申请投保时，应在投保单上按被保险人的真实年龄及性别填明，若发生错误，则按下列规定办理：

1.若投保人申报的被保险人年龄或性别不真实，并且其真实年龄或性别不符合本公司对本险种接受的被保险人的年龄或性别要求的，本公司有权解除本合同，向投保人退还未满期净保费。

2.若投保人申报的被保险人的年龄或性别不真实，致使投保人实缴保险费少于应缴保险费的，本公司有权更正并要求投保人补缴保险费。若已发生保险事故，本公司将按实缴保险费和应缴保险费的比例折算给付保险金。

3.若投保人申报的被保险人的年龄或性别不真实，致使投保人实缴的保险费多于应缴的保险费的，本公司应将多收的保险费退还给投保人。

第十四条 资料提供

投保人应保存并提供给本公司每一被保险人的个人资料，详细记录其姓名、性别、年龄、出生日期、交费金额以及其他与本合同有关的一切资料。

第十五条 投保人解除合同的处理

投保人于本合同生效后，不得要求解除本合同。

第十六条 争议处理

本合同争议的解决方式，由当事人从下列两种方式中选择一种：

1.因履行本合同发生的争议，由当事人协商解决，协商不成的，提交 北京 仲裁委员会仲裁；

2.因履行本合同发生的争议，由当事人协商解决，协商不成的，依法向合同签发地有管辖权的人民法院提起诉讼。

第十七条 释义

团体：指中国境内非因购买保险而组织的合法团体。包括国家机关、院校、企事业单位、行业组织、职业工会等。

意外伤害事故：指外来的、突发的、非本意的、非疾病的客观事件。

意外伤害、伤害：指以意外伤害事故为直接且单独的原因所导致身体受到的伤害。

医院：指符合以下所有条件的机构：

1.有合法经营执照；

2.设立的主要目的为受伤者和患病者提供留院治疗和护理；

3.有合法职称的专业医生和护士提供全日二十四小时的医疗和护理服务；

4.具有系统性诊疗等程序或手术设备的市级及市级以上或本公司指定的综合性医院和专科医院，但不包括观察室、联合病房和康复病房；

5.非主要作为康复医院、诊所、护理、疗养、戒酒、戒毒或类似的医疗机构。

指定医院：指本公司认可的二级或二级以上的医院，具体在保险合同上列明。

实际医药和治疗费用：以当地县级以上政府机构核准的收费标准为限，给付范围包括医生诊断、处方、手术费、救护车费、住院费、药费、各类检查、护理、医疗用品等在医院内支出的费用。

艾滋病（AIDS）：是后天性免疫力缺乏综合症的简称。

艾滋病病毒（HIV）：是后天性免疫力缺乏综合症病毒的简称。后天性免疫力缺乏综合症的定义按世界卫生组织所定的定义为准。若在被保险人的血液样本中发现后天性免疫力缺乏综合症病毒或其抗体，则可认为此人已受艾滋病或艾滋病病毒感染。

恐怖活动：是指任何人或群体单独地或有组织地进行的为达到政治、宗教、意识形态等目的或以影响任何政府或公众、或以恐吓公众为目的的活动，包括但不限于使用武力、暴力、原子能/生物/化学武器、大规模杀伤性武器、对交通和通信系统等的基础设施或内容进行破坏、或其他任何手段造成的或试图造成的任何性质的伤害或威胁。

潜水：指以辅助呼吸器材在江、河、湖、海、水库、运河等水域潜水。

攀岩运动：指以攀登悬崖、楼宇外墙、人造悬崖、冰崖、冰山等为锻炼身体方式的运动。

武术比赛：指两人或两人以上对抗性柔道、空手道、跆拳道、散打、拳击等各种拳术及各种使用器械的对抗性比赛。

探险活动：指明知在某种特定的自然条件下有失去生命或使身体受到伤害的危险，而故意使自己置身其中的行为。如江河漂流、徒步穿越沙漠或人迹罕至的原始森林等活动。

特技：指从事马术、杂技、驯兽等特技技能。

未满期净保费：剩余保险期间（以月为单位）/12×保险费×（1-25%）。

不可抗力：是指不能预见、不能避免并不能克服的客观情况。

周岁：以法定身份证明文件中记载的出生日期为计算基础。

附表1

残疾程度与保险金给付表

等级	项目	残疾程度	给付比例
第一级	一二三四五六七八	双目永久完全(注1)失明的(注2)； 两上肢腕关节以上或两下肢踝关节以上缺失的； 一上肢腕关节以上及一下肢踝关节以上缺失的； 一目永久完全失明及一上肢腕关节以上缺失的； 一目永久完全失明及一下肢踝关节以上缺失的； 四肢关节机能永久完全丧失的(注3)； 咀嚼、吞咽机能永久完全丧失的(注4)； 中枢神经系统机能或胸、腹部脏器机能极度障碍，终身不能从事任何工作，为维持生命必要的日常生活活动，全需他人扶助的(注5)；	100%
第二级	九 十	两上肢、或两下肢、或一上及一下肢，各有三大关节中的两个关节以上机能永久完全丧失的(注6)； 十手指缺失的(注7)；	75%

等级	项目	残疾程度	给付比例
第三级	十一	一上肢腕关节以上缺失或一上肢的三大关节全部机能永久完全丧失的;	50%
	十二	一下肢踝关节以上缺失或一下肢的三大关节全部机能永久完全丧失的;	
	十三	双耳听觉机能永久完全丧失的(注8);	
	十四	十手指机能永久完全丧失的(注9);	
	十五	十足趾缺失的(注10);	
第四级	十六	一目永久完全失明的;	30%
	十七	一上肢三大关节中,有二关节之机能永久完全丧失的;	
	十八	一下肢三大关节中,有二关节之机能永久完全丧失的;	
	十九	一手含拇指及食指,有四手指以上缺失的;	
	二十	一下肢永久缩短5公分以上的;	
	二十一	语言机能永久完全丧失的(注11);	
	二十二	十足趾机能永久完全丧失的;	
第五级	二十三	一上肢三大关节中,有一关节之机能永久完全丧失的;	20%
	二十四	一下肢三大关节中,有一关节之机能永久完全丧失的;	
	二十五	两手拇指缺失的;	
	二十六	一足五趾缺失的;	
	二十七	两眼眼睑显著缺损的(注12);	
	二十八	一耳听觉机能永久完全丧失的;	
	二十九	鼻部缺损且嗅觉机能遗存显著障碍的(注13);	
第六级	三十	一手拇指及食指缺失,或含拇指或食指有三个或三个以上手指缺失的;	15%
	三十一	一手含拇指或食指有三个或三个以上手指机能永久完全丧失的;	
	三十二	一足五趾机能永久完全丧失的;	
第七级	三十三	一手拇指或食指缺失,或中指、无名指和小指中有二个或二个以上缺失的;	10%
	三十四	一手拇指及食指机能永久完全丧失的	

若被保险人的残疾属上表未列入的情况时,本公司有权根据该残疾状况与上表中相应的残疾程度给付比例,决定保险金的给付额。

注:

1.所谓永久完全,系指自意外伤害发生之日起经过一百八十天的治疗,机能仍然完全丧失,但眼球

摘除等明显无法复原之情况,不在此限。

2.失明包括眼球缺失或摘除、或不能辨认明暗、或仅能辨别眼前手动者,最佳矫正视力低于国际

标准视力表0.02,或视野半径小于5度,并由保险公司指定有资格的眼科医师出具医疗诊断证明。

3.关节机能的丧失系指关节永久完全僵硬、或麻痹、或关节不能随意识

活动。

4.咀嚼、吞咽机能的丧失系指由于牙齿以外的原因引起器质障碍或机能障碍，以致不能作咀嚼、

吞咽运动，除流质食物外不能摄取或吞咽的状态。

5.为维持生命必要之日常生活活动，全需他人扶助系指食物摄取、大小便始末、穿脱衣服、起居、

步行、入浴等，皆不能自己为之，需要他人帮助。

6.上肢三大关节系指肩关节、肘关节和腕关节；下肢三大关节系指髋关节、膝关节和踝关节。

7.手指缺失系指近位指节间关节（拇指则为指节间关节）以上完全切断。

8.听觉机能的丧失系指语言频率平均听力损失大于90分贝，语言频率为500、1 000、2 000赫兹。

9.手指机能的丧失系指自远位指节间关节切断，或自近位指节间关节僵硬或关节不能随意识活动。

10.足趾缺失系指自趾关节以上完全切断。

11.语言机能的丧失系指构成语言的口唇音、齿舌音、口盖音和喉头音的四种语言机能中，有三种以上不能构声、或声带全部切除，或因大脑语言中枢受伤害而患失语症，并须有资格的五官科（耳、鼻、喉）医师出具医疗诊断证明，但不包括任何心理障碍引致的失语。

12.两眼眼睑显著缺损系指闭眼时眼睑不能完全覆盖角膜。

13.鼻部缺损且嗅觉机能遗存显着障碍系指鼻软骨全部或二分之一缺损及两侧鼻孔闭塞、鼻呼吸困难，不能矫治或两侧嗅觉丧失。

附表2

旅游团体意外伤害保险费率表（每份保险）　　　　单位：人民币元

英文简称	保障期间	费率
GTA（境内游）	1天	4元/人
	5天	12元/人
	10天	20元/人
	10天后每天	2元/人
GTA（境外游）	1天	14元/人
	5天	25元/人
	10天	38元/人
	10天后每天	3.6元/人

附表3

XX保险股份有限公司分（中心支、支）公司
旅游安全人身意外伤害保险被保险人清单

投保书编号：_____   第__页 共__页

序号	被保险人	身份证号/护照号	序号	被保险人	身份证号/护照号
1			29		
2			30		
3			31		
4			32		
5			33		
6			34		
7			35		
8			36		
9			37		
10			38		
11			39		
12			40		
13			41		
14			42		
15			43		
16			44		
17			45		
18			46		
19			47		
20			48		
21			49		
22			50		
23			51		
24			52		
25			53		
26			54		
27			55		
28			56		
本页人数小计					
经办人（签章）		年 月 日	旅行社（盖章）		年 月 日